U0832353

21世纪全国高等院校物流专业创新型应用人才培养规划教材

# 物流信息系统应用实例教程

编　著　徐　琪　周建亨
王晓锋　王长军

北京大学出版社
PEKING UNIVERSITY PRESS

## 内容简介

本书以突出物流信息系统实例的应用为主导思想，在介绍物流信息系统基本知识的基础上，以EYEONE的邮政速递物流交易系统、络捷斯特第三方物流信息系统和博科MyLRP物流信息系统为例，简单介绍了常见物流信息系统的基本流程和功能。之后，以上海博科资讯股份有限公司的MyLRP物流管理信息系统为软件实例环境，将具体的物流业务流程贯穿始终，重点介绍了物流订单、运输、仓储、结算等各项业务的处理流程。该实例系统的各项内容环环相扣，便于读者对物流信息系统流程的了解和掌握。

本书可以作为高等院校物流管理、企业管理、工商管理及管理科学与工程等相关专业的物流信息系统课程教学用书，也可作为物流信息系统相关从业人员的培训教材。

**图书在版编目(CIP)数据**

物流信息系统应用实例教程/徐琪，周建亨，王晓锋，王长军编著. —北京：北京大学出版社，2010.8

(21世纪全国高等院校物流专业创新型应用人才培养规划教材)

ISBN 978-7-301-17581-1

Ⅰ. ①物… Ⅱ. ①徐…②周…③王…④王… Ⅲ. ①物流—管理信息系统—高等学校—教材 Ⅳ. ①F252-39

中国版本图书馆CIP数据核字(2010)第146836号

**书　　名：物流信息系统应用实例教程**

**著作责任者：** 徐　琪　周建亨　王晓锋　王长军　编著

**策 划 编 辑：** 韩兆丹

**责 任 编 辑：** 韩兆丹

**标 准 书 号：** ISBN 978-7-301-17581-1/F・2565

**出　版　者：** 北京大学出版社

**地　　　址：** 北京市海淀区成府路205号　100871

**网　　　址：** http://www.pup.cn　http://www.pup6.com

**电　　　话：** 邮购部62752015　发行部62750672　编辑部62750667　出版部62754962

**电 子 邮 箱：** pup_6@163.com

**印　刷　者：** 北京鑫海金澳胶印有限公司

**发　行　者：** 北京大学出版社

**经　销　者：** 新华书店

787mm×1092mm　16开本　13.5印张　305千字

2010年8月第1版　2010年8月第1次印刷

**定　　　价：** 32.00元(含1CD)

---

**21世纪全国高等院校物流专业创新型应用人才培养规划教材**

# 丛 书 总 序

物流业是商品经济和社会生产力发展到较高水平的产物，它是融合运输业、仓储业、货代业和信息业等的复合型服务产业，是国民经济的重要组成部分，涉及领域广，吸纳就业人数多，促进生产、拉动消费作用大，在促进产业结构调整、转变经济发展方式和增强国民经济竞争力等方面发挥着非常重要的作用。

随着我国经济的高速发展，物流专业在我国的发展很快，社会对物流专业人才需求逐年递增，尤其是对有一定理论基础、实践能力强的物流技术及管理人才的需求更加迫切。同时随着我国教学改革的不断深入以及毕业生就业市场的不断变化，以就业市场为导向，培养具备职业化特征的创新型应用人才已成为大多数高等院校物流专业的教学目标，从而对物流专业的课程体系以及教材建设都提出了新的要求。

为适应我国当前物流专业教育教学改革和教材建设的迫切需要，北京大学出版社联合全国多所高校教师共同合作编写出版了本套《21 世纪全国高等院校物流专业创新型应用人才培养规划教材》。其宗旨是：立足现代物流业发展和相关从业人员的现实需要，强调理论与实践的有机结合，从“创新”和“应用”两个层面切入进行编写，力求涵盖现代物流专业研究和应用的主要领域，希望以此推进物流专业的理论发展和学科体系建设，并有助于提高我国物流业从业人员的专业素养和理论功底。

本系列教材按照物流专业规范、培养方案以及课程教学大纲的要求，合理定位，由长期在教学第一线从事教学工作的教师编写而成。教材立足于物流学科发展的需要，深入分析了物流专业学生现状及存在的问题，尝试探索了物流专业学生综合素质培养的途径，着重体现了“新思维、新理念、新能力”三个方面的特色。

1. 新思维

(1) 编写体例新颖。借鉴优秀教材特别是国外精品教材的写作思路、写作方法，图文并茂、清新活泼。

(2) 教学内容更新。充分展示了最新最近的知识以及教学改革成果，并且将未来的发展趋势和前沿资料以阅读材料的方式介绍给学生。

(3) 知识体系实用有效。着眼于学生就业所需的专业知识和操作技能，着重讲解应用型人才培养所需的内容和关键点，与就业市场结合，与时俱进，让学生学而有用，学而能用。

2. 新理念

(1) 以学生为本。站在学生的角度思考问题，考虑学生学习的动力，强调锻炼学生的思维能力以及运用知识解决问题的能力。

(2) 注重拓展学生的知识面。让学生能在学习到必要知识点的同时也对其他相关知识有所了解。

(3) 注重融入人文知识。将人文知识融入理论讲解，提高学生的人文素养。

3. 新能力

(1) 理论讲解简单实用。理论讲解简单化，注重讲解理论的来源、出处以及用处，不做过多的推导与介绍。

(2) 案例式教学。有机融入了最新的实例以及操作性较强的案例，并对案例进行有效的分析，着重培养学生的职业意识和职业能力。

(3) 重视实践环节。强化实际操作训练，加深学生对理论知识的理解。习题设计多样化，题型丰富，具备启发性，全方位考查学生对知识的掌握程度。

我们要感谢参加本系列教材编写和审稿的各位老师，他们为本系列教材的出版付出了大量卓有成效的辛勤劳动。由于编写时间紧、相互协调难度大等原因，本系列教材肯定还存在不足之处。我们相信，在各位老师的关心和帮助下，本系列教材一定能不断地改进和完善，并在我国物流专业的教学改革和课程体系建设中起到应有的促进作用。

齐二石

2009 年 10 月

**齐二石** 本系列教材编写指导委员会主任，博士、教授、博士生导师。天津大学管理学院院长，国务院学位委员会学科评议组成员，第五届国家 863/CIMS 主题专家，科技部信息化科技工程总体专家，中国机械工程学会工业工程分会理事长，教育部管理科学与工程教学指导委员会主任委员，是最早将物流概念引入中国和研究物流的专家之一。

# 前　言

随着物流业逐渐走上规范化，高速度、高质量决定了企业竞争的实力。基于互联网和信息技术的物流信息系统，能够显著提高物流的运营效率和管理水平，因而促使越来越多的物流企业采用集管理和信息技术为一体的物流信息系统。物流信息系统不仅能够降低人力成本，而且可促使物流管理模式的改变。物流的特点就决定了信息化与网络化的建设是其发展的趋势。物流业务往往是跨地区的运作，在良好的网络化信息系统的支持下，物流企业可以实现物流价值链的增值服务，极大地提高物流运作的效率。

目前市面上与物流信息系统相关的著作教材已有不少。由于物流信息系统具有很强的实践性，物流信息系统教材既需要深入浅出地将相关的物流业务流程和功能阐述清楚，又需要对系统的实际操作予以指导。为此，本书首先概述了物流信息系统的基本概念和基础知识，在此基础上以 EYEONE 的邮政速递物流交易系统、络捷斯特第三方物流信息系统和博科 MyLRP 物流信息系统为例，简单介绍了常见物流信息系统的基本流程和功能；之后，以 MyLRP 物流管理信息系统为软件实例环境，将具体的物流业务流程贯穿始终，重点介绍了物流订单、运输、仓储、结算等各项业务的处理流程。各个流程上下关联，环环相扣，从而帮助读者更好地了解和掌握物流信息系统的运作。

本书共分 8 章，第 1 章介绍了物流信息系统的基本概念和基础知识，第 2 章对常见物流信息系统进行了简单介绍，第 3 章介绍了 MyLRP 系统的基础信息的管理设置，第 4 章介绍了托单管理，第 5 章介绍了运力管理，第 6 章介绍了运输管理，第 7 章介绍了仓储管理，第 8 章介绍了结算管理。MyLRP 系统涉及的各项内容中都包括了相应物流运作系统的基本功能概述和实际操作方法。

徐琪编写了第 1 章和第 7 章，周建亨编写了第 2 章、第 3 章和第 8 章，王晓锋编写了第 6 章，王长军编写了第 4 章和第 5 章。周建亨和王晓锋对全书进行了统稿和审读。

本书配有 MyLRP 物流管理信息系统光盘一张，以便更好地帮助读者理解物流信息系统的流程。需要说明的一点是，系统光盘中的软件为 2010 年最新版本，与教材中使用的版本在界面上有一定差异，但功能是一样的。

本书可以作为高等院校物流管理、企业管理、工商管理及管理科学与工程等相关专业的物流信息系统课程教学用书，也可作为物流信息系统相关从业人员的培训教材。

本书的编写和出版得到了东华大学管理学院、上海博科资讯股份有限公司和北京大学出版社第六事业部的积极帮助和大力支持，同时也得到了埃旺网络信息技术(上海)有限公司和北京络捷斯特科技发展有限公司的支持，在此一并表示感谢！本书在编写过程中，参考和引用了国内外大量的著作和文献，在此对这些作者表示衷心的感谢！

限于作者水平，书中不妥之处在所难免，敬请广大读者批评赐教。

徐　琪

2010 年 5 月 6 日

# 前 言

# 目　录

# 第1章 物流信息系统概述

【本章教学要点】

| 知识要点 | 掌握程度 | 相关知识 |
| --- | --- | --- |
| 物流信息系统分析 | 了解 | 系统的层次、物流信息系统的功能、数据字典等相关内容 |
| 物流信息系统设计 | 熟悉 | 数据库、数据资源、输入/输出设计的相关要点 |

**引言**

在企业的生产经营活动中，往往存在物流、信息流、资金流的相互作用。通过引入物流信息系统，能够大大提高企业的生产经营效率。物流信息系统(Logistics Information System，LIS)是根据物流管理运作的需要，在管理信息系统的基础上形成的物流系统信息管理和协调系统。一般是指由人员、设备和程序组成的、为物流管理者执行计划、实施、控制等职能提供相关信息的交互系统，具有实时化、网络化、系统化、规模化、专业化、集成化和智能化等特点。

物流信息系统如何分层？其基本功能有哪些？设计物流信息系统要注意哪些问题？物流信息系统设计的步骤有哪些……这一系列的问题都将在本章得以解答。

## 1.1 物流信息系统的层次

在企业的整个生产经营活动中，物流信息系统与各种物流作业活动密切相关，具有有效管理物流作业系统的职能。按垂直方向分，物流信息系统可以划分为三个层次：战略管理层、控制决策层和作业层。

战略管理层位于物流信息系统的高层，主要进行物流战略的制定和经营方针的决策，是制订战略计划，主要是在信息支持上，开发和提炼物流战略，并对控制决策层进行分析支持。在该层次，必须把较低层次的数据结合进范围很广的交易计划中，便于评估各种战略的概率和损益的决策模型。

控制决策层位于物流信息系统的中间层，主要的职能有库存管理、配送管理等。通过对物流策略方案的分析和评估来实施物流策略决策。典型分析包括车辆日常工作计划、存货管理、设施选址、作业比较和成本效益评价。对于决策分析，物流信息系统必须包括数据维护、建模和分析。与管理控制不同的是，决策分析的主要精力集中在评估未来策略的可选方案，因此需要相对的零散模块和灵活性，以便在较广的范围内选择。此外，根据预测的需求与预期的入库量预测未来存货短缺情况以及衡量提高物流服务水平和资源利用率等工作也是控制决策层的任务。

作业层位于物流信息系统的最低层，主要职能有接受顾客订单、出入库作业、仓库运营、配送工具安排等具体物流活动。具体包括：接受客户指令或接受交易指令，与客户共享物流信息，以获得物流运作的基础信息。如从客户系统获取订货内容、安排存货任务、选择作业程序、装货、搬运、开票及订单查询与处理等。此外，财务成本分析、顾客服务评价、作业衡量、质量指标等基本功能也由作业层完成。

## 1.2 物流信息系统的基本功能

作为整个物流系统的指挥和控制系统，物流信息系统可以有多种子系统，具备多种基本功能，其基本功能通常可以归纳为以下几个方面：

(1) 数据的收集和输入。物流数据的收集首先是通过收集子系统，将数据从系统内部或者外部收集到预处理系统中，并整理成为系统要求的格式和形式，然后再通过输入子系统输入到物流信息系统中。

(2) 信息的存储。物流数据进入到系统之后，在被处理之前，必须在系统中存储下来。当处理之后，如果没有完全丧失信息价值，往往也要将结果保存下来，以供使用。物流信息系统的存储功能就是保证已得到的后勤信息能够不丢失、不走样、不外泄、整理得当、随时可用。无论哪一种物流信息系统，在涉及信息的存储问题时，都要考虑存储量、信息格式、存储方式、使用方式、存储时间、安全保密等问题。数据的存储必须要考虑数据的组织，目的是便于对数据的处理和检索。

物流信息系统的不同层次对信息存储的要求是不同的。在作业层中，需要存储的信息格式往往比较简单，存储时间比较短，但是数量则往往很大。控制决策层与战略管理层的信息格式比较复杂，要求存储比较灵活，存储的时间也较长。

(3) 信息的传输。在物流系统中，物流数据和信息必须及时、准确地传输到各个职能环节，才能发挥其功效，这就需要物流信息系统具有克服空间障碍的功能，物流信息系统必须充分考虑所要传递的信息种类、数量、频率、可靠性要求等因素。现代化的信息传输是以计算机为中心，通过通信线路与近程终端或远程终端相连，形成联机系统；或者通过通信线路将中、小、微型计算机联网，形成分布式系统。衡量数据传输的指标是传输速度和误码率。

(4) 信息的处理。物流信息系统的最基本目标就是将输入数据加工处理成物流信息。物流信息处理可以是简单的查询、排序，也可以是复杂的模型求解和预测等。信息处理能力是衡量物流信息系统能力的一个极其重要的方面。

(5) 信息的输出。信息输出必须采用便于人或计算机理解的形式，在输出形式上力求易读易懂，直观醒目。这是评价物流信息系统的主要标准之一。

当前物流信息系统正在向数据采集的在线化、数据存储的大型化、信息传输的网络化、信息处理的智能化以及信息输出的多媒体化方向发展。

## 1.3 物流信息系统规划

物流信息系统的规划是物流战略规划的一个重要部分，是建立物流信息系统的第一步。它通过对物流企业的初步调查和分析，以整个物流系统为规划对象，明确系统的目标与需求，估计系统实现后的效果，确定系统的主要功能，从总体上把握系统的目标和功能框架，并分析论证总体方案的可行性。由于物流信息系统的建设是一个投资较大、历时较长的系统工程，能否充分做好规划工作，将直接关系到物流信息系统建设的成败。

对于物流信息系统这样的大型数据库系统，规划阶段是十分必要的。规划的好坏直接影响到整个物流系统的成功与否。物流信息规划的内容主要包括以下几个方面：

(1) 企业调研。对目前企业组织、业务流程及现有信息系统的功能、应用环境、应用现状及存在的问题进行调查，了解企业人员、经费等情况，画出企业组织层次图，摸清企业构建物流信息系统的目标要求及可能取得的收益，并对当前企业能力进行评价，制定业务流程再造、信息系统开发的政策、目标和战略。

(2) 用户需求分析。在初步调查的基础上，系统开发人员对企业现行系统和用户需求进行分析。包括系统结构的划分、业务流程的再造、数据的准确性和采集的方便性分析等，特别是对现存主要问题的产生原因和解决方案进行详细分析。

(3) 物流信息系统的目标、条件及结构。应该根据企业战略目标、业务流程、组织结构及内外环境约束条件等来确定物流信息系统的总目标、发展战略规划以及系统的总体结构类型及子系统的构成。

(4) 新系统的初步规划。通过调研、需求分析及企业目前资源条件的约束，系统开发人员提出系统目标、制订初步规划方案以及项目开发计划。包括：系统的实施范围、业务功能、系统结构和配置、开发策略、投资预算等。其中系统结构需要考虑新系统将采用的计算机网络结构、操作系统、数据库管理系统及开发工具等；投资预算包括各分阶段的投资计划等。

(5) 可行性分析。可行性是指在现有条件下系统的开发是否具有可能性和必要性。主要包括：①技术可行性，主要分析现有的技术条件对实现信息系统的可能性。技术条件包括专业技术力量和软硬件技术水平。如果企业缺乏足够的技术力量，可以采用委托开发或联合开发的方式，也可以直接购买现成的系统软件。②管理可行性，主要分析管理人员的态度和现有的管理基础。物流信息系统的建设需要企业主管领导的支持和相关部门、人员的大力配合。③经济可行性，主要是进行投资预算和经济效益评价。投资包括开发费用和运行费用，其中有计算机设备、网络设备、其他硬件设备、人员培训费、开发费和日常维护费等；经济效益分为两类，一类是可以用货币衡量的效益，比如，减少的人工费、降低的成本等，另一类是间接效益，该类效益很难用量化指标衡量，如管理水平、服务水平、信誉的提高等。

可行性分析之后，写出可行性分析报告，并组织专家讨论其可行性，从而确定系统规划可行、需要修改或不可行的结论。

如项目可行，在得到决策部门批准后，就可以正式进行物流信息系统的开发工作。

## 1.4 物流信息系统分析

物流信息系统分析的实质在于确定系统必须做什么，它建立在系统规划的基础上，要求系统分析人员通过从分析公司现有业务的流程开始，建立物流信息系统与企业商业计划的联系，解决商业计划问题所涉及的具体内容，建立一个业务逻辑模型，并使这个业务逻辑模型成为设计新的物理模型的基础，如图 1.1 所示。

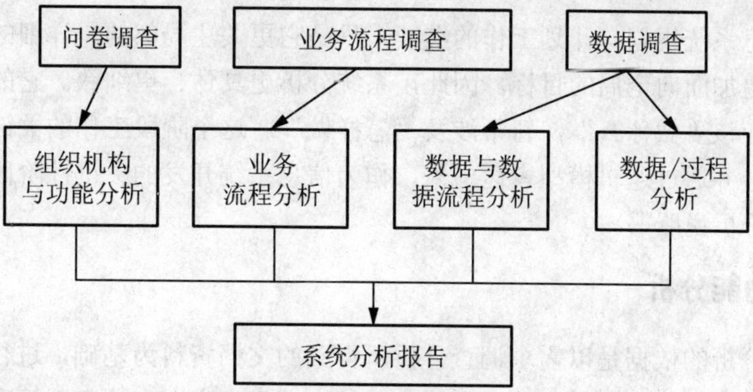


图 1.1 物流信息系统分析模型

### 1.4.1 系统分析

系统分析主要是分析业务和数据的流程是否通畅，是否合理；数据、业务过程和实现管理功能之间的关系；老系统管理模式改革和新系统管理方法的实现是否具有可行性，等等。要完成这些工作任务，系统分析需要进行系统需求分析、系统功能分析、数据流程分析、数据字典、子系统的确定与资源分布、建立新系统的逻辑方案、编写系统分析说明书。

系统分析的目的是将用户的需求及其解决方法确定下来，需要确定的结果包括：开发者关于现有组织管理状况的了解；用户对信息系统功能的需求；数据和业务流程；管理功能和管理数据指标体系；新系统拟改动和新增的管理模型，等等。系统分析所确定的内容是今后系统设计、系统实现的基础。

系统分析过程分三步进行。第一步：概要分析。即对企业管理现状、组织结构现状、信息和应用现状进行概要分析和调查，以获得第一手资料。第二步：详细分析。即将调查获得的文档资料进行分析、汇总和处理，弄清组织结构与管理功能间的关系、数据字典和数据间的关系、功能与数据间的关系(U/C 矩阵)、子系统划分、计算机软硬件环境支持需求或网络方案等，并进一步进行详细调查和确认。第三步：系统分析成果总结。即对前两步得到的分析结果进行总结，确定新系统拟采用的逻辑方案，编制系统分析阶段的成果文档——系统分析说明书。

系统分析的目标就是弄清楚用户对信息的需求，了解现有系统存在的问题，新系统的工作流程，现有的技术条件和经济条件，提出新系统应具有的功能。要完成上述工作目标，系统分析的内容应该从详细调查入手，对管理业务和数据流程进行调查，借助各种调查方法，使用系统流程图、组织结构图、数据流程图以及决策树和判定树等达到对管理业务和数据流程的详细了解。开展对调查资料的系统化分析，通过目标分析、需求分析和功能分析，确定组织结构与管理功能、功能与数据，子系统规划、数据处理和数据存储，以及信息系统技术环境分析，最终提出新系统的逻辑模型。所谓的“逻辑模型”描述的主要是活动过程及涉及的数据流动(输入/输出)。

从工作任务来看，系统分析阶段的工作主要集中在分析业务流程，数据与数据流程，功能、数据分析，最后提出分析处理方式和新系统逻辑方案方面。从工作进程来看，系统分析阶段是信息系统规划与计划工作的继续，只是它更关注局部的、详细的工作，而信息系统战略计划更加面向全局的目标。因此，系统分析更具体、更细致。它的任务是定义和制订新的系统应该“做什么”，暂不涉及“怎样做”。这个阶段工作的关键是要明确表达出用户的需求，并通过逻辑模型表达出来，作为信息系统开发的关键性阶段，完成系统分析报告或系统分析说明书。

### 1.4.2 系统功能分析

系统功能分析的依据是以需求调查分析所得到的文档资料为基础，进行初步的汇总和分析。所有这些工作，都是基于管理和业务的、来自于实实在在的客观管理活动和从事管理的人的客观行为，是看得见、摸得着的。

系统的功能分析主要有四个方面的内容：组织结构分析、业务功能分析、业务流程分析及数据流程分析。其中：组织结构分析通常是通过组织结构图来实现的，是将调查中所了解的组织结构具体地描绘在图上，作为后续分析和设计的参考，不需要程序的实现。组织结构与业务功能之间的联系分析通常是通过组织结构与业务功能关系图来实现的，是利用系统调查中所掌握的资料着重反映组织结构与业务功能之间的关系，它是后续分析和设计新系统的基础，常作为划分子系统的参考依据。业务功能一览表是把组织内部各项管理业务功能都用一张表的方式罗列出来，它是今后进行业务功能与数据间关系分析、确定新系统拟实现的管理功能和分析建立管理数据指标体系的基础，同时也为今后划分子系统设计功能层次结构提供参考依据。业务处理过程分析是把具体的管理活动的处理过程以流程图的方式绘制出来，是基于实际管理活动的纸面描述，它为今后分析业务功能与数据间关系、设计程序模块提供主要依据。

1. 组织结构分析

组织结构是描述组织的框架体系，一个组织通过对任务和职权进行分解、组合就形成了一定的组织结构。物流组织结构有顾问式、垂直式、垂直顾问式及矩阵式等几种。

(1) 顾问式。在顾问式结构下，物流部门只负责整体物流的规划、分析、协调和物流工程，并产生决策性的建议，对各部门的物流活动起指导作用。其缺点是物流部门对具体的物流活动没有管理权和指挥权，物流活动仍分散在各个部门，所以仍会出现物流效率低下、资源浪费以及职权不明等弊病，如图 1.2 所示。

(2) 垂直式。垂直式结构是指物流部门对所有物流活动具有管理权和指挥权的物流组织结构。优点：物流经理全权负责所有的物流活动，不再出现互相牵制的现象，物流活动效率较高，职权明晰。缺点：物流经理的决策风险较大，如图 1.3 所示。

(3) 垂直顾问式。将垂直式和顾问式物流组织结构合二为一，就是垂直顾问式的物流组织结构。其优点是消除了物流在企业中的从属地位，恢复了物流部门功能上的独立性，如图 1.4 所示。

(4) 矩阵式。矩阵式物流组织结构：履行物流业务所需的各种物流活动仍由原部门(垂直方向)管理，但水平方向上又加入物流部门，负责管理一个完整的物流业务。优点：一是物流部门作为一个责任中心，允许其基于目标进行管理，可以提高物流运作效率；二是这种形式比较灵活，适合于任何企业的各种需求；三是它可以允许物流经理对物流进行一体化的规划和设计，提高物流的整合效应。缺点：由于采取双轨制管理，职权关系受“纵横”两个方向上的控制，可能会导致某些冲突和不协调，如图1.5所示。

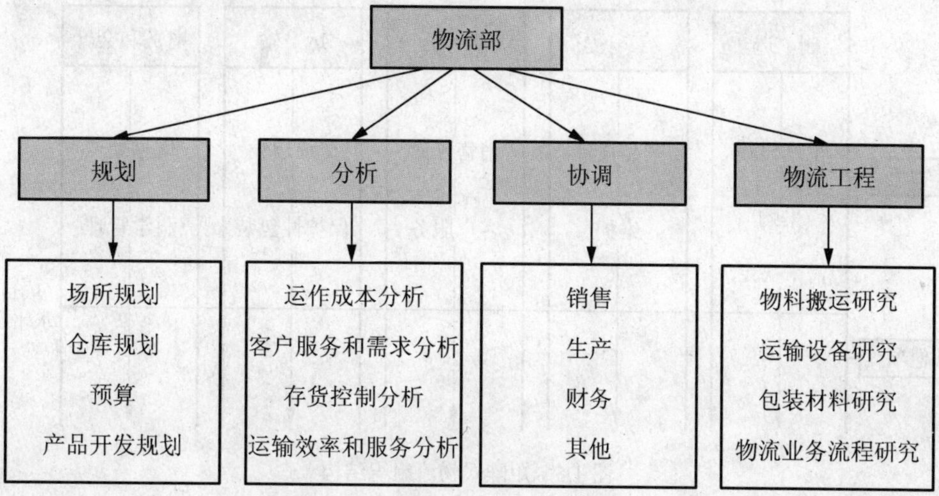


图1.2　顾问式物流组织结构

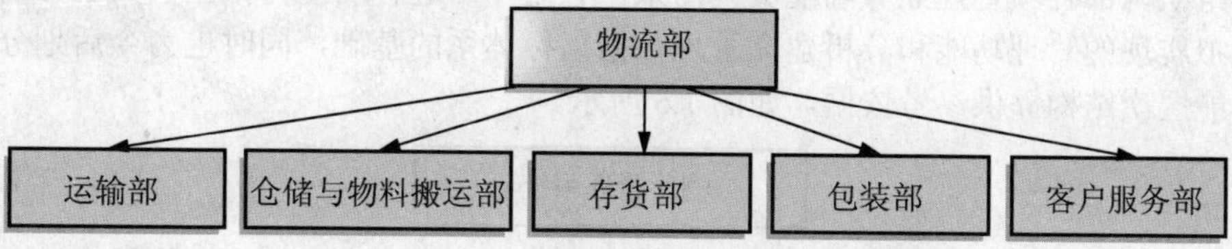


图1.3　垂直式物流组织结构

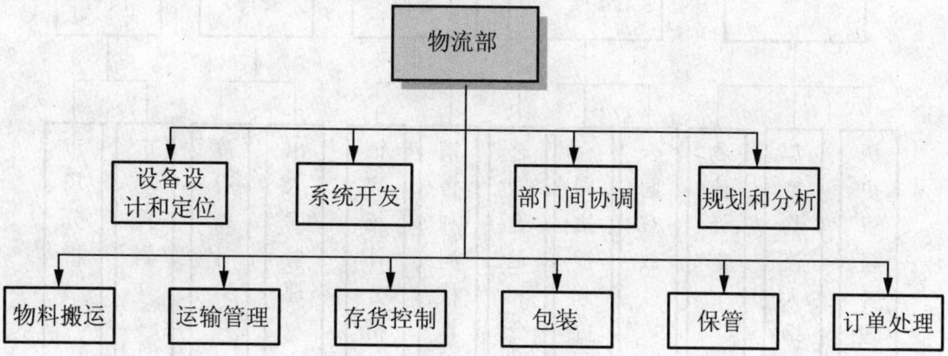


图1.4　垂直顾问式物流组织结构

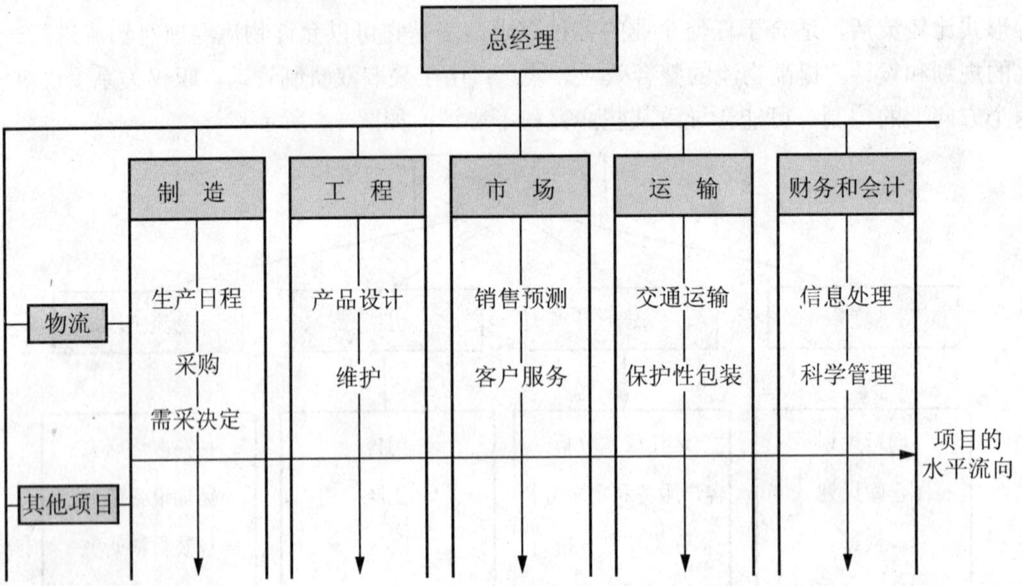


图 1.5　矩阵式物流组织结构

2. 业务功能分析

把组织内部各项管理业务功能罗列出来，它是今后进行功能与数据间关系分析、确定新系统拟实现的管理功能和分析建立管理数据指标体系的基础，同时也为今后划分子系统设计功能层次结构提供参考依据，如图 1.6 所示。

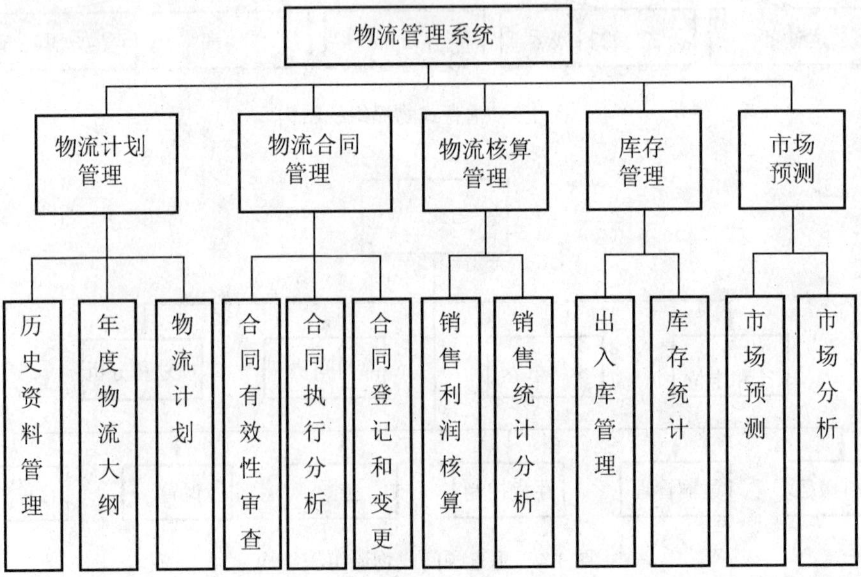


图 1.6　业务功能

业务功能一览表是一个完全以业务功能为主体的树型表，其目的在于描述组织内部各部分的业务和功能。要说明的是，每片树叶都必须是一项不可再分的基本业务功能，判断其是否分解到底的一个有效办法，要看是否可以用一句话来说明一个基本活动的内容和目的，如果需要几句话说明，那么这项业务功能就可能需要细分了。业务功能一览表的处理是系统分析阶段基础性很强的工作，但只对业务功能进行分解说明，因此，对业务的分析还需要对业务过程进行描述，从而明确过程(业务)的基本处理。一个业务过程是一个具有明确起点和终点的行为，其过程有明确的输入和输出。过程并不一定与组织结构一一对应，业务过程确定的是要做什么，而不是如何做。也就是说，你要关注的是了解各种职能业务做什么，而不是如何做。通常每个业务过程都是以一个动词开始进行描述的，如选择供应商，填写订单等。

3. 业务流程分析

在对系统的组织结构和功能进行分析时，需要从一个实际业务过程的角度将系统调查中有关该业务处理过程的资料都串起来作进一步的分析，把具体的管理活动的处理过程以流程图的方式绘制出来，为今后分析业务功能与数据间关系、设计程序模块提供主要依据。

业务流程分析是在业务功能分析的基础上将其细化，利用系统调查的资料将业务流程的每个步骤用业务流程图表示出来，从中发现问题，分析不足，优化业务处理过程。

业务流程图(Transaction Flow Diagram，TFD)，就是用一些规定的符号及连线来表示某个具体的业务处理过程。业务流程图的绘制基本上按照业务的实际处理步骤和过程绘制。

业务流程图可以用几种基本图形符号加以表示，其中主要有 6 种基本图形符号。其内部解释则可直接用文字标于图内。这 6 种符号所代表的内容与信息系统最基本的处理功能一一对应。如图 1.7 所示，其中圆圈表示业务处理单位；方框表示业务处理内容；报表符号表示输出信息(报表、报告、文件、图形等)；不封口的方框表示存储文件；卡片符号表示收集处理资料；矢量连线表示信息传递过程。

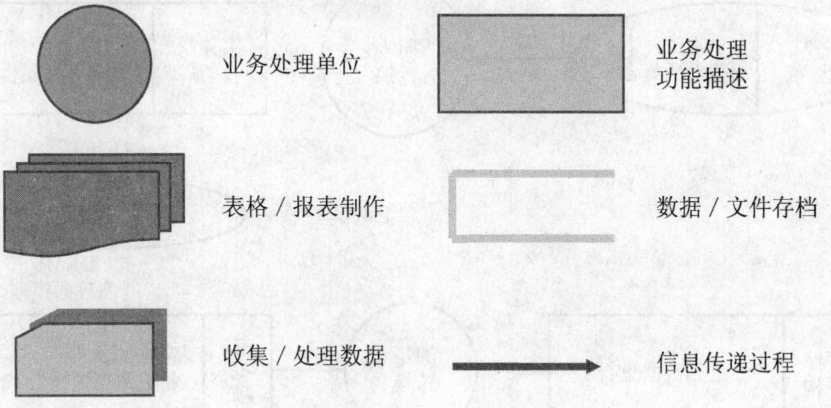


图 1.7 业务流程图的基本单元

业务流程图的绘制是根据系统调查表中所得到的资料和问卷调查的结果，按业务实际处理过程将它们绘制在同一张图上。例如，订货系统的业务处理过程如图 1.8 所示，从图中可以看出业务流程图需要详细描述处理过程的各个步骤。

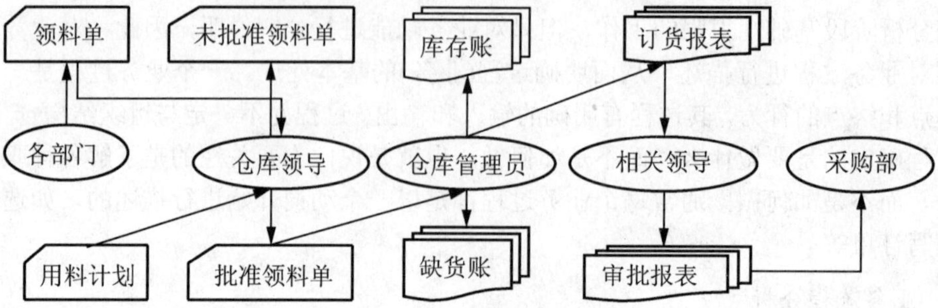


图 1.8 订货系统的业务流程

信息是人们提供的关于现实世界客观存在的事物的反映，数据则是用来表示信息的一种符号。若要将反映客观事物状态的信息，经过一定的组织，成为计算机内的数据，将经过四个不同的状态：客观状态、信息状态、计算机处理状态、数据状态在不同的世界中使用的概念和术语是不同的，但它们在转换过程中都有一一对应的关系，如表 1-1 所示。

表 1-1 四个不同状态术语对照表

| 客观世界 | 信息世界 | 计算机世界 | 数据世界 |
|---|---|---|---|
| 组织(事物及其联系) | 实体及其联系 | 数据及数据结构关系 | 数据库(概念模型) |
| 事物类(总体) | 实体集 | 数据及数据结构 | 文件 |
| 事物(对象、个体) | 实体 | 数据 | 记录 |
| 事物特征(性质) | 属性 | 数据项 | 数据项 |

也就是说，由“自然数据”到计算机可识别、存储和处理的“机内数据”，需要经过转换而得到，如图 1.9 所示。

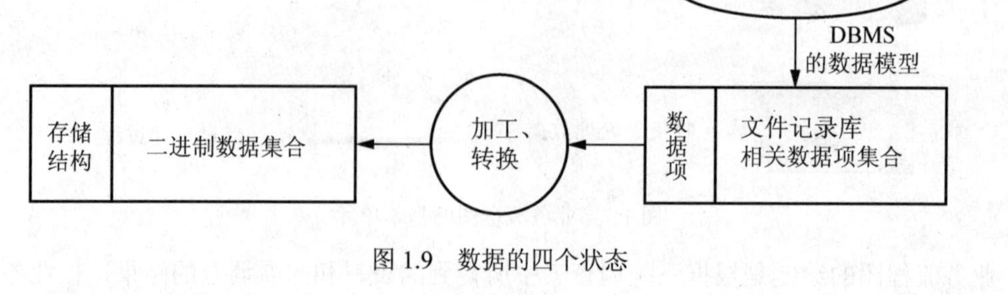


图 1.9 数据的四个状态

客观世界中事物的描述向计算机状态、数据状态(管理信息系统)的描述的转换就是利用上述转换关系来进行的。然而，在客观世界中，同类事物构成事物类，不同类事物之间又常常存在着这样或那样的联系，在计算机世界和数据世界中，数据结构或记录中，都有一个共同的数据项——单位代号(或叫字段)。正是通过这样的转换方法，使得在计算机和数据之间，既能够区分对应于不同事物的记录和文件，又可以恰当地处理对应于不同事物类及其联系的数据文件和数据库。

4. 数据流程分析

数据流程分析是进行系统详细分析的主要内容，是建立数据库系统和设计功能模块处理过程的基础，是进行数据分类、确定数据结构、建立数据字典、规范数据及数据结构和进行数据之间关系分析(E-R 图)的基础。

数据流程分析以需求调查的基础资料和得到的所有业务流程图为依据，数据流程与业务流程的区别是，业务流程描述的是现实公司的业务处理的步骤和程序，而数据流程描述的是信息系统中的信息输入、处理、输出和数据存储，把数据在组织内部的流动情况抽象地独立出来，略去具体组织机构、信息载体、处理工作、物资、材料等，单从数据流动过程来考查实际业务的数据处理模式。

数据流程分析是针对信息的流动、传递、处理、存储等的分析，数据流程分析的目的就是要发现和解决数据流通中的问题。数据流程分析可以通过数据流程图(Data Flow Diagram，DFD)来实现。所谓数据流程图就是用符号和图表来表示信息的流动、处理和存储过程。

数据流程图具有抽象性和概括性，是结构化系统分析的主要图表工具，描述了系统具有的逻辑功能和与之有关的输入、输出和数据存储。数据流程图由以下四种基本元素组成：外部实体、处理逻辑、数据流和数据存储，如图 1.10 所示。

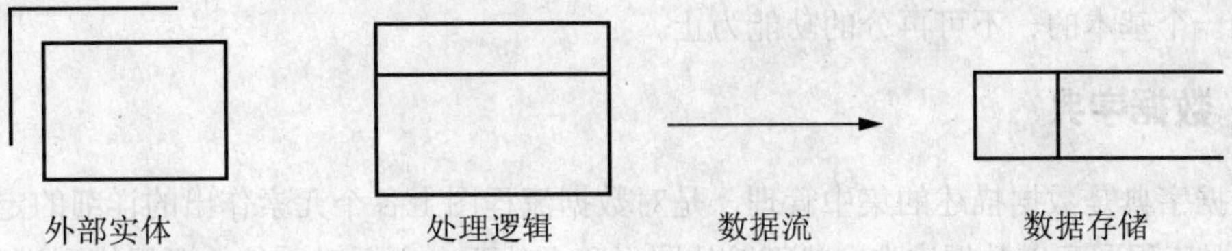


图 1.10 数据流程图的基本单元

外部实体是指系统原始数据的提供者或者系统输出的接收者，通常是个人、公司或部门。

处理逻辑用来表示系统的状态点，在这些状态点上流入和流出的数据流将得到处理，或转换成为流出的数据流。

数据流表示系统中数据的流动方向。

数据存储表示系统产生的数据存放的地方，在“处理”阶段，可以在这里进行数据的存放、查询或修改。

数据流程分析和数据流程图的绘制一般可以通过以下七个步骤完成：

(1) 了解和确定公司的主要商业业务问题所涉及的商业过程和业务过程，这里主要是业务功能分析和业务流程分析。

(2) 画出数据流程图的概图，也称场景图(Context Diagram)，它主要描述系统的外部实体以及输入和输出系统的数据流，一般不要求显示具体的数据存储与处理。

(3) 接下来画出数据流程图的 0-层图，0-层图是将概图进一步分解，加入流入数据的处理过程，也可以显示出必要的数据存储。

(4) 画出在 0-层数据流程图中各个处理的子处理流程图，即 1-层图及 2-层图，等等，将 0-层图进一步分解成更详细的子处理。

(5) 检查各层次数据流程图的正确性与完整连贯性，尤其要注意父-子处理图，即各层次处理图之间的平衡关系是否正确。

(6) 从上面得到的逻辑流程图中，加入处理的物理内容产生物理数据流程图，如区别哪些处理应由信息系统自动进行，哪些由人工操作完成，描述存储于信息系统中的文件和报告的名称与内容，并且加入一些必要的控制条件，使信息系统在出错时自动产生出错信息。

(7) 将物理数据流程图按功能或数据关联程度等进行分块或分组划分，以便于后面阶段的系统设计及实施工作。

在数据流程图的绘制过程中，应特别注意父-子处理图的平衡，这种平衡主要有两个方面：一是功能的平衡，二是数据的平衡。功能平衡是子处理功能的总和，应该等于父数据流程图中的同一个处理功能，而数据平衡是流入和流出父处理的数据流的类型和数目，与分解后的子处理集合的流入和流出情况完全一致。

在数据流程图的绘制过程中，还应该注意外部实体与数据存储之间不可以用数据流直接连接在一起，而必须通过处理来连接，处理之间的连接一般通过数据存储，如果没有通过存储，就表示交换的数据流是中间数据，而系统不必保存。一个处理必须有至少一个流入的数据流和一个流出的数据流。在流程图分解过程中，应注意每个层次的流程图中处理数目不能太多，分解层次的数目要与系统的大小和复杂程度一致，但应该分解到所有的处理都是一个基本的、不可再分的功能为止。

### 1.4.3 数据字典

数据字典是数据描述的集中管理，是对数据流程图上各个元素作出的详细的定义和说明。数据流程图配以数据字典，就可以从图形和文件两个方面对系统的逻辑模型进行描述，从而形成一个完整的说明。一旦数据字典建立起来，并按编号排序后，就是一本可供人们查阅的字典。

数据字典通常包括数据项、数据结构、数据流、数据存储和处理过程五个部分。

1. 数据项

数据项是不可再分的数据单位。对数据项的描述通常包括：数据项名、数据项含义说明、编号、数据类型、长度、取值范围、取值含义、与其他数据项的逻辑关系。

例：订货系统中的“货物编号”数据项的描述如下：

数据项：货物编号

含义说明：仓库中的每个物品的唯一标识

别名：货号

类型：字符型

长度：30

取值范围：16 个 0 到 16 个 9

取值含义：给仓库中的货物顺序编号

反映数据项特征的主要方面有：

(1) 数据的类型以及精度和字长。这是建库和分析处理所必须要求确定的。

(2) 合理的取值范围。这是输入、校对和审核所必需的。

(3) 数据量。即单位时间内(如天、月、年)的业务量、使用频率、存储和保留的时间周期，等等。

2. 数据结构

数据结构反映了数据之间的组合关系。一个数据结构可以由若干个数据项组成，也可以由若干个数据结构组成，或由若干个数据项和数据结构混合组成。对数据结构的描述通常包括以下内容：

数据结构描述={数据结构名，含义说明，组成：{数据项或数据结构}}。

例：订货系统中的“货物”的数据结构描述如下：

数据结构名：货物

含义说明：订货系统中的主要数据结构之一，定义了一个货物的有关信息

组成：货物编号，名称，类别，规格，型号，生产厂商，生产日期等

3. 数据流

数据流是数据结构在系统内传输的路径。对数据流的描述通常包括以下内容：

数据流描述={数据流名，说明，数据流来源，数据流去向，组成：{数据结构}，平均流量，高峰期流量}。

其中：数据流来源是说明该数据流来自哪个过程。数据流去向是说明该数据流将到哪个过程去。平均流量是指在单位时间(每天、每周、每月等)里的传输次数。高峰期流量则是指在高峰时期的数据流量。

例：订货系统中的“订货单”的数据流描述如下：

数据流名：订货单

说明：采购部门的订货单

数据流来源：用料计划数据，领料单，库存情况等

数据流去向：缺货账、采购部等

组成：……

平均流量：……

高峰期流量：……

4. 数据存储

数据存储是数据结构(在系统设计阶段又叫数据结构的内模式)的停留或保存，也是数据流的来源和去向之一。对数据存储的描述通常包括以下内容：

数据存储描述={数据存储名，说明，编号，流入的数据流，流出的数据流，组成：{数据结构}，数据量，存取方式}。

其中：数据量是指每次存取多少数据，每天(或每小时、每周等)存取几次等信息。存取方式包括是批处理，还是联机处理；是检索还是更新；是顺序检索还是随机检索等。另

外，流入的数据流要指出其来源，流出的数据流要指出其去向。

例：订货系统中的“订货单”的数据存储描述如下：

数据存储名：订货单

说明：记录需要采购的货物的明细情况

流入数据流：用料计划数据，批准领料数据，库存数据等

流出数据流：订货单

组成：货物编号，名称，型号，规格，订购数量，生产厂商，参考单价，备注

数据量：……

存取方式：随机存取

5. 处理过程

数据字典中只需要描述处理过程的说明性信息，通常包括以下内容：

处理过程描述={处理过程名，说明，输入：{数据流}，输出：{数据流},处理：{简要说明}}。

其中：简要说明中主要说明该处理过程的功能及处理要求。功能是指该处理过程用来做什么(而不是怎么做)。处理要求包括处理频度要求，如单位时间里处理多少事务，多少数据量；响应时间要求等。这些处理要求是后面物理设计的输入及性能评价的标准。

例：工资发放系统中的“计算缺货账”的数据处理过程描述如下：

处理过程名：计算缺货账

说明：计算缺货的详细情况

输入：基本库存数据，批准领料数据等

输出：缺货账单

处理：根据库存情况、领导批准领料单的具体情况等，定期生成缺货账单，从而供采购部门参考

表 1-2 和表 1-3 分别是对货物资料(数据类名：货物资料；数据文件代码是：hwzl)、货物类别资料(数据类名：货物类别资料；数据文件代码号为：hwlbzl)两个数据类给出引例的数据字典的一部分，以此说明数据字典的形式。

表 1-2　货物资料表

| 序号 | 数据项 | 代码 | 数据类型 | 宽度 | 小数位 | 关键字 | …… |
|---|---|---|---|---|---|---|---|
| 1 | 货物编码 | hwbm | Char | 30 | | * | |
| 2 | 货物名称 | hwmc | Char | 16 | | | |
| 3 | 类别 | lb | Char | 4 | | | |
| 4 | 型号 | xh | Char | 12 | | * | |
| 5 | 规格 | gg | Char | 20 | | | |
| 6 | 生产厂商 | sccs | Char | 12 | | | |
| 7 | 保质期 | bzq | Char | 6 | | | |
| 8 | 生产日期 | scrq | Date | | | | |
| 11 | 备注 | bz | Char | 200 | | | |

表 1-3 货物类别表

| 序号 | 数据项 | 代码 | 数据类型 | 宽度 | 小数位 | 关键字 | …… |
|---|---|---|---|---|---|---|---|
| 1 | 类别代码 | lbdm | Char | 4 | | * | |
| 2 | 类别名称 | lbmc | Char | 20 | | | |

说明：上面只给出了数据字典中的部分数据类。打“*”的数据项为关键数据项。

数据库设计的特点是：“三分技术，七分管理，十二分基础数据”。因此，要设计一个好的物流信息系统，开发技术固然重要，但管理更重要。这里的管理包括数据库建设项目的管理和该物流企业的业务管理。而十二分的基础数据强调的是数据的收集、整理、组织和不断更新，这是数据库建设中工作量大、烦琐而细致的一项工作。在分析阶段针对这些特点，特别强调以下两点：

(1) 在收集和整理应用的数据需求时，要用动态和发展的眼光来完成，要充分考虑可能的扩充和变化，使系统的可扩充性更强，更易满足业务发展的需要。

(2) 必须强调用户参与。物流信息系统的目的是帮助不熟悉计算机的用户实现其业务的信息化建设，该项建设应该能最真实地反映出用户的实际业务，满足他们具体的使用需求，因此，在需求分析阶段任何调查研究都离不开用户的积极参与。设计人员应该和用户达成一致认识，并共同对设计结果承担责任。

### 1.4.4 系统分析报告

系统分析阶段的成果就是系统分析说明书(也叫系统分析报告)，它反映了这一阶段调查分析的全部情况，是下一步设计与实现系统的纲领性文件。系统分析说明书形成后必须组织各方面的人员(包括组织的领导、管理人员、专业技术人员、系统分析人员等)一起对已经形成的逻辑方案进行论证，尽可能早地发现其中的问题、误解和疏漏。对于问题、疏漏要及时纠正，对于有争论的问题要重新核实当初的原始调查资料或进一步地深入调查研究，对于重大的问题甚至可能需要调整或修改系统目标，重新进行系统分析。总之，系统分析说明书是一个非常重要的文件，必须非常认真地讨论和分析。一份好的系统分析说明书应该不但能够充分展示前段调查的结果，而且还要全面地反映系统分析的结果——新系统的逻辑方案，这是非常重要的(特别是后者)。

系统分析说明书的基本内容应包括：概述、引言和正文部分。具体如下：

1. 概述

(1) 封面。

(2) 目次。系统分析说明书的内容较长时，应编写目次。

2. 引言

(1) 简述开发当前信息系统的目的、编写本系统分析说明书的目的。

(2) 列出当前系统开发的背景。如开发委托单位、承办单位、主管部门，系统现状等。

(3) 列出本项目的相关上级批文、任务书，以及编写本说明书时的参考文件、标准、资料等参考文献。

(4) 列出本说明书中的专业术语及其解释。

3. 正文部分

(1) 组织情况简述。主要是对分析对象的基本情况作概括性的描述，它包括：组织的结构(即组织结构图)、组织的目标、组织的工作过程和性质；业务功能，即组织结构与业务功能之间的关系表；对外联系、组织与外部实体间有哪些物质以及信息的交换关系，研制系统工作的背景如何等。

(2) 系统目标和开发的可行性。系统的目标，即系统拟采用什么样的开发战略和开发方法。当前系统开发的人员情况，包括开发组成员、技术水平、经验及能力、分工等。资金需求预算，包括计划投入总费用、投入费用分配情况等。开发计划进度安排，包括总时间、阶段划分及各阶段工作内容等。系统计划实现后各部分应该完成什么样的功能，某些指标预期达到什么样的程度，有哪些工作是原系统没有而计划在新系统中增补的，等等。

(3) 现行系统运行状况。原系统信息处理情况，即业务处理流程图、业务功能一览表。原系统信息流动情况，即数据流程图。各个主要环节对业务的处理量、总的数据存储量、处理速度要求、主要查询和处理方式、现有的各种技术手段等，都应作扼要的说明。

(4) 新系统的逻辑方案。新系统的逻辑方案是系统分析说明书的主体。这部分主要反映分析的结果和我们今后建造新系统的设想。它应包括本章各节分析的结果和主要内容，概括来说有：新系统拟定的业务流程及业务处理工作方式，即新确定的业务流程图和业务功能一览表。新系统拟定的数据指标体系和分析优化后的数据流程，即新确定的数据字典、数据流程图、局部 E-R 图、整体 E-R 图、新系统的子系统划分情况、新系统的资源分布情况。 新系统在各个业务处理环节拟采用的管理方法、算法或模型，即拟开发系统可能用到的管理方法、算法或模型，与新系统相配套的管理制度和运行体制的建立，系统开发资源与时间进度估计。

(5) 应用项目风险及影响因素。应用项目风险是指因时间延误、成本超出标准、利益损失、绩效降低、项目软/硬件不兼容等可能带来的风险。

影响项目风险的主要因素有：

① 项目规模：项目规模的大小可以以项目的财务支出、员工数目、耗费时间以及受影响的部门多寡来量度。规模的扩大，会使项目的管理控制难度加大，风险加大。

② 项目结构：项目开发的结构化程度越高，其风险越低。对非结构化程度高的项目，在信息需求、系统设计中都会涉及许多新的、困难的程序，需要更大的努力。另外，用户与信息技术人员均不太熟悉的系统，可能需要重构组织功能活动，也可能会涉及其他利益冲突。

③ 技术经验：指项目小组和组织本身对该项目相关技术，包括硬件、操作系统、数据库管理系统等的熟悉程度。缺乏高水平技术的小组，风险极高。

## 1.5 物流信息系统设计与开发

### 1.5.1 数据处理的总体结构设计

在具体开展物流信息系统设计时，还要考虑数据处理的总体结构体系。常用的计算机网络数据处理的模式可以分为三种：集中式、分布式和协作式。

1. 集中式数据处理

集中式计算机网络有一个大型的中央系统，其终端是客户机，数据全部存储在中央系统，由数据库管理系统进行管理，所有的处理都由该大型系统完成，终端只是用来完成数据的输入和输出。终端自己不作任何处理，所有任务都在主机上进行处理。

集中式数据存储的主要特点是能把所有数据保存在中央服务器上，各地办公室的远程终端通过电缆同中央计算机(主机)相连，保证了每个终端使用的都是同一信息；备份数据容易，因为它们都存储在服务器上，而服务器是唯一需要备份的系统；这还意味着服务器是唯一需要安全保护的系统，终端没有任何数据。银行的自动提款机(ATM)采用的就是集中式计算机网络。另外所有的事务都在主机上进行处理，终端也不需要软驱，所以网络感染病毒的可能性很低。这种类型的网络总费用比较低，因为主机拥有大量的存储空间及功能强大的系统，而终端可以使用功能简单且便宜的微机和其他终端设备。

这类结构的缺点是来自所有终端的计算都由主机完成，于是网络处理速度可能有些慢。另外，针对用户的各种不同需要，在集中式计算机网络上满足这些需要是十分困难的，因为每个用户的应用程序和资源都必须单独设置，而让这些应用程序和资源都在同一台集中式计算机上操作，会导致系统效率不高。还有，因为所有用户都必须连接到一台中央计算机，集中连接可能成为集中式网络的一个大问题。由于这些限制，如今的大多数网络都采用了分布式和协作式网络计算模型。

2. 分布式数据处理

随着个人计算机的性能得到极大的提高及其使用的普及，处理能力分布到网络上的各个计算机成为可能。分布式计算与集中式计算是两个对立的概念，分布式计算的数据可以分布到很大区域。

分布式网络中，数据的存储和处理都是在本地工作站上进行。数据输出可以打印，也可保存在软盘上。通过网络主要是得到更快、更便捷的数据访问。因为每台计算机都能够存储和处理数据，所以不要求服务器功能十分强大。这种类型的网络可以适应用户的各种需要，同时允许他们共享网络的数据、资源和服务。在分布式网络中使用的计算机既能够作为独立的系统使用，也可以把它们连接在一起得到更强的网络功能。

分布式计算的优点是可以快速访问、多用户使用。每台计算机可以访问系统内其他计算机的信息文件；系统设计上具有更大的灵活性，既可满足独立计算机上用户的特殊需求，也可满足联网企业的需求，实现系统内不同计算机之间的通信；每台计算机都可以拥有和保持所需要的最大数据和文件；减少了数据传输的成本和风险。为分散地区和中心办公室双方提供更迅速的信息通信和处理方式，为每个分散的数据库提供作用域，数据存储于许多存储单元中，但任何用户都可以进行全局访问，使故障的不利影响最小化，以较低的成本来满足企业的特定要求。

分布式计算的缺点是对病毒比较敏感，任何用户都可能引入被病毒感染的文件，并将病毒扩散到整个网络。备份困难，如果用户将数据存储在各自的系统上，而不是将它们存储在中央系统中，难于制订一项有效的备份计划。这种情况还可能导致用户使用同一文件的不同版本。除此之外有的运行程序要求性能更好的 PC 机上使用，不同计算机的文件数据需要复制，对某些 PC 机要求有足够的存储容量，形成不必要的存储成本，管理和维护比较复杂，设备必须要互相兼容。

3. 协作式数据处理

协作式数据处理系统内的计算机能够联合处理数据，处理既可集中实施，也可分区实施。协作式计算允许各个客户计算机合作处理一项共同的任务，采用这种方法，任务完成的速度要快于仅在一个客户计算机上运行。协作式计算允许计算机在整个网络内共享处理能力。除了具有在多个计算机系统上处理任务的能力，该类型的网络在共享资源方面类似于分布式计算。因此，协作式计算和分布式计算具有相似的优缺点。

### 1.5.2 编码设计

编码设计问题是一个科学管理的问题。设计出一个好的编码方案对于系统的开发工作是一件极为有利的事情。它可以使很多机器处理(如某些统计、校对查询等)起来变得十分方便，另外，能把一些现阶段计算机很难处理的工作变成很简单的处理。

1. 编码的概念与功能

编码是客观实体或属性的一种表示符号。在管理信息系统中，它是人与计算机的共同语言，起着沟通人与计算机的作用。采用编码，可以使数据表达标准化，简化程序设计，加快输入，减少出错，节省存储空间，提高处理速度。代码设计是一项重要的基础工作，设计时必须进行统筹规划、长远考虑，充分征求使用人员的意见。

系统设计阶段的编码设计是未来系统数据规范化管理的基础，特别要强调的是，共享编码的设计质量直接影响到未来系统的效率。编码设计的主要工作是完成对共享数据类中的关键字段的码结构设计并形成代码库。所谓共享数据类是指多个子系统都要用到的数据类，如“物资基本信息”、“产品基本信息”等。

2. 编码设计的原则

(1) 唯一性：编码的唯一性要求保证通过编码可唯一地确定编码对象，这是代码在数据管理中最基本的作用。

(2) 规范性：编码要遵循一定的规则，这些规则包括：编码的位数、编码的分段、每段的类型和含义等。

(3) 可识别性：即通过编码能够比较容易地识别被编码对象。如物资代码“CTV21”表示彩色电视机 21 英寸。

(4) 可扩展性：即保证系统对企业管理业务变化的适应性。要求编码规则对已有编码对象留有足够的余量。例如，在产品代码已经按其编码规则被全部占用的情况下，若企业再开发出新产品，系统就无法对其进行编码并进行管理了。

(5) 标准化与通用性：考虑企业信息系统与主管部门通信与联网的需要，应尽可能利用国际、国内、部门的标准代码。

(6) 实用性：尽量使用原业务处理上已使用的且行之有效的编码，方便使用。

(7) 简明性：在不影响编码系统的容量和扩充性的前提下，编码应尽可能简短、统一。

3. 编码的种类

(1) 数字码。数字码可分为顺序码和分组顺序码。顺序码是最简单的代码形式，一般适用于编码对象数目较少的情况。例如，某企业管理信息系统中，对5个产品仓库的代码可采用如下的数字顺序码。当编码对象具有两层(或以上)的分类时，可采用数字分组(段)顺序码(如表1-4所示)。前两位表示账本的所属仓库，后3位表示该仓库中账本的序号。

表1-4　数字分组顺序代码举例

| 编码对象 | 仓库1的第1本账 | 仓库1的第2本账 | … | 仓库2的第1本账 | 仓库2的第2本账 | … |
|---|---|---|---|---|---|---|
| 代码 | 01001 | 01002 | … | 02001 | 02002 | … |

(2) 字符码。数字代码虽然结构简单，但也存在不容易识别和记忆的缺点。为了容易识别和记忆，可采用字符代码，如我们可对企业的仓库采用表1-5中的字符代码。使用仓库汉语名称的拼音字头形成了相应仓库的字符代码，既容易识别，也容易记忆。

表1-5　字符码举例

| 编码对象 | 成品库 | 配件库 | 原料库 |
|---|---|---|---|
| 代码 | CP | PJ | YL |

(3) 混合码。当编码对象具有两层(或以上)的分类时，可采用数字和字符的混合代码方式，使代码对某层分类的记忆和识别更直观、更容易。如前述仓库管理中的账本的代码可采用如表1-6所示的混合码。

表1-6　混合码举例

| 编码对象 | 成品库的第1本账 | 成品库的第2本账 | … | 原料库的第1本账 | 原料库的第2本账 | … |
|---|---|---|---|---|---|---|
| 代码 | CP001 | CP002 | … | YL001 | YL002 | … |

4. 编码中的校验位

编码是计算机的重要输入内容之一，其正确与否直接影响到整个处理工作的质量，特别是在经过手工处理时，发生错误的可能性更大。为了保证正确输入，遵循代码设计结构在原有代码的基础上，另外，加上一个校验位，使它成为代码的一个组成部分。校验位通过事先规定的数学方法计算出来，输入时，计算机用同样的方法按代码数字计算出校验位，与输入的校验位进行比较，以确保输入正确。计算校验位的方法很多，这里举出几种。

(1) 算术级数法。

原代码　5　3　4　2　1

各乘以权　6　5　4　3　2

乘积求和　30+15+16+6+2=69

以 11 为模去除乘积之和，取余作为校验码：69/11=3

由此得出代码为：534213

(2) 几何级数法。

原代码　　5　3　4　2　1

各乘以权　32　16　8　4　2

乘积求和　160+48+32+8+2=250

以 11 为模去除乘积之和，取余作为校验码：250/11=8

由此得出代码为：534218

(3) 质数法。

原代码　　5　3　4　2　1

各乘以权　17　13　7　5　3

乘积求和　85+39+28+10+3=165

以 11 为模去除乘积之和，取余作为校验码：165/11=0

由此得出代码为：534210

计算校验码时，由于权与模的取值不同，检测效率也不同。一般来说，校验码是对数字代码进行检查。但是，对于字母或字母数字组成的代码，也可以用校验码进行检查，但这时校验位必须是两位，在计算时要将 A–Z 跟随着 0–9 的顺序变为：A=10、B=11、…、Z=35。

### 1.5.3 数据库设计

数据库设计是建立数据库及其应用系统的技术，是信息系统开发和建设中的核心技术，具体来说，数据库设计是指对于一个给定的应用环境，构造最优的数据库模式，建立数据库及其应用系统，使之能够有效地存储数据，满足各种用户的应用需求(信息要求和处理要求)。

数据库是信息系统的核心和基础，它把信息系统中大量的数据按一定的模型组织起来，提供存储、维护、检索数据的功能，使信息系统可以方便、及时、准确地从数据库中获得所需的信息。一个信息系统的各个部分能否紧密地结合在一起以及如何结合，关键在数据库。因此只有对数据库进行合理的逻辑设计和有效的物理设计才能开发出完善而高效的信息系统。数据库设计是信息系统开发和建设的重要组成部分。

大型数据库的设计和开发是一项庞大的工程，是涉及多学科的综合性技术。其开发周期长、耗资多、失败的风险也大。必须把软件工程的原理和方法应用到数据库建设中来。从事数据库设计需要具备多方面的技术和知识。数据库设计人员必须深入实际与用户密切结合，对应用环境、专业业务有具体深入的了解，才能设计出符合具体领域要求的信息系统。

由于信息结构复杂，应用环境多样，在相当长的一段时期内数据库设计主要采用手工试凑法。使用这种方法与设计人员的经验和水平有直接关系，数据库设计缺乏科学理论和工程方法的支持，工程的质量难以保证，常常是数据库运行一段时间后又不同程度地发现各种问题，增加了系统维护的代价。这些年来，人们提出了各种数据库设计方法，这些方法运用软件工程的思想和方法，提出了各种设计准则和规程，都属于规范化方法。

按照规范设计的方法，考虑数据库及其应用系统开发全过程，将数据库设计分为以下几个阶段：数据库实施、数据库运行和维护、概念结构设计、逻辑结构设计及物理结构设计。数据库实施、数据库运行和维护的内容在第 8 章有详细介绍，这里具体介绍概念结构设计、逻辑结构设计、物理结构设计和数据库设计方案。

1. 概念结构设计

将系统分析得到的用户需求抽象为信息结构即概念模型的过程就是概念结构设计。它是整个数据库设计的关键。在需求分析阶段所得到的应用需求应首先抽象为信息世界的结构，才能更好地、更准确地用某一 DBMS 实现这些需求。

设计概念结构通常有四类方法：自顶向下，即首先定义全局概念结构的框架，然后逐步细化；自底向上，即首先定义各局部应用的概念结构，然后将它们集成起来，得到全局概念结构；逐步扩张，首先定义最重要的核心结构概念，然后向外扩充，以滚雪球的方式逐步生成其他概念结构，直至总体概念结构；混合策略，即将自顶向下和自底向上相结合，用自顶向下策略设计一个全局概念结构的框架，以它为骨架集成由自底向上策略中设计的各局部概念结构。

其中最经常采用的策略是自底向上的方法，即自顶向下进行需求分析，然后再自底向上地设计概念结构。

(1) E-R 图。E-R 图即实体-关系图(Entity-Relationship Graph)。它是一个用图形方式来表示信息世界中的实体、实体的属性和实体间关系的图形，是今后建立数据结构和确定数据文件与数据库之间关系的基础。

① 实体(Entity)。实体是客观世界中存在的且可相互区分的事物，它可以是具体事物(人或物)，也可以是抽象概念。

所谓商业实体(Business Entity)是那些对组织有长远价值的客体，它能唯一地被确定，并且组织希望保有其数据。

商业客体的类型诸如：

人员：职员、顾客、供应商……

地点：零售店、仓库、厂房……

物品：设备、零件、产品……

概念：工作、组织单位、法律要求……(质量标准)

事件：订单、货运……

② 属性(Attribute)。属性是实体或关系所具有的性质，通常一个实体由若干个属性来刻画。

实体属性描述中的符号：(数据流描述中)

+表示“与”；[ ]表示“或”，即选择括号中的某一项；{ }表示“重复”，即括号中的项要重复若干次；( )表示“可选”，即括号中的项可选可不选；*表示关键项。

例：销售实体，它具有如下属性：

销售=收据号码*+销售日期+顾客号+顾客姓名+顾客地址+{购买的物品}+合计金额+销售税+总金额

{购买的物品}={库存号*+摘要+单价+数量+总计}

再例：员工，是一个实体。它具有如下属性：

员工=编号*+姓名+性别+所属部门+职务职称+学历+学位+……

关系也可以有属性。例如，仓库与产品之间的关系为“存放”关系，“存放”不仅表明了两个实体之间的关系，同时它还应该有这样几个属性：产品号、仓库号、存放时间等。即：

存放=产品号+仓库号+存放时间+……

③ 关系(relationship)。关系即实体间的联系、联结。一般用动词表示，如仓库与产品之间的关系为“存放”关系。

实体间的关系有三种形态：

一对一(1∶1)关系。如图 1.11(a)所示，仓库管理员与其对应的考勤表之间的关系，即每个员工都有一张与之对应的考勤表，而每张考勤表又对应于某个确定的员工。

一对多(1∶N)关系。如图 1.11(b)所示，仓库与产品之间的关系，即一个仓库中可以存放多种产品(对应于多种产品)，而每种产品都有一个存放的仓库。

多对多(M∶N)关系。例如，供应商与产品之间的关系即“供应”关系，每位供应商可以供应多种产品，而每种产品又可以由多个供应商提供，是一种多对多的关系。而“供应”本身也可以有属性，如供应商编号、产品编号、供应量等。读者可自己试画 E-R 图。

④ 关键项(识别键)(identifiers)。即实体的属性中能够唯一地标识(或代表)实体的那个属性。如供应商是一个实体，这个实体有多个属性，其中“供应商编号”是区分不同供应商和确定某一个供应商的“关键项”(即关键属性、识别键)。

在 E-R 图中，通常用矩形表示实体名，用圆或椭圆表示实体的属性，用菱形表示实体间的联系。如图 1.11 所示。

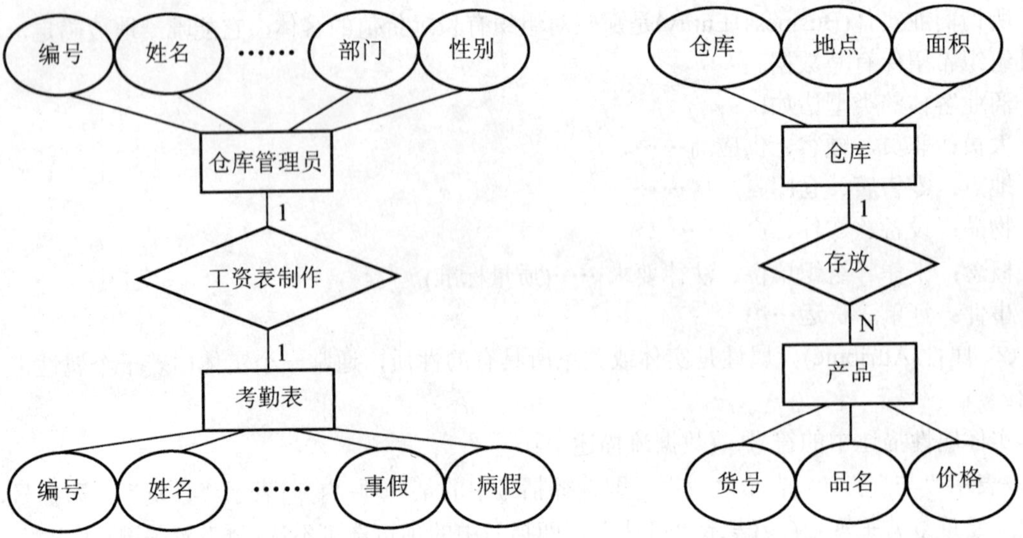


(a) 仓库管理员与考勤表之间的一对一关系　　(b) 仓库与产品之间的一对多关系

图 1.11　E-R 图

(2) 概念结构设计的步骤。在概念结构设计过程中使用E-R图方法的基本步骤包括：

① 选择局部应用，设计局部E-R图。根据某个系统的具体情况，在多层的数据流程图中选择一个适当层次的数据流程图，作为设计局部E-R图的出发点，这组图中每一部分对应一个局部应用。选择好局部应用之后，就要对每个局部应用逐一设计分E-R图，也称局部E-R图。在前面选好的某一层次的数据流程图中，每个局部应用都对应了一组数据流程图，局部应用涉及的数据都已经收集在数据字典中了。现在就要依据数据字典，参照数据流程图，标定局部应用中的实体、实体的属性、标识实体的码，确定实体之间的联系及其联系类型。

为了简化E-R图的处置，现实世界的事物能作为属性对待的，尽量作为属性对待，可以参考以下两条准则：作为“属性”，不能再具有需要描述的性质，“属性”必须是不可分的数据项，不能包含其他属性；“属性”不能与其他实体具有联系，即E-R图中所表示的联系是实体之间的联系。

各子系统的分E-R图设计好以后，下一步就是要将所有的分E-R图综合成一个系统的总E-R图，可以将多个E-R图一次集成，也可以逐步集成，用累加的方式一次集成两个分E-R图。

② 合并分E-R图，生成初步E-R图。各个局部应用所面向的问题不同，且通常是由不同的设计人员进行局部视图设计，这就导致各个分E-R图之间必定会存在许多不一致的地方，称之为冲突。合并分E-R图时，必须着力消除各个分E-R图中的不一致，以形成一个能为全系统中所有用户共同理解和接受的统一概念模型，合理消除各分E-R图的冲突是合并分E-R图的主要工作和关键所在。

各分E-R图之间的冲突主要有三类：属性冲突、命名冲突和结构冲突。属性冲突是指属性域冲突，即属性值的类型、取值范围或取值集合不同，或属性取值单位冲突。命名冲突包括同名异义和异名同义，命名冲突可能发生在实体、联系上，也可能发生在属性上，其中属性的命名冲突更常见，处理命名冲突通常也像处理属性冲突一样，通过讨论、协商等行政手段加以解决。结构冲突包括：同一对象在不同应用中具有不同的抽象，例如，在某一局部应用中被当做实体，但在另一局部应用中则被当做属性；同一实体在不同分E-R图中所包含的属性个数和属性排列次序不完全相同。解决方法是使该实体的属性取各分E-R图中属性的并集，再适当调整属性的次序；实体间的联系在不同的分E-R图中为不同的类型，解决方法是根据应用的语义对实体联系的类型进行综合或调整。

③ 消除不必要的冗余，设计基本E-R图。在初步E-R图中，可能存在一些冗余的数据和实体间冗余的联系。所谓冗余的数据是指可由基本数据导出的数据，冗余的联系是指可由其他联系导出的联系。冗余的数据和冗余的联系容易破坏数据的完整性，给数据库的维护增加困难，应当予以消除。消除了冗余后的初步E-R图称为基本E-R图。

消除冗余主要采用分析方法，即以数据字典和数据流程图为依据，根据数据字典中关于数据项之间逻辑关系的说明来消除冗余。但并不是所有的冗余数据与冗余联系都必须加以消除，有时为了提高效率，不得不以冗余信息作为代价。因此在设计数据库概念结构时，哪些冗余信息必须消除，哪些冗余信息允许存在，需要根据用户的整体需求来确定。如果人为地保留一些冗余数据，则应把数据字典中数据关联的说明作为完整性约束条件。

2. 逻辑结构设计

逻辑结构设计的任务就是把概念结构设计阶段设计好的基本 E-R 图转换为与选用的 DBMS 产品所支持的数据模型相符合的逻辑结构。

从理论上讲，设计逻辑结构应该选择最适于相应概念结构的数据模型，然后对支持这种模型的各种 DBMS 进行比较，从中选出最合适的 DBMS。但实际情况往往是已给定了某种 DBMS，设计人员没有选择的余地。目前 DBMS 产品一般支持关系、网状、层次三种模型中的某一种，对某一种数据模型，各个机器系统又有许多不同的限制，提供不同的环境与工具。新设计的信息系统都普遍采用支持关系数据模型的 DBMS。

(1) 将 E-R 图转换为关系模型，一般遵循以下原则：

一个实体型转换为一个关系模式，实体的属性就是关系的属性，实体的关键字就是关系的关键字。

一个一对一(1∶1)的关系转换。每个实体的关键字都是关系的候选关键字。如“考勤表”与“仓库管理员”之间的关系，在“考勤表”中有唯一表示仓库管理员的“编号”，在“仓库管理员”实体中也有“编号”(如果没有，应添加上)，于是，“编号”即是表明这两个实体间一对一关系的“关键项”。

一个一对多(1∶N)关系的转换。多方实体的关键字是关系的关键字。如“仓库”与“产品”之间的关系。这时，应将一方的关键字纳入多方实体对应的“属性”中作为一个外部关键字。这样处理之后，通过这个关键字使得原来的一对多(1∶N)关系转化为一对一关系。得到的实体的新属性为：

仓库=仓库号*+地点+面积+……

产品=货号*+品名+价格+数量+仓库号

其中，“产品”实体中的“仓库号”就是新加进来的“外部关键项”。通过这个“关键项”实现了两个实体间的一对一关系，避免了多义性、不确定性。

一个多对多(N∶M)关系的转换为一个关系。关系中各实体关键字的组合组成关系的关键字(组合关键字)。如“供应商”与“产品”之间的关系，一种产品可以由多个供应商提供，一个供应商又可以供应多种产品，如果不处理这种关系，则会出现当知道了某个供应商，难以判定它提供了哪些产品的情况，反之亦然。这时，一般的处理方式是在“M”和“N”两个实体之间构造和加入一个“新实体”，借助于这个“桥梁”来实现“M”和“N”之间的一对一关系，克服关系的不确定性。对“供应商”和“产品”两个实体间的关系(M∶N)处理后得到的关系模型为：

供应商=供应商编号*+供应商名称+法人代表+公司地址+公司账号+邮政编码

供应=供应商编号*+产品编号+供应量

产品=产品编号*+产品名称+产品规格+产品型号+生产厂商

其中，“供应”原本是“供应商”与“产品”之间的联系，现在把它作为一个实体“插入”到两者之间，通过这个“新实体”实现了“供应商”与“产品”之间的一对一关系、避免了供应商与产品之间的不确定关系。

具有相同关键字的关系可以合并。

形成了一般的数据模型后，下一步就是向特定的 RDBMS(Relation DataBase Management System)的模型转换。设计人员必须熟悉所用 RDBMS 的功能与限制，这一步是依赖于机器的。

(2) 规范化处理。规范化理论在数据库设计中有以下几方面的应用：在需求分析阶段，用数据依赖概念分析和表示各个数据项之间的联系；在概念结构设计阶段，以规范化理论为指导，确定关键字，消除初步 E-R 图中冗余的联系；在逻辑结构设计阶段，从 E-R 图向数据模型转换过程中，用模式合并与分解方法达到规范化级别。

(3) 模式的评价与修正。模式评价主要包括功能和性能两个方面。经过反复多次的模式评价和修正之后，最终的数据库模式得以确定。逻辑设计阶段的结果是全局逻辑数据库结构。对于关系数据库系统来说，就是一组符合一定规范的关系模式组成的关系数据库模型。

3. 物理结构设计

数据库在物理设备上的存储结构与存取方法称为数据库的物理结构，它依赖于给定的计算机系统。为一个给定的逻辑数据模型选取一个最适合应用要求的物理结构的过程，就是数据库的物理设计。数据库的物理设计通常分为两步：第一步，确定数据库的物理结构，在关系数据库中主要指存取方法和存储结构。第二步，对物理结构进行评价，评价的重点是时间和空间效率。

如果评价结果满足原设计要求，则可进入到物理实施阶段，否则，就需要重新设计或修改物理结构，有时甚至要返回逻辑设计阶段修改数据模型。通常对于关系数据库物理设计的内容主要包括：

(1) 为关系模式选择存取方法。数据库系统是多用户共享的系统，对同一个关系要建立多条存取路径才能满足多用户的多种应用要求。物理设计的任务之一就是要确定选择哪些存取方法，即建立哪些存取路径。

存取方法是快速存取数据库中数据的技术。数据库管理系统一般都提供多种存取方法。常用的存取方法有三类：

第一类是索引方法。目前主要是 B+树索引方法。所谓选择索引存取方法实际上就是根据应用要求确定对关系的哪些属性列建立索引、哪些属性列建立组合索引、哪些索引要设计为唯一索引等。一般来说，如果一个(或一组)属性经常在查询条件中出现，则考虑在这个(或这组)属性上建立索引(或组合索引)；如果一个属性经常作为最大值和最小值等聚集函数的参数，则考虑在这个属性上建立索引；如果一个(或一组)属性经常在连接操作的连接条件中出现，则考虑在这个(或这组)属性上建立索引。关系上定义的索引数并不是越多越好，系统为维护索引要付出代价，查找索引也要付出代价。例如，如果一个关系的更新频率很高，这个关系上定义的索引数就不能太多。因为更新一个关系时，必须对整个关系上有关的索引做相应的修改。

第二类是聚簇(Cluster)方法。为了提高某个属性(或属性组)的查询速度，把这个或这些属性(称为聚簇码)上具有相同值的元组集中存放在连续的物理块称为聚簇。聚簇功能可以大大提高按聚簇码进行查询的效率。聚簇功能不但适用于单个关系，也适用于经常进行连接操作的多个关系。即把多个连接关系的元组按连接属性值聚集存放，聚簇中的连接属性称为聚簇码。这就相当于把多个关系按“预连接”的形式存放，从而大大提高连接操作的效率。

第三类是 HASH 方法。有些数据库管理系统提供了 HASH 存取方法。选择 HASH 存取方法的规则如下：

如果一个关系的属性主要出现在等连接条件中或主要出现在相等比较选择条件中，从而满足下列两个条件之一，则此关系可以选择 HASH 存取方法。这两个条件是：如果一个关系的大小可预知，而且不变；如果关系的大小动态改变，而且数据库管理系统提供了动态 HASH 存取方法。

(2) 确定数据存储结构。确定数据库物理结构主要指确定数据的存放位置和存储结构，包括确定关系、索引、聚簇、日志、备份等的存储安排和存储结构，确定系统配置等。

确定数据的存放位置和存储结构要综合考虑存取时间、存储空间利用率和维护代价三方面的因素。这三个方面常常是相互矛盾的，因此需要进行权衡，选择一个折中方案。

(3) 评价物理结构。数据库物理设计过程中需要对时间效率、空间效率、维护代价和各种用户要求进行权衡，其结果可以产生多种方案，数据设计人员必须对这些方案进行细致的评价，从中选出一个较优的方案作为数据库的物理结构。评价物理数据库的方法完全依赖于所选用的 DBMS，主要从定量估算各种方案的存储空间、存取时间和维护代价入手，对估算结果进行权衡、比较，选择出一个较优的、合理的物理结构。如果该结构不符合用户需求，则需要修改设计。

4. 数据库设计案例

按照规范设计的方法，考虑数据库及其应用系统开发全过程，数据库设计分为以下几个阶段：需求分析、概念结构设计、逻辑结构设计、物理结构设计、数据库实施和维护。

(1) 需求分析。某企业的物资管理系统，主要包括物资的采购、入库、出库、日常管理等活动。实体有物资、供应商和合同。物资实体可以通过物资代码、物资名称、型号、规格、计量单位、物资类别、存放仓库等属性来进行描述；供应商的属性有供应商编号、供应商名称、供应商地址、联系人和供应商账号；合同的属性有合同编号、合同日期和交货日期等。订货联系涉及的实体有物资、供应商和合同。一种物资可以由多家供应商供应，签订多笔合同；一家供应商也可以供应多种物资，也可能签订多笔合同，这种联系在图中用 L：M：N 来表示。在订货联系中的属性有订货数量和订货价格。

(2) 概念结构设计。根据该企业物资管理中的实体和实体间联系，构建的概念模型如图 1.12 所示。这里只给出了局部的 E-R 图，读者可以根据具体企业的实际情况和相关章节的内容自己补充其他实体，建成一个综合的物资管理的 E-R 图，实现企业物资管理的整体概念结构的设计。

(3) 逻辑结构设计。根据数据库设计的原则，将 E-R 模型转换为关系数据模型：

物资(物资代码，物资名称，型号，规格，计量单位，物资类别)

供应商(供应商代码，供应商名称，地址，联系人，供应商账号)

合同(合同编号，合同日期，交货日期)

订货(物资代码，供应商代码，合同编号，订货数量，订货价格)

每个关系都经过规范化分析，符合 BCNF。

(4) 物理结构设计。数据库的物理设计通常分为两步：确定数据库的物理结构，在关系数据库中主要指存取方法和存储结构；对物理结构进行评价，评价的重点是时间和空间效率。

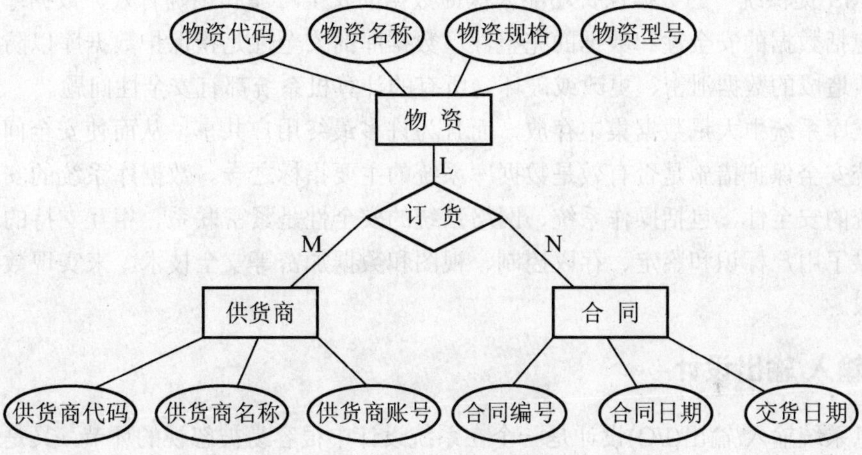


图 1.12 某企业订购活动的 E-R 图

不同的数据库产品所提供的物理环境、存取方法和存储结构有很大的差别，能供设计人员使用的设计变量、参数范围也很不相同，因此没有通用的物理设计方法可遵循，只能给出一般的设计内容和原则。希望设计优化的物理数据库结构，使得在数据库上运行的各种事务响应时间小、存储空间利用率高、事务吞吐率大。为此首先对要运行的事务进行详细分析，获得选取物理数据库设计所需要的参数。其次，要充分了解所用的 RDBMS 的内部特征，特别是系统提供的存取方法和存储结构。这里要结合所选用的具体数据库管理系统进行物理结构设计。

(5) 数据库实施和维护。完成数据库的物理设计之后，设计人员就要用 RDBMS 提供的数据定义语言和其他实用程序将数据库逻辑设计和物理设计结果严格描述出来，成为 DBMS 可以接受的源代码，再经过调试产生目标模式。

### 1.5.4 数据资源的分布和安全保密性

数据资源的分布是针对网络数据库(或称为分布数据库系统)而言的，安全保密性是针对某些特殊信息而言的。如果是单机系统，并且没有保密和安全性需要，这一步工作可以不要。

1. *数据资源分布*

如果所规划和设计的系统是在网络环境之下，那么数据库设计必须考虑整个数据资源在网络各节点(包括网络服务器)上的分配问题。根据所选择的数据处理模式不同，数据资源的分布不同。对于分布式数据库，考虑数据资源分配的原则是：同一子系统的数据尽量放在本子系统所使用的机器上，只有需要公用的数据和最后统计汇总的数据才放在服务器上。对于集中式数据处理模式，数据资源集中存放在数据库服务器上，客户端只具有输入/输出功能，不具有处理数据的功能。

2. 数据的安全性

DBMS 提供统一的数据保护功能来保证数据的安全可靠和正确有效，数据库的数据保护主要包括数据的安全性和数据的完整性。数据库的安全性是指保护数据库以防止不合法的使用所造成的数据泄密、更改或破坏。所有的计算机系统都有安全性问题。

数据库系统中大量数据集中存放，而且为许多最终用户共享，从而使安全问题更为突出。系统安全保护措施是否有效是数据库系统的主要指标之一。数据库系统的安全性和计算机系统的安全性，包括操作系统、网络系统的安全性是紧密联系、相互支持的。数据库系统提供了用户标识和鉴定、存取控制、视图和数据加密等安全技术，来实现数据的安全保密要求。

### 1.5.5 输入/输出设计

信息系统输入/输出(I/O)设计是一个在系统设计中很容易被忽视的环节，又是一个十分重要的环节，它对于用户和今后系统使用的方便和安全可靠性来说都是十分重要的。一个好的输入系统设计可以为用户和系统双方带来良好的工作环境，一个好的输出设计可以为管理者提供简捷明了、有效、实用的管理和控制信息。

在实现系统开发过程中输入设计所占的比重较大。以某企业开发的管理信息系统为例，在涉及全厂生产、经营、财务、销售、物资供应等五个子系统中，与输入/输出界面相关的程序占总程序量的60%左右。从这一比率足以看出在一个处理管理领域的信息系统中输入/输出界面的重要性，一个好的输入设计能为今后系统运行带来很多方便。输入设计的工作是依据功能模块的具体要求给出数据输入的方式、用户界面和输入校验方式等。

1. 输入方式

输入方式的设计主要是根据总体设计和数据库设计的要求来确定数据输入的具体形式。常用的输入方式有：键盘输入；模/数、数/模输入；网络数据传送；磁/光盘读入等几种形式。通常在设计新系统的输入方式时，应尽量利用已有的设备和资源，避免大批量的数据重复多次地通过键盘输入。因为键盘输入不但工作量大，速度慢，而且出错率较高。

(1) 键盘输入。键盘输入方式(key-in)包括联机键盘输入和脱机键盘输入(一种通过键到盘、键到带等设备，将数据输入到磁盘/带文件中然后再输入系统的设备)两种方式。它们主要适用于常规、少量的数据和控制信息的输入以及原始数据的录入。这种方式不大适合大批中间处理性质的数据的输入。

(2) 数模/模数转换方式。数模/模数转换方式(A/D，D/A)的输入是目前比较流行的基础数据输入方式。这是一种直接通过光电设备对实际数据进行采集并将其转换成数字信息的方法，是一种既省事，又安全可靠的数据输入方式。这种方法最常见的有以下几种形式：①条码输入。即利用标准的商品分类和统一规范化的条码贴(或印)于商品的包装上，然后通过光学符号阅读器(Optical Character Reader，简称OCR)(也称扫描仪)来采集和统计商品的流通信息。这种数据采集和输入方式现已普遍用于商业企业、工商、质检、海关等的信息系统中。②扫描仪输入。这种方式实际上与条码输入是同一类型。它大量地被使用在图形/图像的输入，文件、报纸的输入，标准考试试卷的自动阅卷，投票和公决的统计等。③传感器输入。即利用各类传感器和电子衡器接收和采集物理信息，然后再通过A/D/A板将其转换为数字信息。这也是一种用来采集和输入生产过程数据的方法。

(3) 网络传送数据。既是一种输出信息的方式，又是一种输入信息的方式。对下级子系统它是输出，对上级主系统它是输入。使用网络传送数据既可安全、可靠、快捷地传输数据，又可避免下级忙于设计输入界面，上级忙于设计输入界面，从而盲目重复开发工作。网络传送有两种方式，一种是利用数字网络直接传送数据，另一种是利用电话网络(通过modem)传送数据。

(4) 磁盘传送数据。即数据输出和接收双方事先约定好待传送数据文件的标准格式(这一点在上节数据整体结构中就可以确定下来)，然后再通过软盘/光盘传送数据文件。这种方式不需要增加任何设备和投入，是一种非常方便的输入数据方式，它常被用在主、子系统之间的数据连接上。

2. 输入格式

在我们实际设计数据输入时(特别是大批量的数据统计报表输入时)常常遇到统计报表(或文件)结构与数据库文件结构不完全一致的情况。

如有可能，应尽量改变统计报表或数据库关系表二者之一的结构，并使其一致，以减少输入格式设计的难度。现在还可采用智能输入方式，由计算机自动将输入送至不同表格。

3. 校验方式

在输入时，校验方式的设计是非常重要的。特别是针对数字、金额数等字段，没有适当的校验措施做保证是很危险的。因为从理论上来说，操作员输入数据时所发生的随机错误在各个数位上都是等概率的。如果错误出现在财会记录的低位则尚可容忍，但如果出现在高位，则势必酿成大事故。所以对一些重要的报表，输入设计一定要考虑适当的校验措施，以减少出错的可能性。但应指出的是，绝对保证不出错的校验方式是没有的。

常用的校验方式有：

(1) 人工校验。即输入数据后再显示或打印出来，由人来进行校验。这种方法对于少量的数据或控制字符输入还可以，但对于大批量的数据输入就显得太麻烦，效率太低。这种方式在实际系统中很少有人使用。

(2) 二次键入校验。二次键入是指一种同一批数据两次键入系统的方法。输入后系统内部再比较这两批数据，如果完全一致则可认为输入正确；反之，则将不同部分显示出来有针对性地由人工来进行校验。它是目前数据录入中心、信息中心录入数据时常用的方法。

该方法最大的好处是方便、快捷，而且可以用于任何类型的数据符号。尽管该方法中二次键入在同一个地方出错，并且错误一致的可能性是存在的，但是这种可能性出现的概率极小。

(3) 数据平衡校验。这种校验方法常用在对财务报表和统计报表等这类完全数字型报表的输入校验中。具体做法是在原始报表的每行每列中增加一位数字小计字段(在这类报表中一般本来就有)，然后在设计新系统的输入时再另设一个累加值，光让计算机将输入的数据累加起来，然后再将累加的结果与原始报表中的小计自动比较。如果一致，则可认为输入正确，反之，则拒绝接受该数据记录，这是一种非常有效的方法。但该方法也不是十全十美的，当同一记录中几个数同时输错，而累加后结果仍正确时，就无法检测出错误之处，这种情况在实际中出现的可能性也是很小的。

4. 用户界面

用户界面是系统与用户之间的接口，也是控制和选择信息输入/输出的主要途径。用户界面设计应坚持友好、简便、实用、易于操作的原则，尽量避免过于烦琐和花哨。例如，在设计菜单时应尽量避免菜单嵌套层次过多和每选择一次还需确认一次的设计方式。菜单最好是二级、三级就到头了。又如，在设计大批数据输入屏幕界面时应避免颜色过于丰富多变，因为这样对操作员眼睛压力太大，会降低输入系统的实用性。进行输入设计工作时，要注意在整个系统中统一设计风格。

界面设计包括菜单方式、会话方式、操作提示方式，以及操作权限管理方式等。 其中菜单方式又是最为重要和常见的一种界面设计方式。

菜单(menu)是信息系统功能选择操作最常用的方式。按目前软件所提出的菜单设计工具，菜单的形式可以是下拉式、弹出式的，也可以是按钮(button)选择方式的(如 Windows 下所设计的菜单多属这种方式)。菜单选择的方式也可以是移动光标、选择数字(或字母)、鼠标(mouse)驱动或直接用手在屏幕上选择等多种方式(甚至还可以是声音系统加电话键盘驱动的菜单选择方式)。

菜单设计时一般应安排在同一层菜单选择中，功能尽可能多，而进入最终操作层次尽可能少(最好是二级左右)。一般功能选择性操作最好让用户一次就进入系统，只有在少数重要的执行性操作时，才设计让用户选择后再确定一次的形式，例如，选择执行删除操作，系统尚未执行完毕前执行退出操作，等等。

菜单设计时在两个邻近的功能(或子系统)选择之间，可以考虑交替使用深浅不同的对比色调，以使它们之间的变化更加醒目。

## 本章小结

本章对物流信息系统相关知识进行初步的介绍。通过介绍物流信息系统的层次、基本功能、信息系统的规划等内容，使读者对物流信息系统有了一个初步的了解。通过简单介绍物流信息系统设计与开发的相关知识，使读者在使用操作信息系统之前对其有一个更加系统而直观的认识。

## 关键术语

物流信息系统、分析、系统设计、数据库

## 思考题

1．物流信息系统的基本层次主要有哪些？
2．简述物流信息系统设计与开发中需要注意的问题。
3．信息系统的输入格式、校验方式都有哪些种类？

# 第 2 章 常见物流信息系统介绍

【本章教学要点】

| 知识要点 | 掌握程度 | 相关知识 |
|---|---|---|
| 邮政速递物流交易平台 | 了解 | 平台特点、平台结构、平台功能等内容 |
| 络捷斯特第三方物流信息系统 | 了解 | 系统结构、系统功能等内容 |
| 博科MyLRP系统 | 了解 | 系统结构、系统功能等内容 |

引言

根据物流企业物流运作模式、所处的行业不同，物流信息系统有一定的差异性，本章以邮政速递和第三方物流运作为例，通过对邮政速递物流交易平台、络捷斯特第三方物流系统和博科 MyLRP 系统的简单介绍，以期让读者对常见的物流信息系统有一个总体的了解；在接下来的章节中我们将通过 MyLRP 系统实际操作的详细介绍，帮助读者更深入地了解物流信息系统的运作流程。

邮政速递物流交易平台主要针对物流企业间的运营、贸易往来进行建设，不仅能够实现企业内部的物流信息化建设，更针对邮政企业间的信息共享与交易管理进行设计开发，使得邮政企业与社会物流企业间实现信息沟通并进行业务管理。通过本章内容的学习，可以了解这一系统平台的特点、平台结构、功能等相关知识。

络捷斯特第三方物流信息系统同博科 MyLRP 物流信息系统相似，能够为第三方物流企业提供订单管理、仓储管理、运输与配送管理、商务结算管理等职能的操作，满足第三方物流企业各个执行环节的业务运作和管理决策的需要。

## 2.1 邮政速递物流交易平台

邮政速递物流交易平台采用埃旺网络信息技术(上海)有限公司的 EYEONE iLogisTech 平台产品，是针对跨区域的物流企业设计的完全基于 Internet 的物流平台，通过 EYEONE iLogisTech 搭建的邮政速递物流交易平台可以实现 ASP 模式①的多点运营商业模式，针对各类不同的物流企业的不同运营地点的运输订单、运输计划、车源货源信息和财务结算及其他相关资源做网络化的集中管理，实现跨区域的有效管理。从物流的业务方面来看，邮政物流速递交易平台主要解决了三个方面的问题：

第一，邮政企业之间的信息共享与交易管理。

第二，邮政企业与社会物流企业间的信息沟通与业务管理。

第三，企业内部的物流信息化建设。

支持邮政物流速递交易平台运营的 EYEONE iLogisTech 拥有基于 Web 的前台平台门户系统，同时也拥有支持多地点、多语言的后台交易管理系统和物流企业管理解决方案。这一平台支持不同地区、不同语言、运用不同货币进行交易的各个相关机构，能够全面提升物流企业的管理水平，帮助企业实现基础数据的规范化、作业流程的标准化，并通过共享信息的机制，节约资源，提高效率，降低成本；同时还可集中管理分散在各个部门中的客户信息，使企业可以更准确、更迅速地掌握客户的需求。其嵌入式的商业智能系统可以对客户信息作进一步分析，挖掘潜在的销售信息和商业价值，提高企业经营决策能力。因

① 从广义上来讲，ASP 是英文 Application Service Provider 的缩写，通常中文译为应用服务提供商，它是指配置、租赁和管理应用解决方案，为商业、个人提供服务的专业化服务公司。通俗地说，ASP 是一种业务租赁模式，企业用户可以直接租用 ASP 的计算机及软件系统进行自己的业务管理，任何用户只要有网络浏览器，就可以向 ASP 租用所需要的软件，而不必在本地的机器上安装该软件。

此，EYEONE iLogisTech 强大集成的前台系统可以使运营于平台上的物流企业轻松实现电子商务。

邮政速递物流交易平台的构筑不仅可以完善邮政速递公司现有物流信息基础设施和高效的物流营运信息化支撑体系，同时也运用信息技术对传统的物流流程进行了改造和整合，加强了承运方和托运方之间的联系，促进其协同管理及协同经营机制的建立，促进物流信息、物流基础设施的共享，强化邮政速递公司宏观调控能力和规范化管理，从而达到了提高营运效率，降低物流成本，提高效益的目标。

### 2.1.1 邮政速递物流交易平台的特点

邮政速递物流交易平台不仅提供了符合现有商业模式的解决方案，更为平台的发展提供了前瞻性的解决方案，使得平台的投资得到最大的回报。围绕这一产品开发战略，平台的特点和优势体现在：

1. 共性与个性协调

平台为每个注册会员企业提供所需的功能和工作界面，使企业的个性充分的在平台上体现，同时平台的共性又使注册企业在信息发布、交易流程、内部管理上规范化、标准化。

(1) 模块化设计以及模块内操作流程的设置让平台上的每个用户可根据不同发展阶段设定不同的业务流程，从而满足客户商业需求。

(2) 提供不同的物流企业管理解决方案，使平台满足不同物流企业对商业的信息化管理需求。

(3) 基于组织结构的权限控制，使平台上所有的操作流程规范化、标准化。

(4) 初始数据的标准导入导出方式，节省人工成本和实施的时间。

(5) 多方位的商业智能分析报表为平台和用户提供全方位的商业分析。

2. 互动性

平台可以弥补传统网站宣传的片面性和单向性。平台上形成的信息流动，使平台、物流企业之间达到相互间沟通的目的。

(1) 基于信息系统的工作流，将平台各组织结构联系在一起，加强了平台与各用户间的沟通，提高各用户间的相互协调，进而提高平台信息的使用效率。

(2) 互动的信息审核机制实现平台监控的预警管理。

(3) 强大的事务追踪功能，方便用户追溯与平台相关联的所有操作，层层相连，结构紧密。

(4) 即时、多方位的搜索引擎，使得货主、货代、停车场等部门可以掌握平台最新的交易状况和订单流向。

3. 技术性和实用性结合

技术是一种平台建设实施的手段，先进的技术能够保证将所要传达的信息完美地表现出来。应用多种技术实现强大的平台功能，展示平台的个性化，与浏览互动交流信息，实现平台资源与网络的整合。

(1) 先进的物流交易平台，使管理深入到客户和供应商，实现真正意义上的物流供应链管理。企业客户不仅在这一平台上进行电子交易，更重要的是电子客户和供应商可以使用 Internet，通过平台门户加强他们与企业内部作业的互动，及时了解、掌握与其业务相关的物流信息流动。

(2) 支持平台的全球运营管理：支持多公司、多语言、多运营点、多币种的管理模式，为跨地区、跨国运营提供集中的资源管理。

(3) 强劲的后台数据库处理能力，当平台的业务量、营运网点急剧增长时，后台数据库系统不会因此受到影响。

(4) 灵活的电子数据交换接口的定义，方便与第三方系统进行数据交换。

(5) 客户端只需要浏览器即可，真正实现客户端“零”管理，降低平台的维护成本。

(6) 合理分配系统资源，平衡商业智能分析报表与在线交易对系统资源的需求。

4. 兼容性与延展性并存

互联网本身是不断发展的，不论其技术还是信息都在不断地进步、更新。因此在进行平台建设的时候，就要预留能适应未来发展的空间。

(1) 集群应用服务器配置为平台 24 小时不间断运行提供保障。同时，随着平台经营规模的不断扩大、用户数量的增加、日交易量的扩大，系统也具备了极大的扩展性。

(2) 跨平台的开放系统使平台可根据不同的发展阶段选择最佳性价比的营运模式。

(3) 标准的网络器件接口，使得平台与 PDA、Palm、手机等移动通信设备可以实现信息交换，为平台今后实行更广阔的交易做准备。

## 2.1.2 平台结构

1. 平台运行结构

邮政速递物流交易平台采用 ASP 服务模式，建立在物流应用平台数据库上，是独立运营的交易平台。构建物流应用平台的数据中心需要由 Web Server、Form Server、Database Server 和 Backup Server 等多台服务器组成，基于互联网运行，因此邮政速递物流交易平台提供的服务全部操作只需要通过浏览器，访问 www.56inf.com 即可进行，如图 2.1 所示。

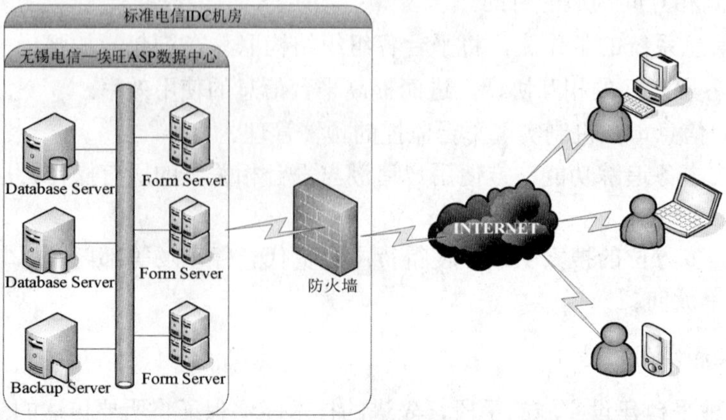


图 2.1 邮政速递物流交易平台运行结构

2. 平台总体结构

邮政速递物流交易平台由1个总平台和 $n$ 个分平台组成，分平台的数量可根据业务发展的需要逐个创建。

每个平台都由前台、后台组成。前台指的是交易平台的门户系统，无论是总平台，还是分平台都拥有自己独立的门户系统，并可以将域名解析指向门户系统。后台指的是交易平台的内部管理系统，包括车辆管理、驾驶员管理、交易管理、配载运输管理、会员管理等多项功能，这些功能涉及商业运营模式，所以在平台中定义为运营点，如图 2.2 所示。

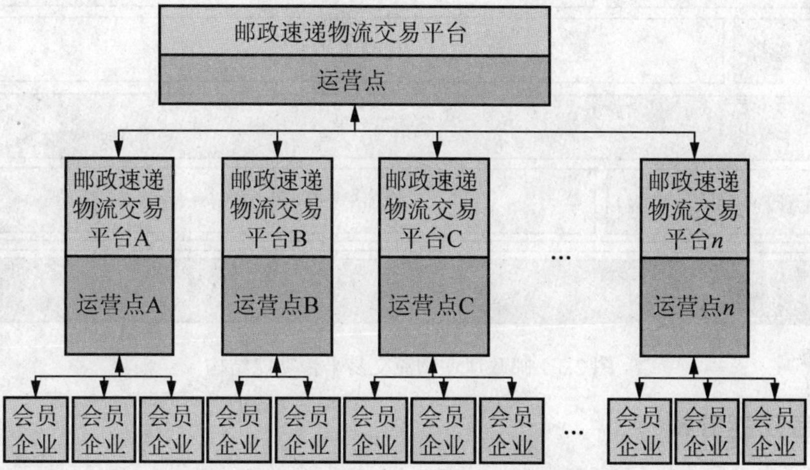


图 2.2 邮政速递物流交易平台总体结构

平台(运营点)之间，每个平台(运营点)可以根据 EYEONE iLogisTech 提供的各类功能开展自己的业务活动。每个平台(运营点)也可以将自己的信息资源分享给其他指定的平台(运营点)，实现中途交易/配载、回程交易/配载，同时当配载计划制作完成后，配载单内所涉及的平台(运营点)也能够获得途经车辆的信息。

因此整个平台既可独立运营，也可联动运行，不会应为一个平台(运营点)的短暂垮塌，影响到整个交易平台的运作。

3. 平台功能结构

邮政速递物流交易平台通过信息流、订单流、工作流、交易、配载等手段建立动态的物流交易系统。会员企业可以在该平台进行业务运作、客户服务、订单管理、运输配载、财物核算、决策分析等物流企业信息化管理。

邮政速递物流交易平台由前台和后台两部分组成，是一个前后台整合的现代物流电子商务平台，如图 2.3 所示。

前台是交易平台对外的宣传窗口，提供会员注册受理服务，也是各类货源、车源、企业、交易及相关资讯等信息的集散区域。

后台是邮政速递物流交易平台的管理窗口，不仅为前台各相关栏目提供了强大的管理和维护功能，也为平台的管理者和使用者提供了交易管理、信息管理和专业的物流管理软件。同时内嵌的工作流和信息流，确保了整个平台信息处理的流畅性和交易、配载处理的及时性。

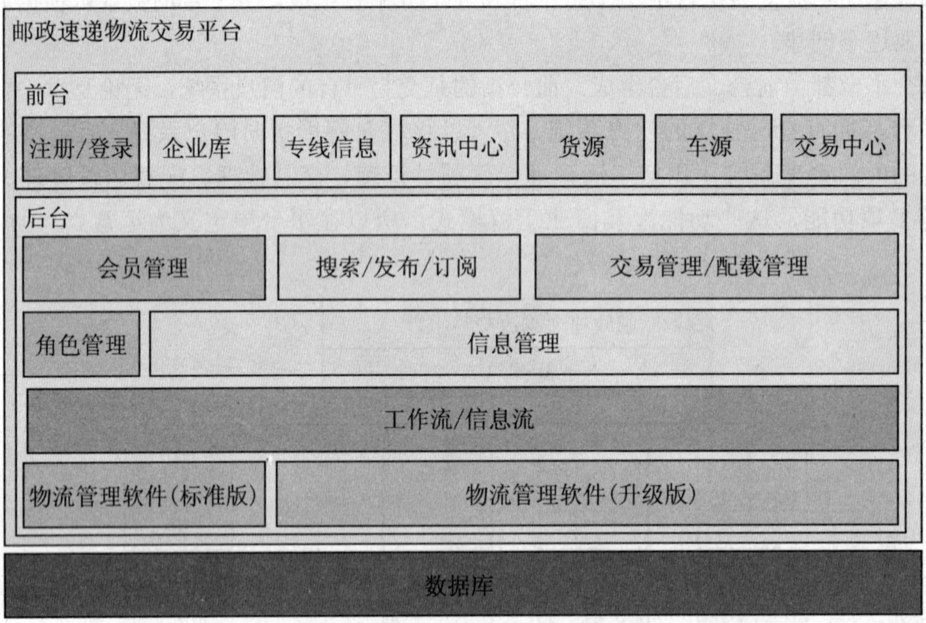


图 2.3　邮政速递物流交易平台功能结构

### 2.1.3　平台功能分析

邮政速递物流交易平台从结构上分为两大部分：一是基于 Internet 的前台平台门户系统，即交易平台对外的宣传窗口。这一系统为会员提供注册受理服务，同时也是各类货源、车源、企业、交易及相关资讯等信息的集散区域，为访问者提供专业的、可靠的物流信息。二是基于 Internet 的支持平台内部运营的后台系统，即邮政速递物流交易平台的管理窗口。这部分系统不仅为前台各相关栏目提供了强大的管理和维护功能，也为平台的管理者和使用者提供了交易管理、信息管理和专业的物流管理软件。平台内嵌的工作流和信息流，确保了整个平台信息处理的流畅性和交易处理的及时性。

平台整体分布结构如图 2.4 所示，六大模块上是其子功能结构。在系统的底层是工作流、信息流管理和商业智能等，其将所有的模块有机地联系在一起。

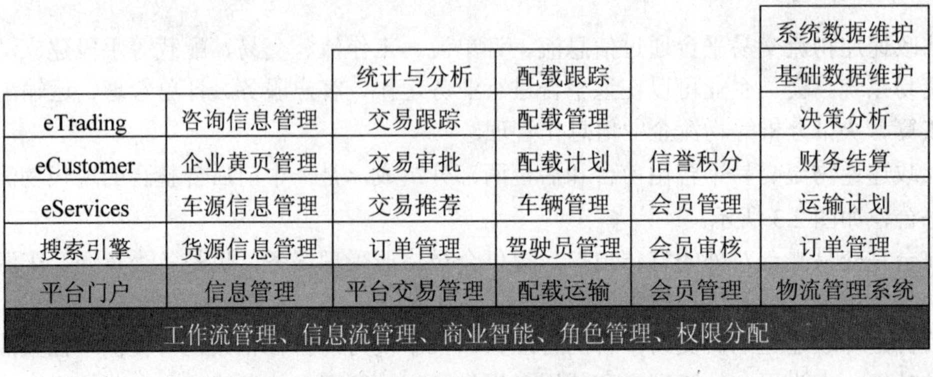


图 2.4　邮政速递物流交易平台功能模块

下面将对各个模块的功能做简要介绍。

1. 平台门户系统

平台门户是平台对外的宣传窗口，为平台的各用户之间提供了一种电子交互。可针对用户要求业务加快响应速度、提高网上业务处理能力，通过灵活的数据库和消息响应机制来实现前台和后台的无缝连接，把网上的业务信息实时传递到后台的处理系统中来。与此同时，后台所作的处理也能直接反映到前台。

(1) 搜索引擎。平台对企业各类非结构化的信息进行有效的再组织，企业根据自身情况快速设计存储结构。同时也对信息安全性的多级别、多方式进行定义，保证信息的完整性、真实性和安全性。

(2) eServices。eServices 作为日常的信息交换与集成企业业务应用系统，采用统一的身份认证、统一的权限分配。企业会员通过平台发布自己的信息，VIP 会员可以在线向管理员申请订单，以最快速、简单的方式实现货源/车源信息共享和交易撮合。

(3) eCustomer。平台内各用户之间共享数据资源，管理员通过此模块向会员分发具有针对性的信息和交易提示，会员可以递交相应的报价或交易请求，使内外用户可以通过统一的平台协同和高效地完成工作。

(4) eTrading。在线物流交易流程可以保持货源/车源市场的领先地位，为会员开发新的商业机会，同时完善的跟踪系统为虚拟交易提供安全的保障。

2. 角色管理功能

邮政速递物流交易平台通过不同的角色来操作物流流程。根据操作人员的职能和重要性区分，平台设定了五个管理角色：系统管理员、审核管理员、审核员、交易员和座席服务员，两个用户角色：普通会员和 VIP 会员。这些角色根据他们的级别不同，享有不通的权限和功能。

(1) 系统管理员。系统管理员是邮政速递物流交易平台中权限最高的用户，属于平台的管理角色。系统管理员具有以下权限：

① 对交易平台的管理权限。系统管理员可以发布货源和车源信息到交易平台，也可以对整个交易平台的货源信息、车源信息进行搜索、管理和维护，了解货源、车源信息的审核情况、交易情况，跟踪平台订单的交易进展。

② 对注册会员的管理权限。系统管理员对注册会员(普通会员/VIP 会员)具有审核权限，同时对会员具有管理和维护的权限。

③ 对平台内部运营的管理权限。系统管理员可以创建审核管理员、审核员、交易员和座席服务员角色，建立完整的交易平台的组织结构；可以对交易平台所需要的基础数据进行维护，确保交易平台的正常运营。

(2) 审核管理员。审核管理员是信息审核中权限最高的管理员，属于平台的管理角色。系统管理员可以根据交易平台的运营状况设立多个审核管理员，各审核管理员之间权限相同，信息互通。审核管理员具有以下权限：

① 对货源、车源信息的分配权限。审核管理员主要负责平台的信息审核管理工作，可

以把注册会员(普通会员/VIP 会员)发布的货源、车源信息分配到审核员，也可以把这些信息在各审核管理员之间互相分配。

② 对货源、车源信息的审核权限。审核管理员在分配货源、车源信息时，可以把信息分配给自己，并对这些信息进行真实性的审核工作，通过审核的信息将在交易平台的前台显示。

③ 对审核员的管理权限。审核管理员可以根据交易平台运营的需要，创建1个或者多个审核员，加速信息审核。

(3) 审核员。审核员是信息审核的具体操作员，属于平台的管理角色。系统管理员或者审核管理员可以根据交易平台的运营状况设立多个审核员，加快平台货源、车源信息的审核速度。

审核员的主要权限是完成对货源、车源信息的审核，经过核实的信息将在交易平台的前台显示。

(4) 交易员。交易员是配载运输的具体操作员，属于平台的管理角色。系统管理员可以根据交易平台的运营状况设立 1 个或者多个交易员，提高平台货源、车源信息的交易效率。

交易员的主要权限是把可交易的货源、车源信息撮合配载，提高平台交易的成功率。

(5) 座席服务员。座席服务员是为呼叫中心设立的角色，属于平台的管理角色。系统管理员可以根据交易平台的运营状况设立多个座席服务员。

座席服务员的主要权限是代会员(普通会员/VIP 会员)发布信息，查询平台订单、配载单、车辆、驾驶员等信息。

(6) 普通会员。普通会员属于平台的用户角色，是通过邮政速递物流交易平台前台自行注册，并通过系统管理员审核通过的平台用户。

普通会员的主要权限是发布货源、车源信息，同时也能够对自有车辆进行管理。

(7) VIP 会员。VIP 会员属于平台的用户角色，是通过邮政速递物流交易平台前台自行注册，并通过系统管理员审核通过的平台用户。VIP 会员具有以下权限：

① 信息发布权限。VIP 会员可以把货源、车源信息发布到交易平台。

② 物流管理软件使用权限。

VIP 会员注册成功后，可以获得一套物流管理软件(基础版)，软件和平台交易无缝结合，既可以管理来自交易平台的订单，也可以管理 VIP 会员内部的订单、配载、车辆、应收应付等工作。同时 VIP 会员也可以提出升级申请，获得平台专业技术人员的帮助，获得功能更强大的物流管理软件(升级版)，实现内部管理的信息化。

### 3. 信息管理功能

信息管理功能是邮政速递物流交易平台的核心功能之一。通过信息管理功能可以实现货源、车源、仓储、企业信息的发布与查询、日常服务内容的查询、政策法规的查询，也可以发布政策法规、货源/车源/仓储信息(信息、查询、订单、报价)、物流企业黄页等信息。

邮政速递物流交易平台的信息管理模块主要实现以下一些功能：

(1) 分类功能。将各会员发送到平台的各种信息，按照要求分类到各个分类、分栏中，以实现多方信息流的交互和整合。

(2) 搜索功能。提供全站索引、跨栏查找和基于概念的模糊搜索、任意字段搜索的强大搜索功能，支持不同权限的用户搜索不同等级的结果。

(3) 信息发布功能。提供车源、货源、企业黄页、信息咨询等信息发布接口，支持不同权限的用户发布不同等级的信息。

(4) 信息审核功能。对所有发布的信息具有审核机制，确保整个平台信息的安全、可靠性。

(5) 即时信息交互系统。是平台用户之间协作的基础设施及工具，支持不同用户之间的信息即时传送。

4. 运输配载管理功能

邮政速递物流交易平台同前面介绍的博科物流管理信息系统一样，以货源为线索，提供了货物运输过程中涉及的车辆配载、驾驶员管理、中途配载、返程车配载等相关管理功能。

除此之外，邮政速递物流交易平台是建立在物流企业间的一个平台，所以可以实现交易撮合、统计分析等博科物流管理系统所没有的功能。具体功能如下：

(1) 车辆管理。建立车辆数据库，支持对自备车辆和来自平台其他会员提供的社会车辆的调配，实现平台车辆资源的共享和互动。

(2) 驾驶员管理。为平台中的驾驶员建立人事档案，同时配合平台的信誉积分体系，全方位地提供驾驶员信息。

(3) 交易撮合。平台可以根据会员、车辆、驾驶员在平台中完成交易的历史情况、信誉情况等，实现撮合交易，提高平台交易信息的交易成功率。

(4) 配载管理。支持线路规划，可根据规划的线路实现本地配载、异地配载、中途配载、返程配载等功能。同时通过配载预警提示，实现拼车、拆单等功能。

(5) 运输跟踪。支持货物跟踪、车辆跟踪，全程了解运输状态。提供了与短信平台、GPS 系统的数据接口。

(6) 统计与分析。平台可以提供完整的统计数据和分析结果，提高了交易、配载运输的效率。

5. 会员管理

此平台可以对会员身份的权限分级别进行管理，这样可以对非法会员进行有效过滤，确保商业信息的安全。会员管理分为会员注册系统和会员后台管理两部分。

企业在网站注册成为会员，可选择成为普通会员还是 VIP 会员，设置注册信息和密码之后，享有网站提供的相应服务。会员可以根据平台自身的特点，自行拟订会员须知或条款。管理员可对会员信息进行增加、修改、查询、删除等操作。

6. 会员信誉积分体系

邮政速递物流交易平台建立了信誉积分体系，整个积分体系记录了会员在平台中的活动情况，同时也记录了车辆、驾驶员等人员的活动情况，并将这些活动情况折算成一定的分值进行累加，使每个参与平台活动的人员都拥有自己的信誉积分。信誉积分体系又包括会员信誉积分体系、车辆/驾驶员信誉积分体系。

在会员信誉积分体系中，会员可以通过注册、发布信息、交易、综合评价等操作获取积分，这一体系能够促使各个会员企业有更多的积极性参与到平台的建设、维护中去，使得整个平台实现信息共享，同时能够让会员企业获得更多的交易经验以及交易信息。

与此同时，该平台对车辆、驾驶员进行评分并设立等级，使得会员企业对各个车辆及驾驶员有更好的认识，同时提高驾驶员的积极性。交易中的货物、车辆和驾驶员的评价指标如表 2-1 所示。

表 2-1 交易中的货物、车辆和驾驶员的评价指标体系

| 评价项目 | 0(差) | 1 | 2 | 3 | 4 | 5(好) |
|---|---|---|---|---|---|---|
| (1) 货源评价 | | | | | | |
| 货物包装描述正确性 | ○ | ○ | ○ | ○ | ○ | ○ |
| 供货是否准时 | ○ | ○ | ○ | ○ | ○ | ○ |
| (2) 车辆评价 | | | | | | |
| 车辆状况表述正确性 | ○ | ○ | ○ | ○ | ○ | ○ |
| 车辆运输途中的状况 | ○ | ○ | ○ | ○ | ○ | ○ |
| (3) 驾驶员评价 | | | | | | |
| 是否准时发车 | ○ | ○ | ○ | ○ | ○ | ○ |
| 是否准时抵达 | ○ | ○ | ○ | ○ | ○ | ○ |
| 是否安全送达 | ○ | ○ | ○ | ○ | ○ | ○ |
| 服务态度 | ○ | ○ | ○ | ○ | ○ | ○ |

### 2.1.4 邮政速递物流交易平台运行要求

1. 数据中心

邮政速递物流交易平台是以 Microsoft SQL Server 2000 数据库为基础，以 Microsoft .NET 技术开发的系统，以 ASP 模式运行于数据中心。具体运行环境如下：

(1) 运行环境。

数据库服务器：Intel 硬件平台，支持 Windows 2000、UNIX 操作系统。

网络：无锡电信 IDC 机房主干网，百兆独享带宽。

(2) 运行系统。

操作系统：Microsoft Windows 2000 Server Service Pack 3。在安装操作系统的系统组件时，将“Internet 服务管理器”选中，安装 IIS。

相关软件：Microsoft SQL Server 2000 数据库、Microsoft .NET 框架 2.0、EYEONE LePT(EYEONE 物流交易平台)。

2. 客户端

(1) 操作环境。对邮政速递物流交易平台的操作全部基于互联网，即用户只需要通过互联网络，使用浏览器访问制定的 RUL 地址，就可以使用邮政速递物流交易平台提供的服务。

(2) 操作系统。

操作系统：Microsoft Windows 98 或更高版本。

浏览器：支持 Internet Explorer 6.0 以上版本。

## 2.2　络捷斯特第三方物流信息系统

络捷斯特第三方物流信息系统的主要功能包括基础资料管理、订单管理、仓储管理、运输与配送管理、商务结算管理、统计分析管理等，能综合实现并满足整个第三方物流各个执行环节的业务运作和管理决策的需要，各系统能独立使用，又能集成使用。通过此软件系统可以详细了解第三方物流的客户服务流程、业务运作流程、财务管理流程、决策支持点等内容。操作系统要求 Microsoft Windows 98 或更高版本，浏览器支持 Internet Explorer 6.0 以上版本。

### 2.2.1　络捷斯特第三方物流信息系统总体结构

络捷斯特第三方物流信息系统能够实现货物从供应商处流动到客户处的大多数职能操作。货物从供应商处送往第三方物流中心后，可以在库管/配送部门实现货位管理、仓储作业、运输配送作业等职能管理；在客服部/调度部能够实现客户凭证的操作，人员车辆的调度等操作；物流公司商务部门可以通过物流信息系统实现合约的签订、审核、管理等工作；物流信息系统同时能够实现货物送往客户手中的相关跟踪作业。在货物流动的整个过程中，物流信息系统还能够在作业信息反馈、客户信息管理、结算等方面为第三方物流企业提供支持。系统总体结构图如图 2.5 所示。

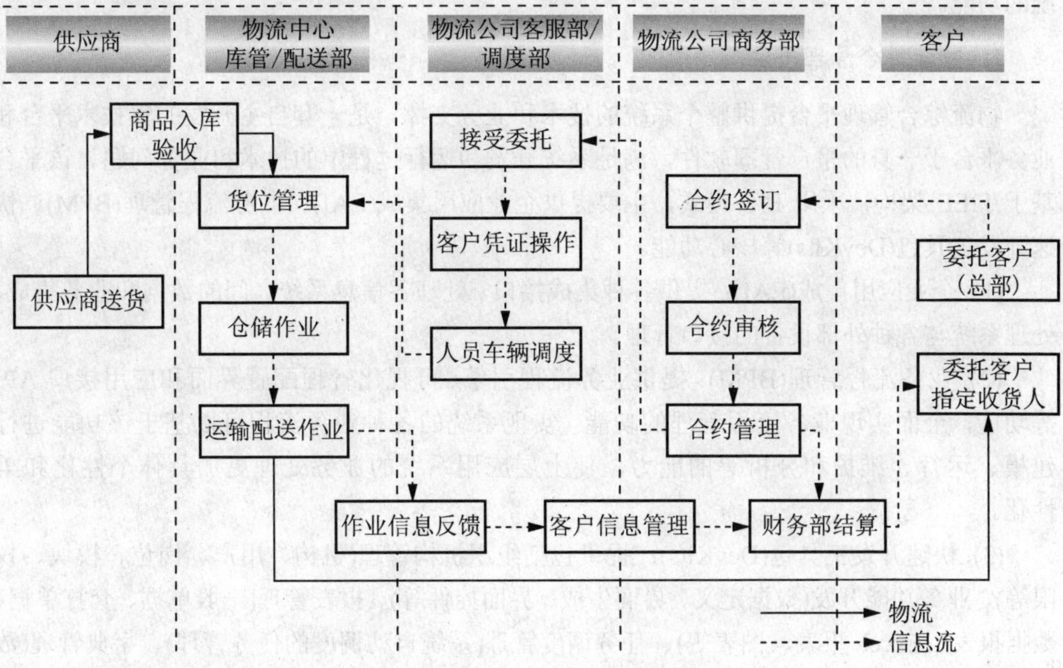


图 2.5　络捷斯特第三方物流信息系统总体结构

### 2.2.2 系统功能结构

本系统总体功能结构如图 2.6 所示，主要包括物流综合管理平台、基础信息管理、订单管理、仓储管理、运输配送管理、商务结算管理、决策分析等功能，能综合实现并满足整个物流管理各个环节的业务运作和管理决策的需要。

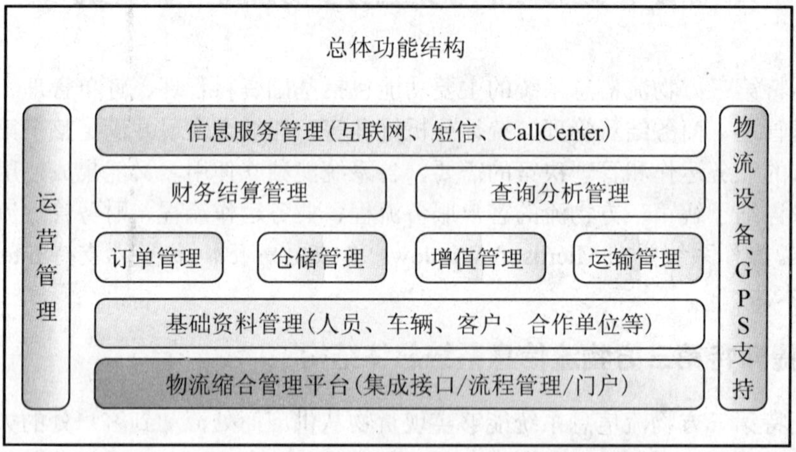


图 2.6 络捷斯特第三方物流信息系统功能结构

### 2.2.3 系统功能分析

结合图 2.6，我们可以看到络捷斯特第三方物流系统建立了物流综合管理平台和基础业务功能两大部分，同时能够实现决策分析的功能。下面我们从这三个方面分析物流信息系统的功能。

1. 物流综合管理平台

物流综合管理平台提供整个系统的技术和业务支撑，是一套自主开发的集技术平台和业务平台于一身的平台管理软件，满足系统开发和运行过程中的技术和业务问题。该平台基于 J2EE 架构，采用 B/S 模式，主要提供企业应用集成(EAI)、业务流程管理(BPM)、快速开发工具包(DevKits)等核心功能。

(1) 企业应用集成(EAI)：提供各种集成接口，处理各信息系统之间的数据和业务集成，处理系统与各种外部设备的接口管理。

(2) 业务流程管理(BPM)：提供业务流程引擎、可视化管理配置界面和应用接口 API 等功能，全面实现业务流程管理的功能。实现系统的各种业务流程可以基于该功能进行建模、运行、维护和分析等的能力，使上层应用系统的业务处理更加具体个性化和柔性化。

(3) 快速开发工具包(DevKits)：提供包括组织机构管理(机构、用户、岗位、模块、权限等)、业务功能开发(数据定义、界面生成、界面控件等)、报表管理(一般单据、套打单据、数据报表、Excel 报表、图表等)、任务调度管理(系统自动调度的任务管理)、字典管理(数据字典、业务字典等)等功能。基于该平台，使得上层应用系统可以集成平台的技术和业务优势，运行更加稳定、可靠和安全。同时具有提升整体集成能力、业务柔性化、便于开发维护、界面操作风格统一等优势。

2. 基础业务功能

(1) 基础信息管理——物流运作资源管理。物流作业资源的目的是通过对作业资源的有效管理，作为后续物流执行环节作业调度和分配的依据，同时依赖系统提供的作业资源监控及其作业瓶颈和作业效率分析等功能，企业物流管理者可以掌握物流环节的运行情况，并根据分析结果作出有效调整，充分提高物流作业环节的绩效。

这一部分的主要功能包括人力作业资源、设备作业资源和车辆作业资源的管理，进入系统的各类型的作业资源，可以根据系统作业环节的配置由系统统一自动进行作业资源调度，也可以由人工判断决定作业资源的调度。

① 基础信息管理——客户管理。客户信息管理包括对客户基本档案管理、客户联系人管理、客户负责人管理和客户业务联系管理、客户投诉管理等功能，通过这些功能可以使企业全面、动态地实现对客户信息的掌握，并为客户服务和客户分析提供有效的依据。

② 基础信息管理——物流合作单位管理。为了降低总体物流运作成本，提升总体服务水平，在依靠企业内部物流运作资源(如设备、车辆、运输工具等)不能满足客户服务需要或者总体成本更高的情况下，企业可以选择使用其他物流单位的物流资源，如其他的铁路、空运、货运公司、车队、租赁企业等。这些企业我们称之为物流供应商(或者合作单位)。我们的系统在具体物流运作环节可以依据客户服务满足和总体成本较低的原则自动选择自有或者第三方的物流运作资源。

合作单位管理就是通过收集社会中这些企业的信息，全面掌握多渠道、多种类型的物流服务提供方，将其纳入企业自身的调度体系。并通过收集到的静态数据和运作过程中产生的动态数据，按照统一的标准对物流供应商的服务进行综合评价，给予相应的评估等级，并进一步指导物流运作过程中对于物流供应商的选择。

(2) 订单管理。订单是指物流指令，是整个物流运作的入口和依据，是整个系统的内在驱动力之一，同时也是仓储作业组织与上游生产作业组织的接口。可能的指令包括各种出入库指令、流通加工指令等，这些指令可以由仓储作业人员手工录入，也可以通过电子方式导入(如系统直接对接或者 Excel 导入等多种渠道)。物流系统收到订单指令后的审核和自动调度，系统自动(或者手动)根据订单的内容形成进一步指导物流作业的内部指令(如仓储作业单据－出入库单据)等，各部门(如仓储、运输部门)根据这些内部单据指令在系统的辅助下进行具体的作业调度和执行。同时订单管理还提供综合的订单查询和跟踪服务，根据多维条件检索订单，并跟踪订单在每个环节的执行情况(如执行状态、时间、执行人等信息)。

(3) 仓储管理。仓储管理包括仓储资源的管理和业务运作流程的实现。主要包括以下仓储运作功能：

① 仓储基础设施管理：网络化库房管理，包括对库房、区、货位等的管理。

② 货品(物料)管理：对货品的管理属性和作业属性进行管理。

③ 策略管理：对系统自动上架和拣货作业的策略进行管理。

④ 入库作业管理：通过计算机辅助执行高效的收货、理货、搬运、上架等作业。

⑤ 出库作业管理：通过计算机辅助执行高效的拣选、品检、搬运等作业。

⑥ 增值服务：执行流通加工作业，如打印/贴标签、更换包装、组装/拆卸等工作。

⑦ 库存管理：可视化库存管理、监控、控制、分析、查询等功能。

⑧ 其他作业：移库作业、盘点作业等。

⑨ 反向物流管理：退货/回收服务(客户退货、加工、退回供应商等)。

仓储管理功能旨在通过计算机的辅助和优化(辅助上架、拣货、预警告知等)，并通过自动化设备的调度和使用，提高仓储作业的效率并减少仓储管理的成本。

(4) 运输配送管理。包含运输业务的订单提交后，会生成相应的运输作业计划单(运单)，运输部门的相关业务人员可以使用运输管理对运输业务进行调度(取派、集货、线路选择优化)、处理和查询等处理，场站作业人员根据调度指令完成货物的进场和出场作业。

运输管理模块主要包括运输基础信息管理、运输调度管理、场站作业管理、财务审核与结算管理、查询统计管理和异常管理等部分。

① 运输基础信息管理：包括运力资源管理、运输路由(线路)管理等功能。系统可以管理所有的自有和分供方的运力资源，公路、铁路、航空、自有、分供方、临时运力资源“一视同仁”，纳入系统进行统一管理/调度。运输路由(线路)则根据系统能够控制的运力资源进行编排，作为运输调度优化的依据。

② 运输调度管理：包括运单起点站的取货调度、运单终点站的派送调度、长途运输的集货调度、路由(运输线路)安排、货物中转调度和运单跟踪等功能，实现运单及其货物的全过程调度、管理和跟踪服务。同时在调度中利用信息电子化的前置能力，实现提前调度、优化作业。如货物进站前即指定其货位、根据货物到站预报对运单下一步的路由(线路)进行调度、集货。

③ 场站作业管理：根据调度指令实现运单货物的取货、派送、取/送港、出站扫描、入站扫描、货签打印等功能。整个场站操作可以与手持设备无缝集成，实现作业的高效和准确。

④ 查询统计管理：包括运单查询、运单跟踪、应收应付查询、综合查询等功能，并以文字、图表等多种方式进行展现。

⑤ 异常处理：系统针对客户服务、运输调度、场站作业等多个环节的业务运转中可能产生的异常情况进行定义，包括异常的报告、处理等流程。

(5) 商务管理。商务管理主要包括针对客户、外部物流资源提供商、作业人员的合约(合同)和结算进行管理。依据物流公司与相应主体签订的服务合同(如合约等)，物流公司为相应主体提供/使用的各种物流服务系统在日结、月结时自动计算应收物流费用。主要包括合约管理、费用核算、成本核算、账单管理(生成、跟踪、核销)等功能。

3. 决策分析功能

决策分析管理提供管理人员的驾驶舱，从业务运营、客户服务、绩效管理等层面提供企业运作情况的全面分析和展现。各种指标包括：及时送达率、破损率、库房使用率、车辆使用率、基于活动的物流成本分析、重点客户指标分析(客户的业务量、创造的利润、未来的潜力、投诉率等)、投诉率、单货品库存周转率等。

# 2.3 博科 MyLRP 系统

博科 MyLRP 系统的主要功能包括托单管理、运输管理、仓储管理和结算管理等。该系统可针对物流企业管理水平的不同提供不同的标准化管理流程。例如，在运输管理水平粗犷的情况下，可通过预订单估算货物量，再根据实际运输情况，确定运输总量。而管理水平提高后，又可严格地按照实际确定的数量进行订单下达，严格按照标准化流程执行运输中各功能要求，这样既保证了系统和实际业务的贴合性，又可避免短时间内深度流程重组对企业造成的影响。

## 2.3.1 博科 MyLRP 系统特点

(1) 适应不同的行业。系统广泛应用于各行业的物流企业，涵盖普货运输、冷链运输、油品运输、整车零担运输，中心物流以及第三方物流企业。

(2) 操作灵活，功能全面。系统的设计者从用户的角度出发，将烦琐的操作加以简化与集成，既保持了强大的功能，又方便了用户的使用。灵活的操作，全面的功能，人性化的设计主要体现在以下方面：

① 整体设计考虑全面，支持多级多组织机构协同作业；

② 业务流程周全灵活，覆盖多种业务模式(零担协同、整车、市内配送；平面库、货架库、自动仓库)；

③ 支持协同运输，包括协作式和衔接式两大类协同运输，包含了对多式联运的支持，可管理多种形式的仓库；

④ 支持订单管理，包括公路、铁路、水路等多种方式的订单，完善的订单管理流程以及跟踪；

⑤ 支持装卸管理，包括装卸指导、中途装卸等；

⑥ 支持与 GPS 的接口；

⑦ 支持运力资源管理，对具体车辆进行管控；支持车队挂靠、紧密型和松散型合作方式；对车辆档案、维修、保养信息进行记录；对车队使用的油料、物料进行记录；对运力资源的保险、事故、索赔理赔进行管理。

(3) 信息丰富，触手可得。系统为用户提供全面准确的单据信息，不同功能角色的用户可在各自操作功能节点上获取其所需的各种关键信息，用户同样可以在系统中维护其业务需要的各类统筹管理信息，例如车辆、人员、机构、托运方、承运方以及各类商品信息。在使用业务量的过程中，做到一次维护便可随时调用，在极大地减轻业务人员工作量的同时，高效地确保各种数据在流通过程中的准确和完整，加强企业对各部门的控制和协同。

### 2.3.2 博科 MyLRP 系统功能结构

博科 MyLRP 系统功能主要包括：基础信息管理、托单管理、运力管理、运输管理、仓储管理和结算管理，如图 2.7 所示。

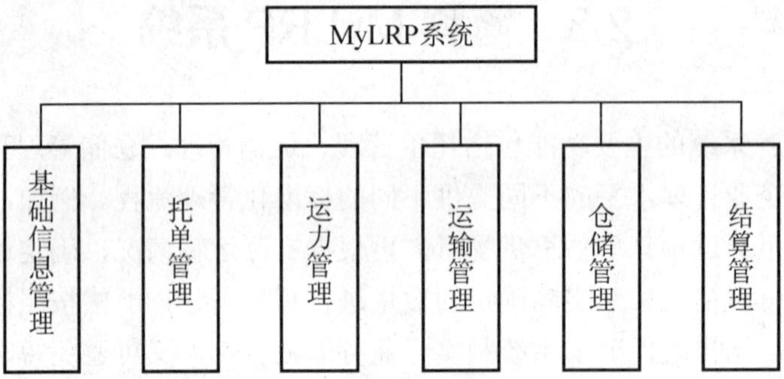


图 2.7 博科 MyLRP 系统总体功能结构

### 2.3.3 系统功能结构分析

博科 MyLRP 系统既是一个完整的系统，也可以模块化为三大子系统，即托单协同和结算管理(MyLRP-OMS)子系统、运输管理(MyLRP-TMS)子系统、仓储管理(MyLRP-WMS)子系统。各子系统均可以根据物流企业的特点单独成为一个完整的管理系统。

1. MyLRP-OMS 托单协同和结算管理子系统

MyLRP-OMS 托单协同管理的主要功能是通过统一订单提供用户整合的一站式供应链及物流服务，充分利用其完整的协同规则、订单管理、订单分析、执行与跟踪功能实现对业务的统一调度，提高物流资源整合与带来的高效便利服务，增加订单执行的透明度与监控力度，满足客户快速高效的一体化物流服务需要。

结算管理主要负责业务中往来费用的结算工作，对在业务中产生的费用进行审核，开具发票、进行应付对账单，将费用数据上传财务，为财务同客户和客户结款提供数据服务以及应收应付的统计。博科 OMS 子系统提供了功能强大的计费引擎，为客户提供了方便准确的计费与结算功能。通过维护托运方、承运商的计费协议，系统可根据协议中的计费规则、执行标准、分级等方式自动计费，并可根据实际业务需要对费用进行调整。计费完成后，即可参与结算。结算中，将上游公司的单据以及费用进行汇总后，形成汇总结算金额，以便于后面的发票开具，以及后面费用的核销，如图 2.8 所示。

2. MyLRP-TMS 运输管理子系统

MyLRP-TMS 运输管理包括运输订单管理、运力管理、运输作业及日常事务处理等功能。功能模块图如图 2.9 所示。

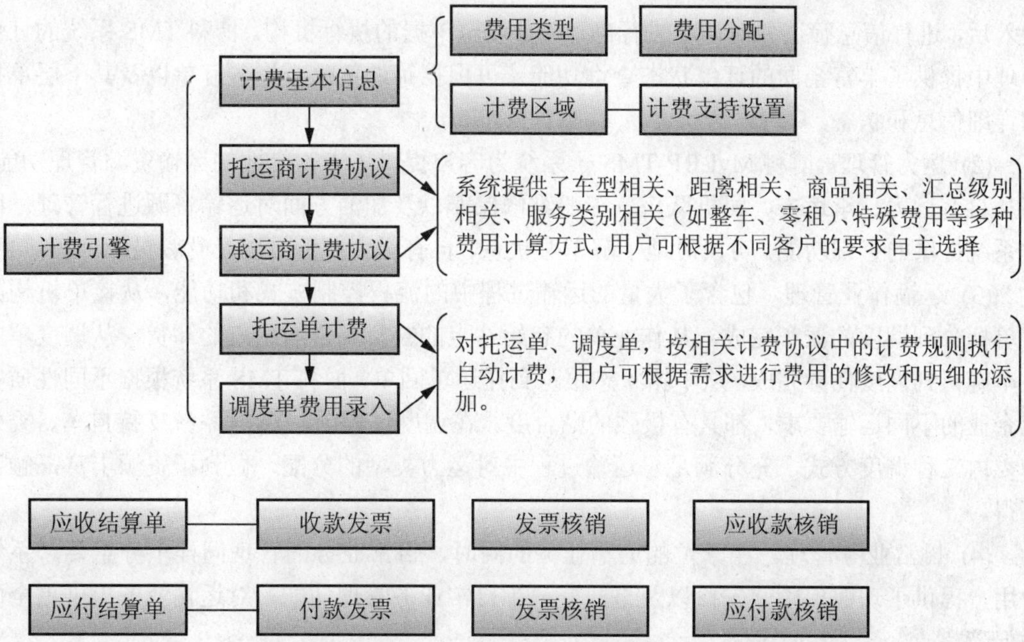


图 2.8　博科 MyLRP-OMS 结算管理功能结构

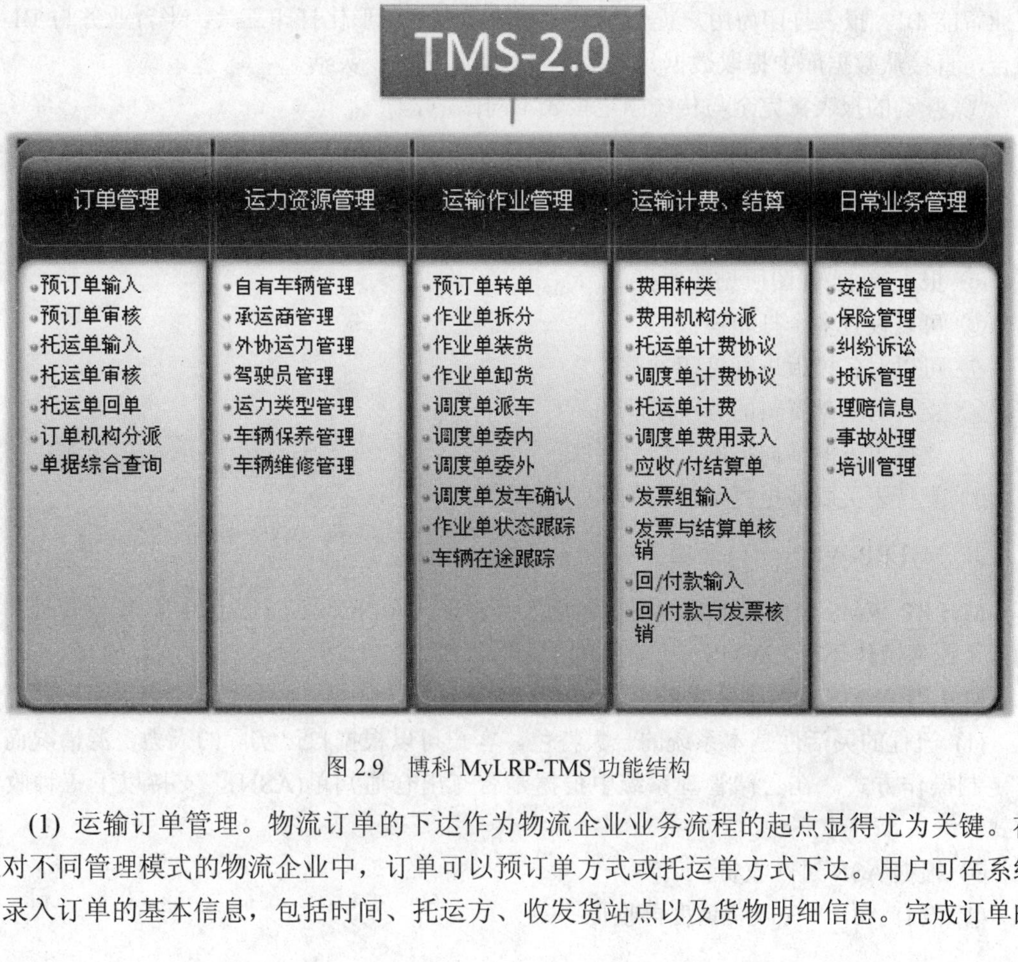


图 2.9　博科 MyLRP-TMS 功能结构

(1) 运输订单管理。物流订单的下达作为物流企业业务流程的起点显得尤为关键。在应对不同管理模式的物流企业中，订单可以预订单方式或托运单方式下达。用户可在系统中录入订单的基本信息，包括时间、托运方、收发货站点以及货物明细信息。完成订单的录入后，进行信息筛选并对订单进行确认，分派至单据的执行机构。博科 TMS 系统的订单管理中提供了丰富全面的订单状态查询功能，可根据筛选策略查询各订单以及其下层单据的详细信息和状态。

(2) 运力管理。博科 MyLRP-TMS 子系统为客户提供了丰富全面的运输资源管理功能，可从自有运力、承运方、司机队伍、车船维修保养以及加油方面对运输资源进行管理。同时系统提供的查询功能，可及时地了解车船状态、自有运力业务量以及驾驶员业绩等信息。

(3) 运输作业管理。包含了大量的运输过程中的流程控制方式和功能，从接单机构的订单拆分到调度的派车完成，从作业单的起始站点的装货到目的站点的卸货，从调度单的发车确认到调度任务完成，从单据状态跟踪到托运单回单，博科 TMS 系统根据不同性质物流企业的不同运输要求，都具有极强的贴合度。在调度过程中，TMS 系统支持自车、委外和委内三种调度方式，充分满足了运输过程中对运力类型的分配，做到了资源丰富，触手可得。

(4) 日常业务管理。在繁忙的运输业务的同时，日常业务的管理同样十分重要。系统为用户提供了理赔保险、安检以及事故登记等日常业务管理功能，对运输业务提供更全面的保障。

(5) 报表。系统根据客户需要，设计了两种类型的报表：一类是固定报表，另一类是商业智能 BI。报表打印为用户提供了一个功能强大的图形化打印工具，平台业务与 BI 相结合，直接从数据库中提取数据，使报表功能更加强大，灵活。

① 互动的报表，完全与传统固定报表不同；

② 简单易用，拖拽方便；

③ 提供多种分析模块，可多维度进行分析查询；

④ 提供多种图形化分析界面，其图形与报表同步变化，使查看更直观；

⑤ 报表/单据/视图所见即所打；

⑥ 可以设置多个打印模板；

⑦ 可以对各模板进行打印预览；

⑧ 支持对基础资料的分级汇总；

⑨ 支持报表的横向扩展，如多栏账；

⑩ 支持表关联或更复杂的表关系。

### 3. MyLRP-WMS 仓储管理子系统

MyLRP-WMS 仓储管理功能模块包括入库管理、库内管理、计划协同、作业管理和运输五个业务操作环节。WMS 系统的功能结构图，如图 2.10 所示。

MyLRP-WMS 的特征：

(1) 流程的灵活性是本系统的一大特色。客户可以根据自己实际的人力资源情况而量身定制操作方式。在仓储管理系统中根据是否有出仓通知单(ASN)，支持以下三种收货方式：

① 根据 ASN 进行收货；

② 没有 ASN，先收货调度再收货；

③ 没有ASN，直接收货(盲收)。

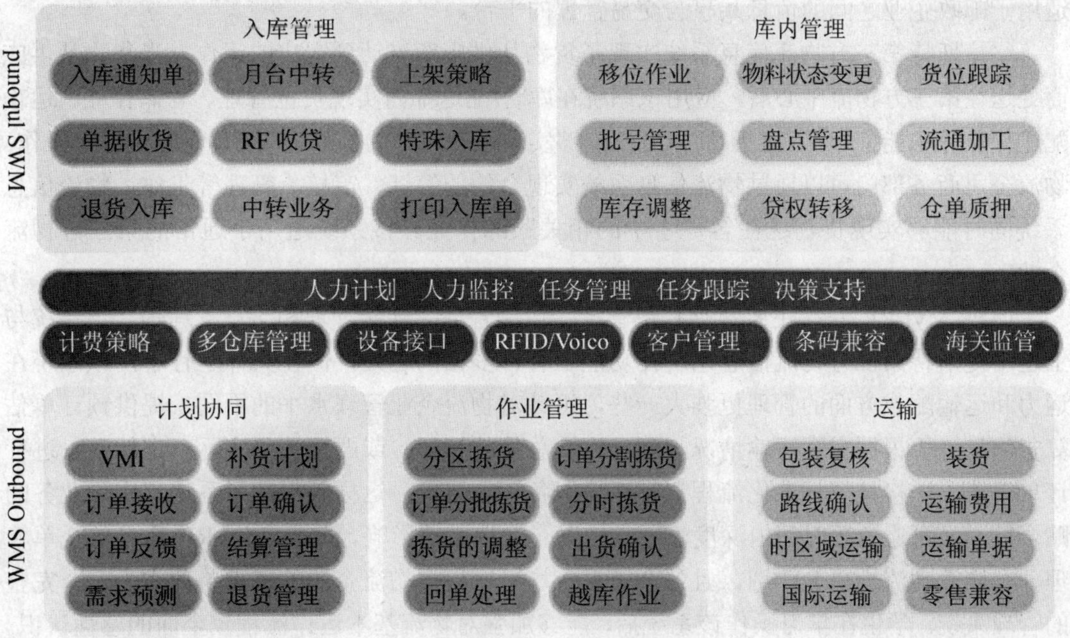


图2.10 博科MyLRP-WMS功能结构

(2) 支持以下四种操作流程：

① 标准流程：ASN—收货调度—收货确认—(堆码)

② 简化流程：收货调度—收货确认—(堆码)

③ 简便流程：收货确认—(堆码)

④ 快速流程：盲收

(3) 可以选择的流程环节：堆码作业不是必要流程，如果仓库是立体库，那么需要做堆码处理，如果客户为了操作上的方便也可以不进行堆码作业；堆码作业可以放在收货确认前操作，也可以放在收货确认后操作，完全由用户的业务模式而定。

拣货作业也不是必要流程，如果货物已经上架，那么在出货的时候需要做拣货处理，也可以直接出货。

## 2.4 三种物流信息系统的比较分析

以上三节简单介绍了三个物流信息系统，其中EYEONE的邮政速递物流交易平台主要针对邮政速递业务跨区域物流运作物流，通过完全基于Internet的物流平台，实现ASP模式的多点运营。其特点是针对各类不同的物流企业的不同运营地点的邮政速递运输订单、运输计划、车源货源信息和财务结算等进行网络化集中管理，完善邮政速递公司现有物流信息基础设施和高效的物流营运信息化支撑体系，并能够对传统的物流流程进行改造和整合，加强承运方和托运方之间的联系，促进其协同管理及协同经营机制的建立，促进物流信息、物流基础设施的共享，强化邮政速递公司宏观调控能力和规范化管理，是一个适用于邮政企业之间的信息共享与交易管理的平台。

络捷斯特第三方物流信息系统实现了货物从供应商流动到客户的运作。当货物从供应商处送往第三方物流中心后，应用该系统在库管/配送部门实现货位管理、仓储作业、运输配送作业等职能管理；在客服部/调度部能够实现客户凭证的操作、人员车辆的调度等操作；物流公司商务部门可以通过物流信息系统实现合约的签订、审核、管理等工作；物流信息系统同时能够实现货物送往客户手中的相关跟踪作业。该系统适用于通常的第三方物流企业。

博科 MyLRP 系统主要包括托单管理、运输管理、仓储管理和结算管理等。该系统与上述络捷斯特第三方物流信息系统在功能上有许多相同之处，但在具体运行中，该系统在运力和运输配载方面的管理更强大一些，可针对物流企业管理水平的不同，提供预订单估算货物量，再根据实际运输情况，确定运输总量的管理；或严格按照实际确定的数量进行订单下达，严格按照标准化流程执行运输中各功能要求，这样既保证了系统和实际业务的贴合性，又可避免短时间内深度流程重组对企业造成的影响。此外 MyLRP 系统的托单管理、仓储管理流程更为详细，且各个子系统均可以根据物流企业的特点单独成为一个完整的管理系统。学生在学习操作该系统后，能够加强对物流基本运作流程较全面的感性认识。为此，本书在后面的章节中，以 MyLRP 系统为软件实例环境，重点介绍物流托单、运输、仓储、结算等各项业务的处理流程，帮助学生更好地掌握物流信息系统流程及其操作。

以下章节将以博科 MyLRP 系统为例展开介绍物流信息系统的使用。

# 本章小结

本章主要对常用物流信息系统进行了介绍，通过了解不同物流系统，理解常用物流信息系统的主要功能结构及其业务流程。

## 关键术语

系统架构、功能结构、运输管理、仓储管理、托单管理、运力管理

## 思考题

1．一般物流信息系统应具备哪些基本功能？

2．试述物流管理信息系统对第三方物流企业的重要性。

# 第 3 章　基础信息管理

【本章教学要点】

| 知识要点 | 掌握程度 | 相关知识 |
|---|---|---|
| 基础数据设置 | 了解 | 系统、角色、业务等基本数据的设置 |
| 运输及仓储信息管理 | 掌握 | 运输和仓储过程中涉及的基本信息管理 |
| 计费业务信息管理 | 熟悉 | 费用计算等财务过程涉及的基本信息 |
| 从案例中剥离信息 | 掌握 | 建立供应商、物流资源等基本信息资料库 |
| 有效地组织物流资源 | 掌握 | 仓库库位等基础信息的有效组织和管理 |

引言

在第三方物流管理中，往往会有一些委托承运的业务，如何有效地组织这些托运商和承运商的基础信息很重要。比如，上海杜邦有一批货需要运输到石家庄，希望由上海虹鑫物流来承接此项业务。由上海虹鑫物流有限公司作为承运人，由上海杜邦作为托运人的多式联运案例。其中，出发地是沈阳，目的地是上海，中转地是石家庄。从沈阳到石家庄的运输为散卡运输，而从石家庄到上海的运输为集卡运输。

从本章开始我们将使用博科 MyLRP 系统完成以上的业务运作过程。本章首先考虑如何在基础信息管理部分对这些信息进行组织和设置，以便为后面的业务操作带来便利，这是本章要讨论的重点。在此实例中，我们将用到承运人、仓库、业务实体等基础信息。

## 3.1 基础信息管理概述

基础信息管理用于对在业务流程中将会使用的基础信息进行管理和维护。基础信息管理的模块设置，如图 3.1 所示。

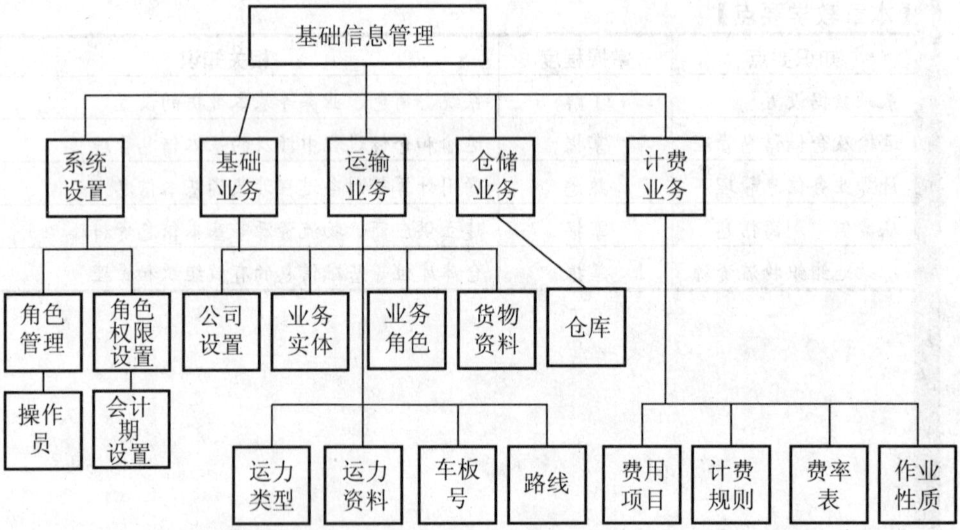


图 3.1 基础信息管理模块

## 3.2 基础数据设置

本章将采用上海博科资讯股份有限公司(以下简称上海博科)的运输管理信息系统(TMS 企业版)和物流管理信息系统(MyLRP 标准版)作为演示系统，并用实例来介绍本系统的使用，实例假设：由上海虹鑫物流有限公司作为承运人，由上海杜邦作为托运人的多式联运案例。其中，出发地是上海，目的地是沈阳，中转地是石家庄。从上海到石家庄的运输为散卡运输，而从石家庄到沈阳的运输为集卡运输。

在此实例中，我们将用到一些承运人、仓库、业务实体等基础信息。为了便于在业务流程中的调用，本章将结合功能说明本书实例会使用的基础信息的添加及维护。包括石家庄中转仓库设置(参见 3.3.2 仓储业务基础信息) 、虹鑫物流及杜邦公司的设置(参见 3.2.2 部分的业务实体设置)、操作员 Administrator 的设置(参见 3.2.1 部分的操作员设置)。

### 3.2.1 系统设置管理

1. 会计期设置

会计期设置是用于设定系统会计结算和处理的相关期限。

如图 3.2 所示，可以对每一年设定相应的会计期。一般每个月一个期限，使用系统自动处理，会把每一年设置为 12 个会计期。

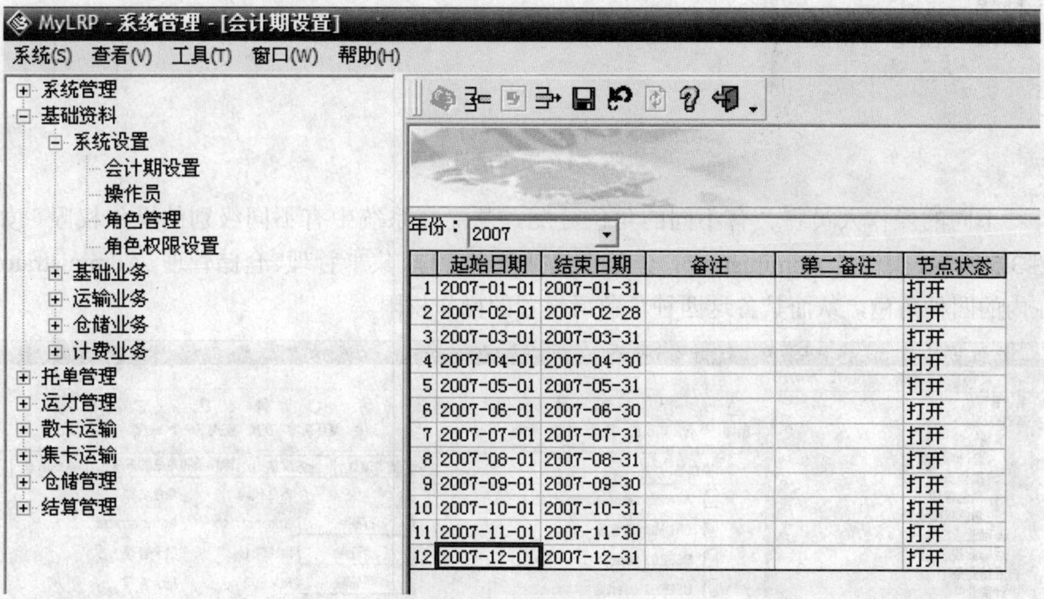


图 3.2 会计期设置

如有必要，可以利用界面上方的按钮栏，如图 3.3 所示，分别对每个会计期进行修正、新增、删除。

图 3.3 按钮栏

2. 操作员设置

操作员设置用于设置系统操作人员的权限，并根据不同的角色分配，分配不同的操作权限，如图 3.4 所示。

从图 3.4 可以看出系统已有五个操作人员，可以利用界面上方的按钮栏，对操作人员进行修正、新增、删除。新增完成一个人员后，必须单击按钮栏里面的“启用”，方可对此人员进行权限和角色分配等操作。在树形节点显示中，凡是节点左边的小方框是绿色勾选的，即表示此节点的实体已被启用，可供业务流程使用。凡是节点左边的小方框是红色勾选的，即表示此节点的实体已经在业务流程中被至少使用一次。在本系统中，相同情况下，都沿用这种表达方式。

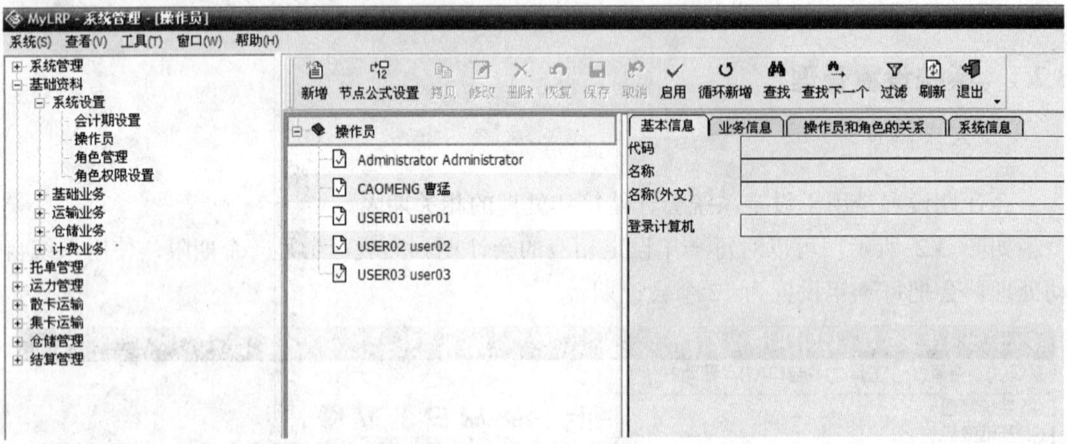

图 3.4　操作员设置

不同的操作人员将会有不同的角色分配，从而在系统中有不同级别的操作权限。如图 3.5 所示，操作员 Administrator 分配了包括散卡管理、集卡管理、仓储管理、Administrator 在内的四种角色，从而具备这四种角色所设置的操作权限。

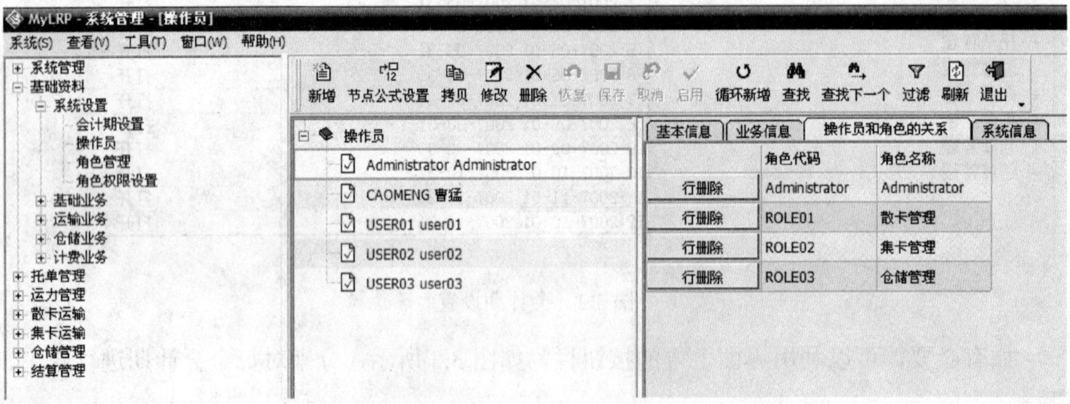

图 3.5　Administrator 操作员设置

本书列举示例的操作人员为第三方物流公司上海虹鑫物流的操作员 Administrator，因此在这里把此操作员的信息增加完整，包括与所属仓库与所属机构的关联，此例中的 01 浦东仓库和 01201 上海虹鑫物流有限公司的相关信息的添加请参考 3.3.2 节及 3.2.2 节的内容，如图 3.6 所示。

3. 角色管理

角色管理通过在系统中设置不同的角色，再分配给不同的操作员，从而对每个操作员的操作权限有效地进行管理和分配。

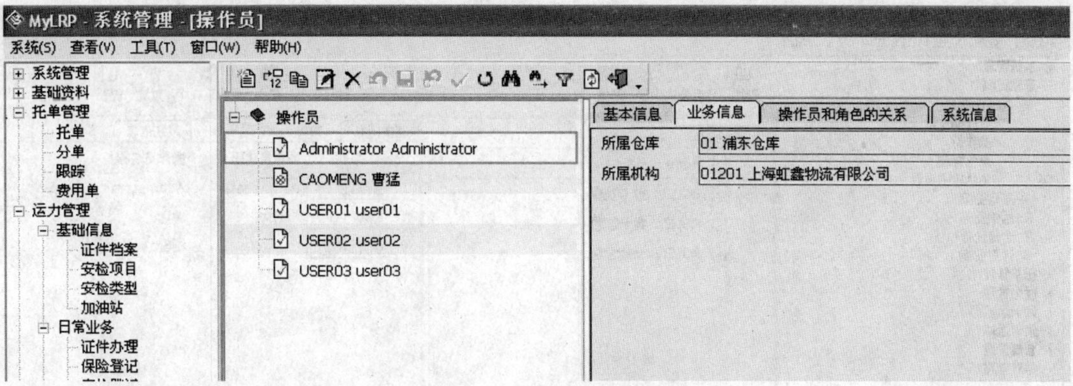

图 3.6　操作员设置

如图 3.7 所示，系统已初设四种角色，可以利用界面上方的按钮栏，对角色进行修正、新增、删除的动作。新增完成一个角色后，必须单击按钮栏里面的启用，方可在操作员以及角色设置等操作中，对这个角色进行操作。

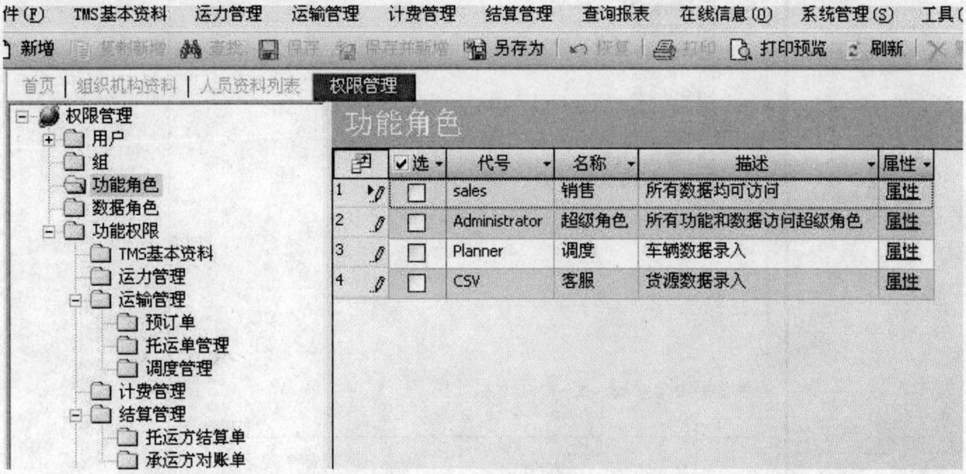

图 3.7　功能角色

不同的角色通过关联不同的操作员发生作用，从而使操作员在系统中有不同级别的操作权限。如图 3.8 所示，角色 Administrator 所拥有的权限分配给了 Administrator、曹猛、user03 三个操作员，从而这三个操作员具备 Administrator 角色所设置的操作权限。

4. 角色权限设置

角色权限设置可以对上文中所设置的角色进行不同的权限配置，从而达到设置不同操作员的操作权限的目的。

如图 3.9 所示，针对已经设置好的每个角色，选中后，界面右边呈树状显示本系统所有的操作功能。

单击界面上方的按钮栏中的“修改”，则界面右边的每个树状节点前出现一个可勾选的方框，可以通过勾选或不勾选某个节点，来完成对此角色的权限配置。单击“保存”后，即可生效。

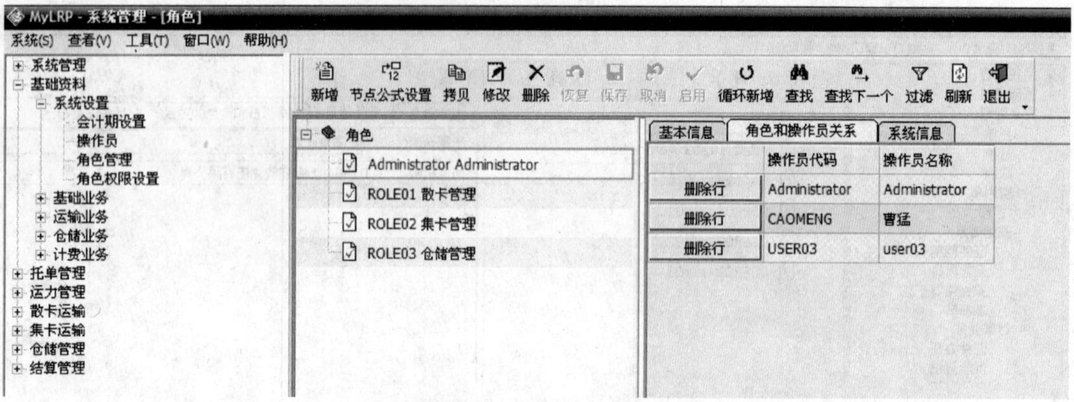


图 3.8　操作员的权限

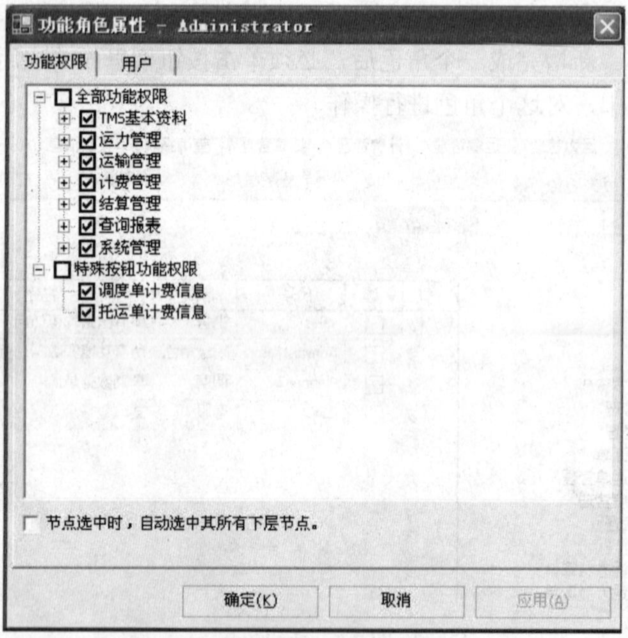


图 3.9　角色的权限设置

### 3.2.2　基础业务设置

1. 公司设置

公司设置可以设置使用此系统的公司的基本信息、地址信息、系统信息等内容，在系统的业务流程中，即可以取用这些信息，进行单证以及相关内容设定，如图 3.10 所示。

2. 币种设置

币种设置用于维护系统中将会使用到的各种币种的基本信息。系统初始内置了美元和人民币两种币种。用户可以根据实际业务所涉及的币种，在这里进行增加、修改和删除，如图 3.11 所示。

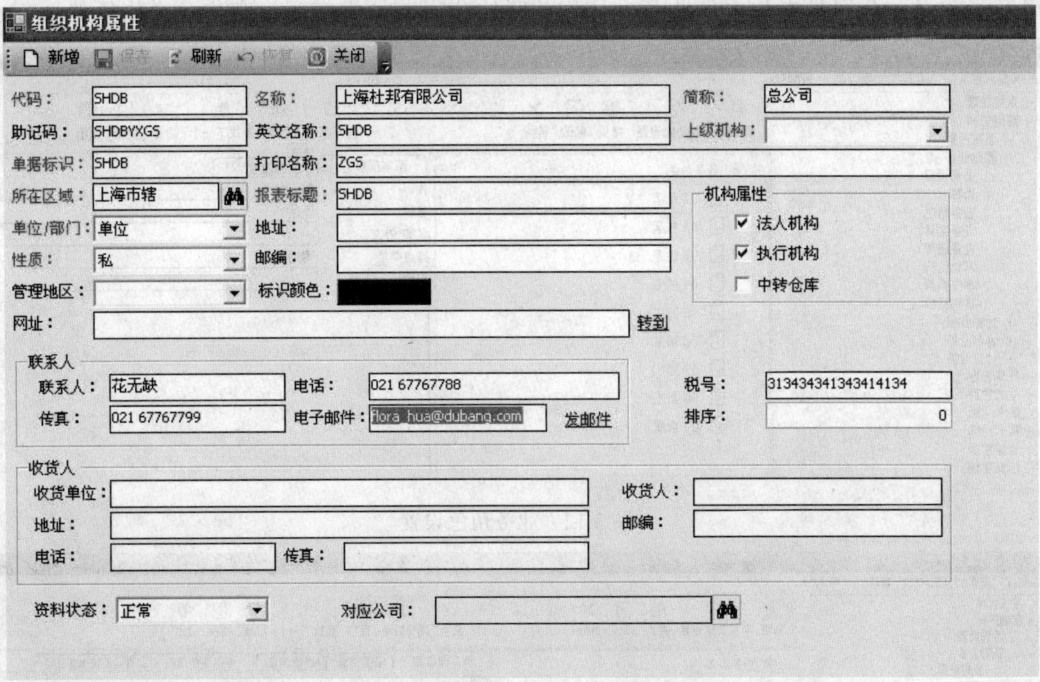


图 3.10　公司设置

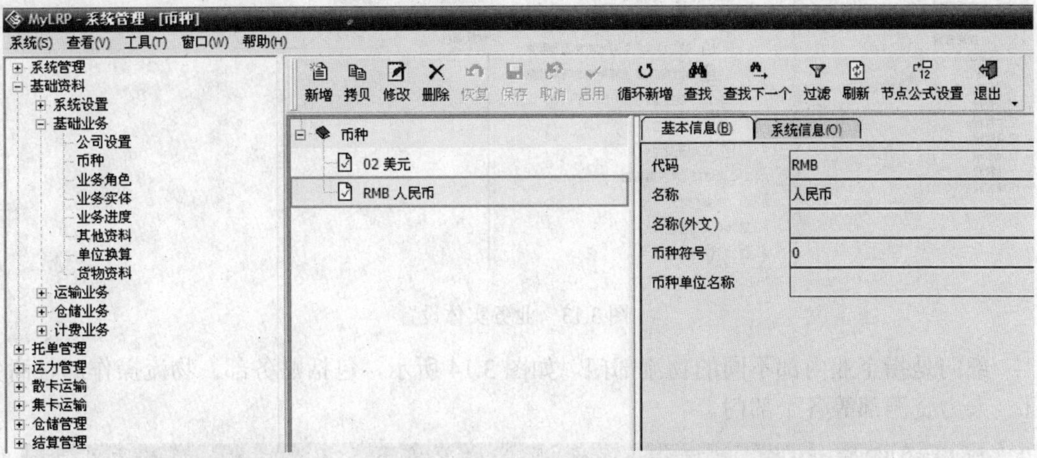


图 3.11　币种设置

### 3. 业务角色设置

在物流业务中，不同的节点和流程中，会有不同的业务角色存在。可以在业务角色设置中根据实际需要设置可能用到的各种业务角色。系统预置了承运、托运、部门、员工等九种不同的业务角色，如图 3.12 所示。

### 4. 业务实体设置

在供应链的业务操作流程中，会涉及不同的业务实体。可以在业务实体设置中对不同的业务实体进行分级设置。如图 3.13 所示，系统预置了机构、公司、部门、人员、区域等业务实体。其中机构是指用于组织主体业务实体信息，如本公司的组织机构，包括集团公司及子公司。公司是指与主体业务实体相关联的公司，如供应商、客户及合作伙伴。

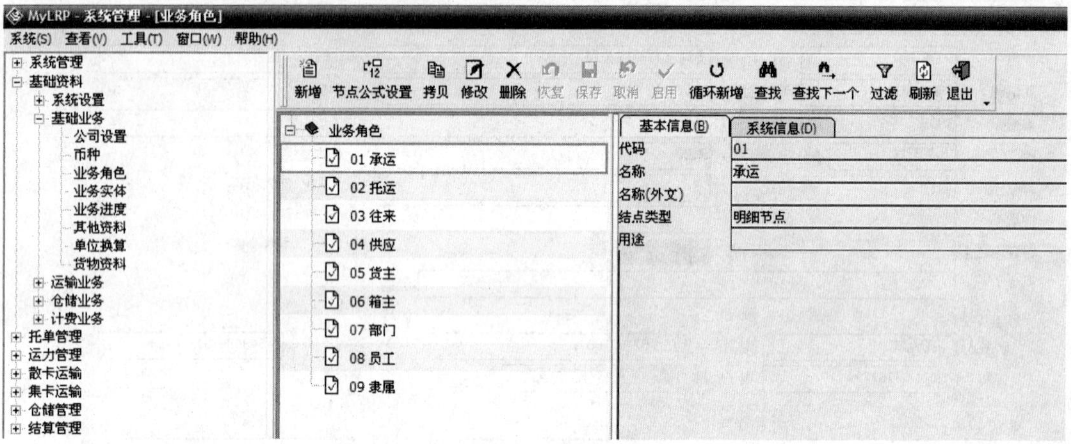


图 3.12　业务角色设置

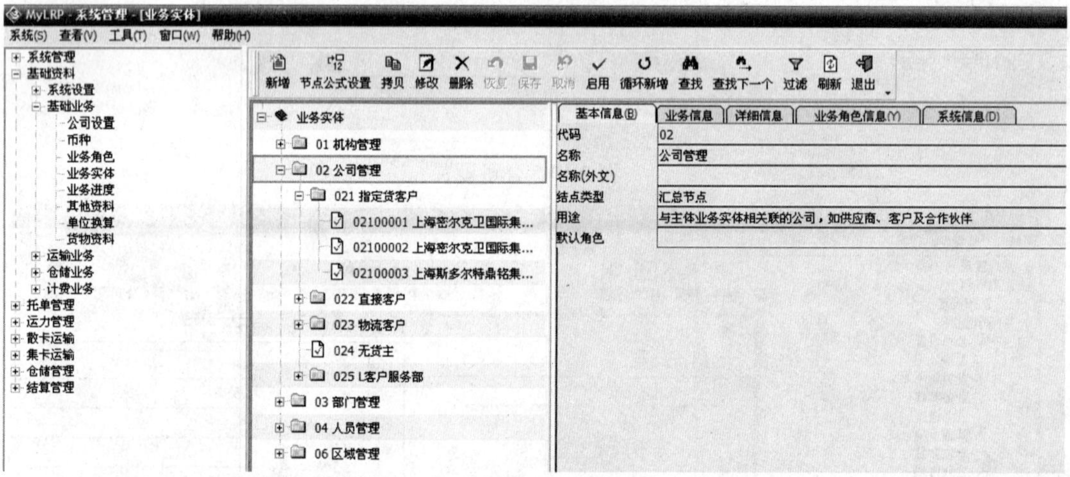


图 3.13　业务实体设置

部门是指企业内部不同的物流部门。如图 3.14 所示，包括财务部、物流操作部、商务部、人力资源部等各个部门。

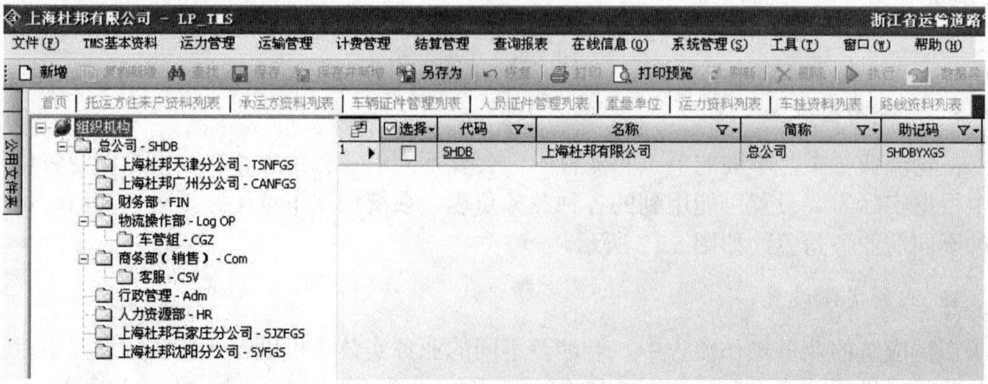


图 3.14　部门设置

人员管理是指预设本系统里面所有的操作人员的详细信息。区域管理会包含物流业务过程中使用到的各种级别的区域，比如大区(华东、华北等)、省份、市等。

本示例的使用用户为上海虹鑫物流，在01机构管理里面增加其完整信息，包括详细地址、联系人及电话等，如图3.15所示。

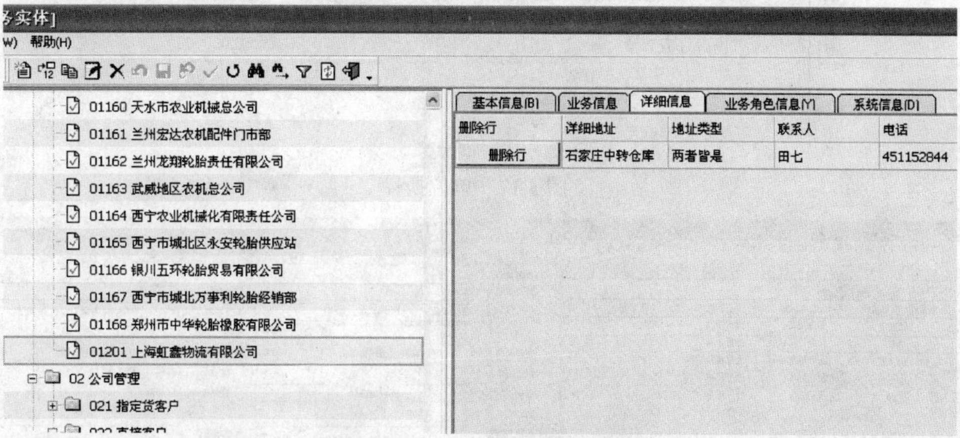


图 3.15　上海虹鑫物流的设置

本示例设定虹鑫物流为上海杜邦公司提供物流服务，因此添加了杜邦公司的基本信息，如图3.16所示。

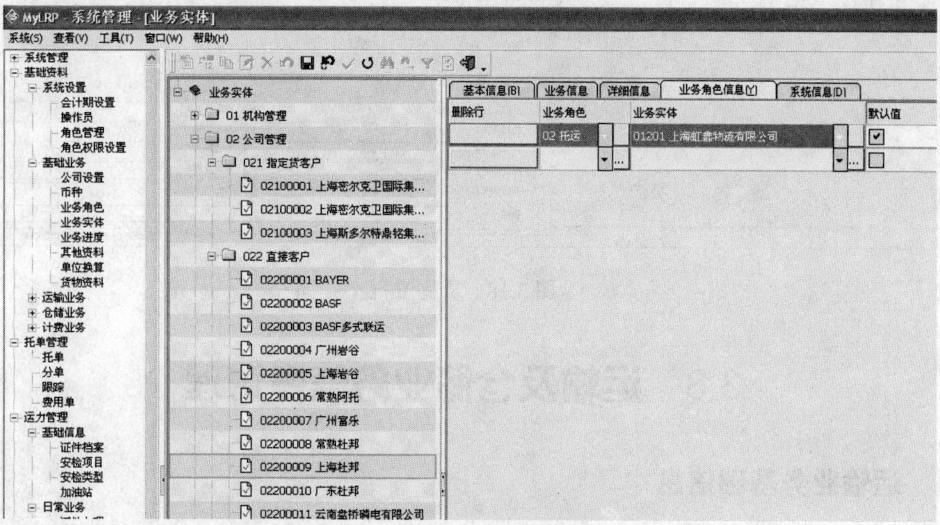


图 3.16　上海杜邦公司的设置

5. 单位换算

由于物流过程中会涉及不同单位包装的转换问题，所以在本系统中提供了用户根据物流实际情况而进行的单位换算的设置，便于在中转、集散等过程中，保证货物的计量有效性，如图3.17所示。

6. 货物资料

货物资料里面预设本系统中所有物流过程会用到的货物的基本信息，如图3.18所示。

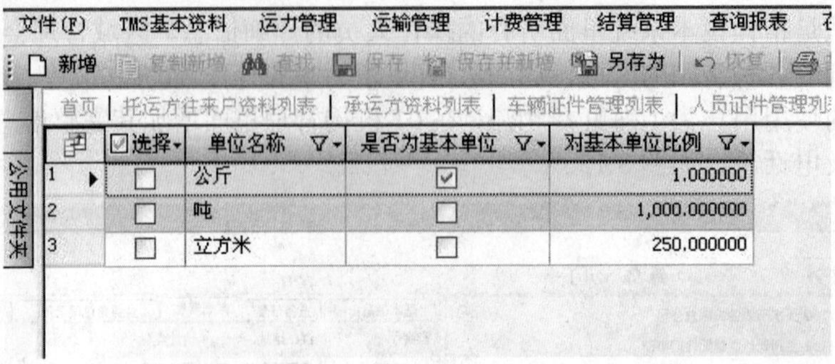


图 3.17　单位换算

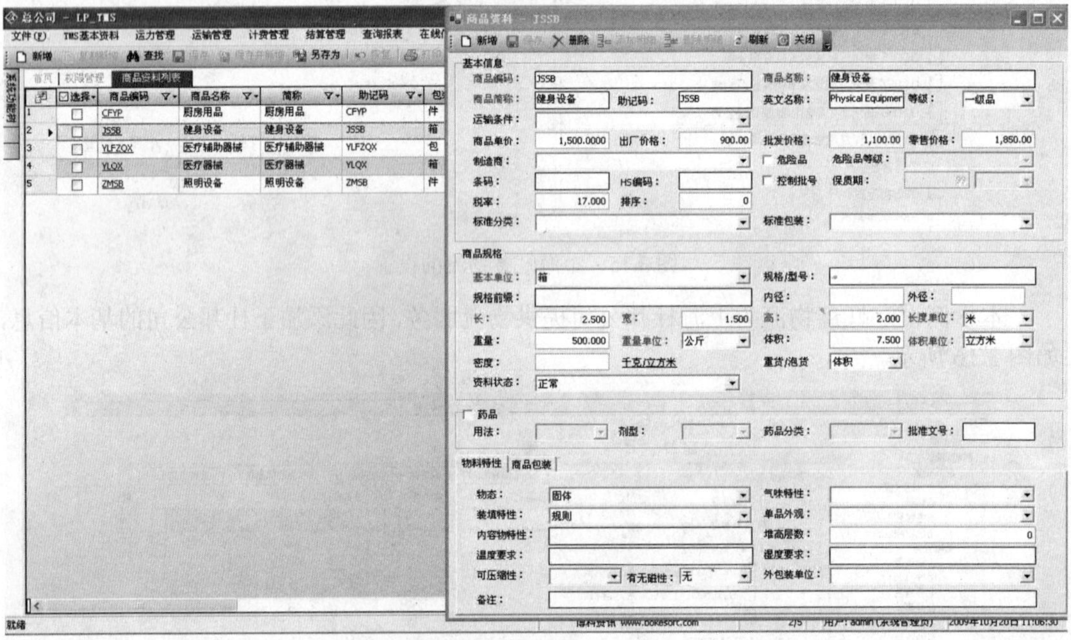


图 3.18　货物资料

# 3.3　运输及仓储业务信息管理

## 3.3.1　运输业务基础信息

1. 运力类型设置

运力类型用于设置在运输过程中使用到的不同车型的类型，便于企业对所具备的各种运输工具的运力能力进行度量，从而有效地安排运输计划，如图 3.19 所示。

2. 运力资料设置

运力资料就是在运力类型设置完整的基础上，对每辆具体车辆的基本信息如车牌号、承重、体积等进行设置，并对应到相应的运力类型上去，为集卡、散卡的运输管理提供基本资料，如图 3.20 所示。

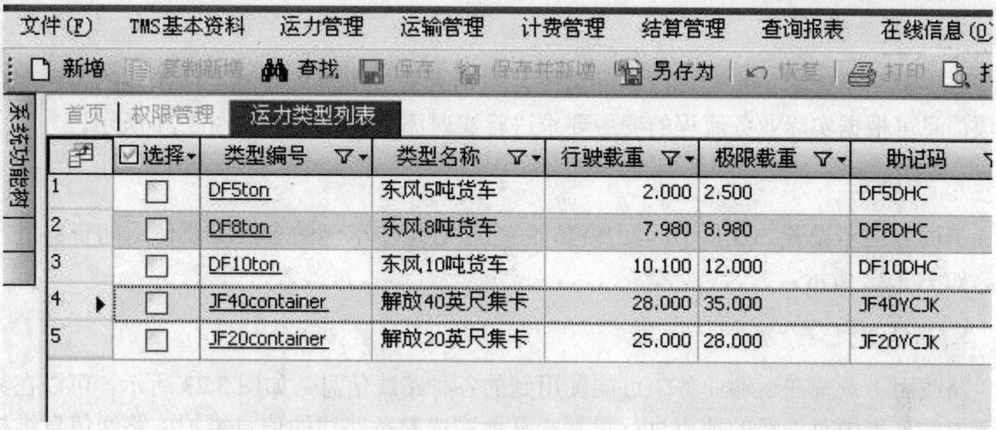


图 3.19 运力类型设置

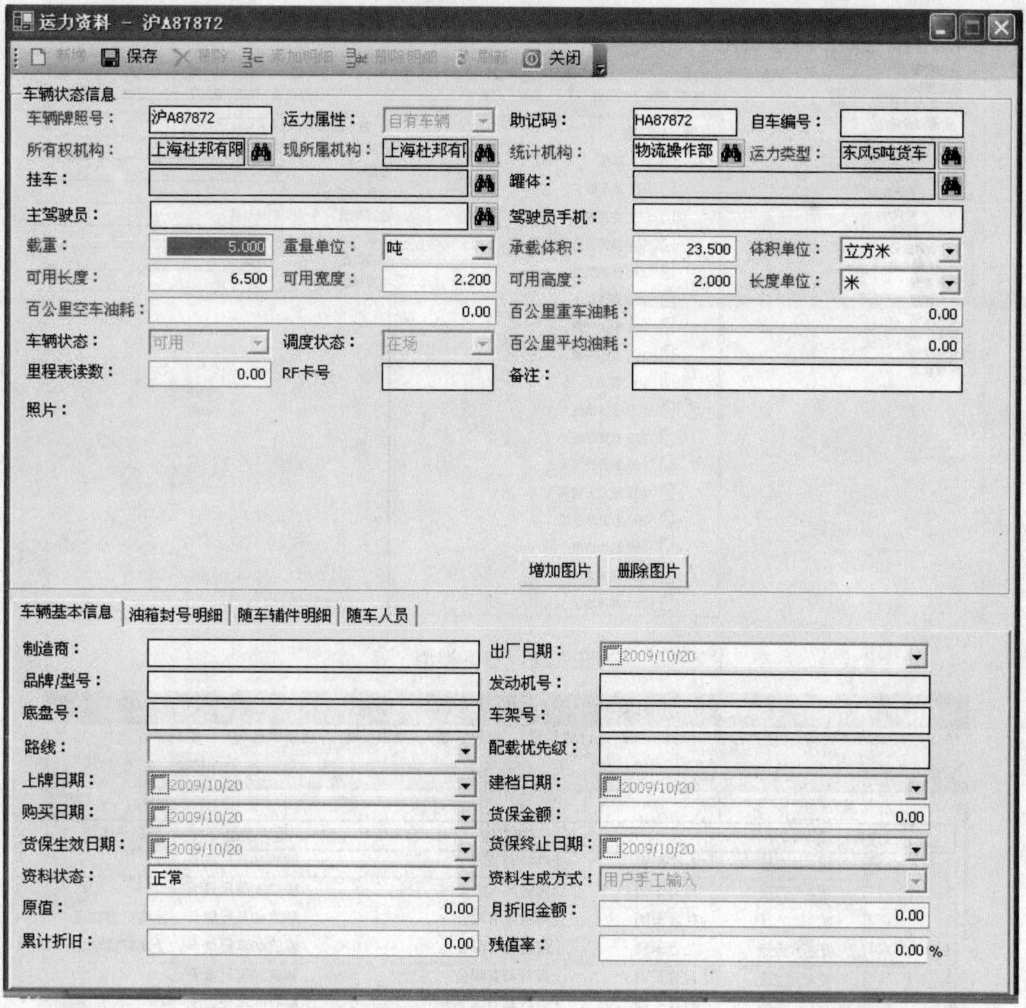


图 3.20 动力资料设置

3. 变更类型

变更类型用于记录物流过程中的可能，包括人员、车辆等业务实体在内的各种变更。此项信息可根据实际业务流程的变更要求进行实时添加与使用，如图 3.21 所示。

4. 车板号

车板号用于设置 3.3.1 节(运力资料设置)中对每一车辆的车板所要使用的资料进行编辑，如图 3.22 所示。

5. 路线

路线用于设置在运输业务中可能使用到的各种路线信息。如图 3.23 所示，可以在界面右下方的列表中对途经的地点进行设置，从而完成整条路线的信息维护。路线信息维护中所使用的地点、区域等内容可在 3.2.2 节中的业务实体设置的区域管理里面进行维护。

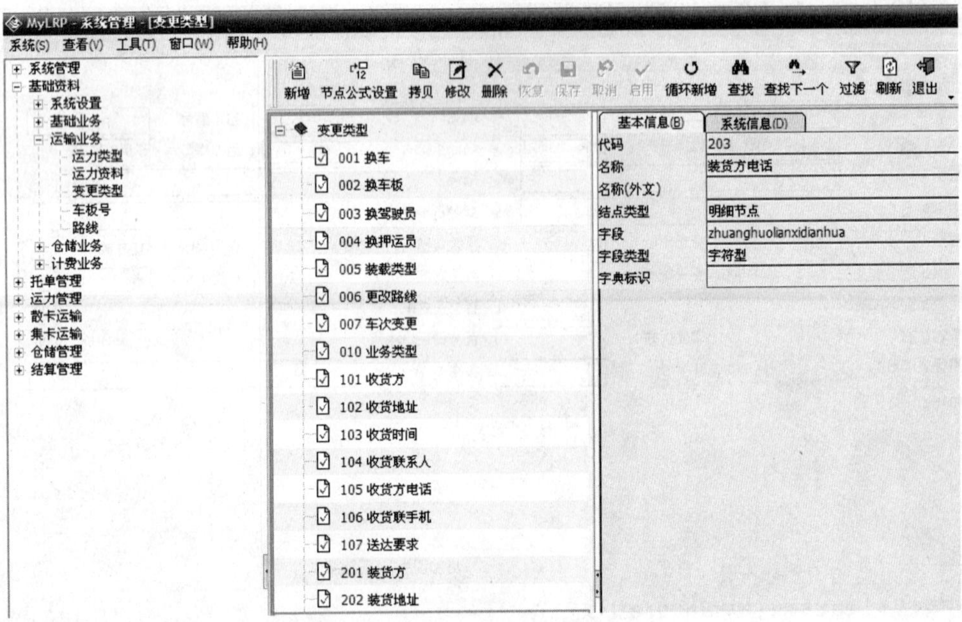


图 3.21 变更类型

图 3.22 车板号资料

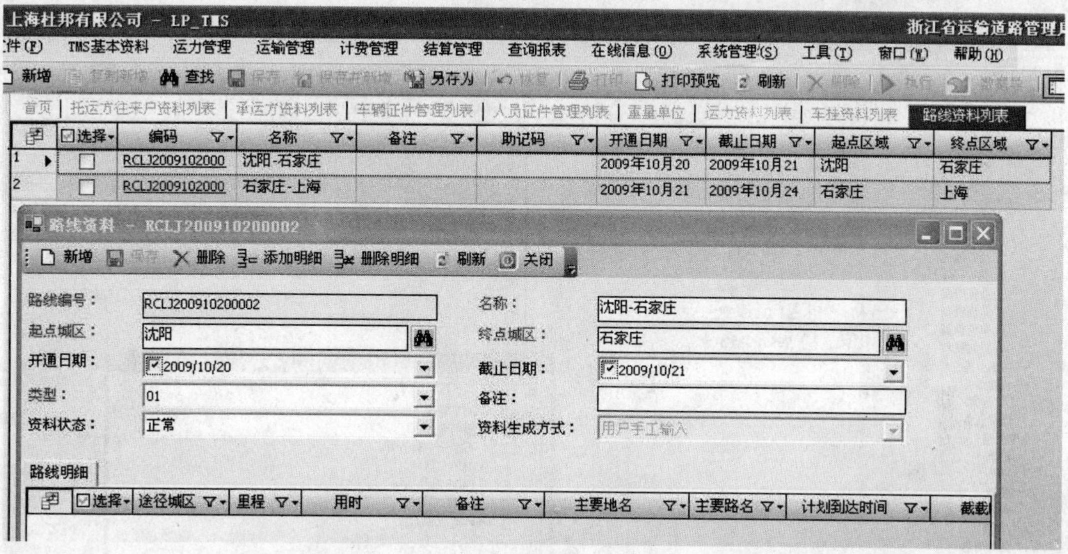

图 3.23　路线设置

## 3.3.2　仓储业务基础信息

仓库的设置包括仓库、仓库区位、仓库码位等信息。如图 3.24 所示，系统预设了两个仓库。用户可根据实际情况进行添加和维护。

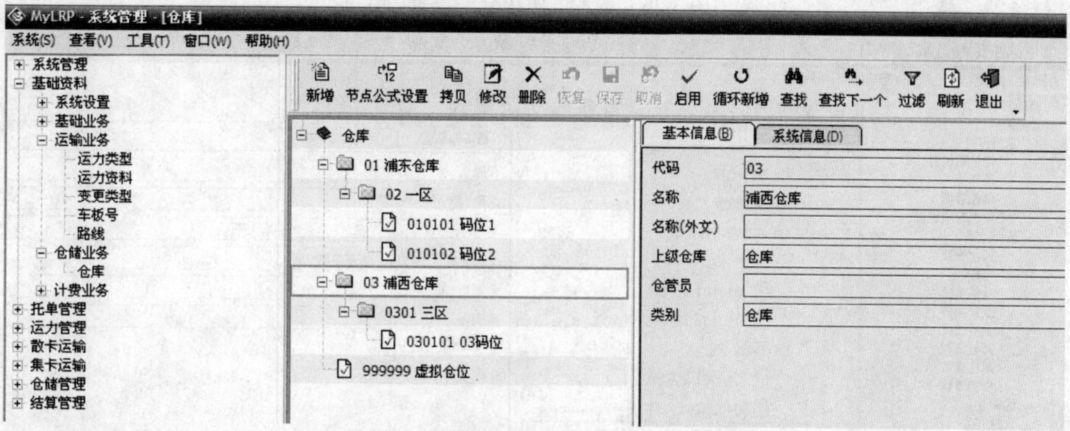

图 3.24　仓库设置

本示例中将要用到的仓库为上海虹鑫物流在石家庄的中转仓库，添加其具体信息包括区位和码位的设置，如图 3.25 和图 3.26 所示，以便在运输等业务流程中使用。

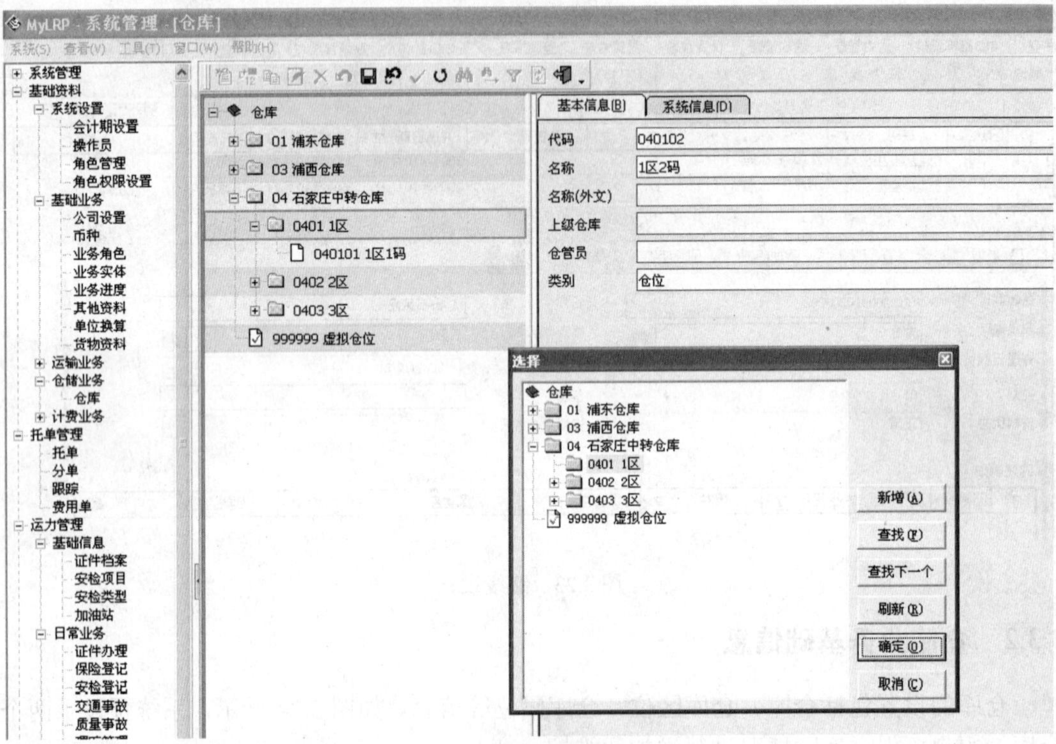

图 3.25　本示例所用仓库设置(一)

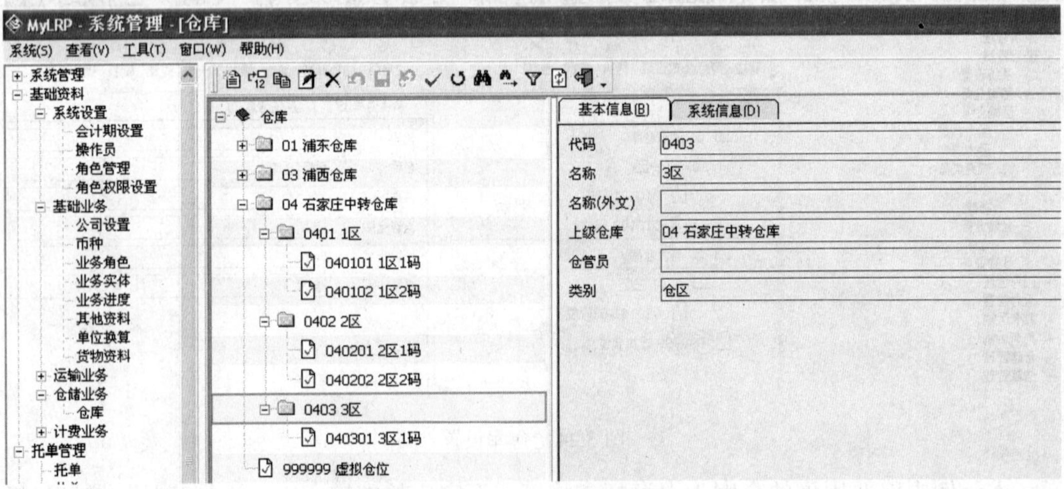

图 3.26　本示例所用仓库设置(二)

## 3.4　计费业务信息管理

### 3.4.1　费用项目

费用项目是用来维护计费过程中涉及的费用种类和费用名称。执行“基础资料”→“计费业务”→“费用项目”菜单，打开“费用项目”窗口，其维护界面如图 3.27 所示。左侧窗口显示费用项目的树形结构，右侧窗口显示左侧树形结构中被选中的文件夹其下一层的所有费用资料记录。

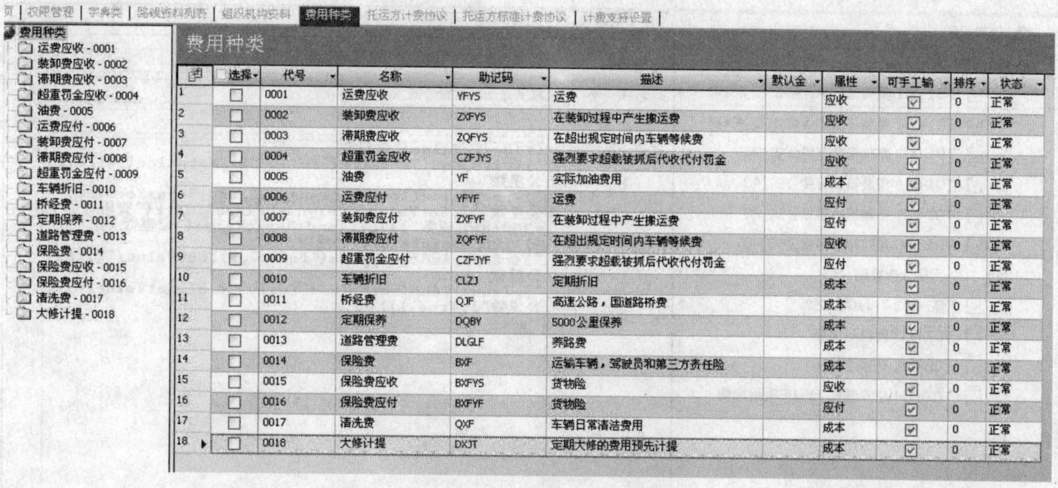


| | 选择 | 代号 | 名称 | 助记码 | 描述 | 默认金 | 属性 | 可手工输 | 排序 | 状态 |
|---|---|---|---|---|---|---|---|---|---|---|
| 1 | ☐ | 0001 | 运费应收 | YFYS | 运费 | | 应收 | ☑ | 0 | 正常 |
| 2 | ☐ | 0002 | 装卸费应收 | ZXFYS | 在装卸过程中产生搬运费 | | 应收 | ☑ | 0 | 正常 |
| 3 | ☐ | 0003 | 滞期费应收 | ZQFYS | 在超出规定时间内车辆等候费 | | 应收 | ☑ | 0 | 正常 |
| 4 | ☐ | 0004 | 超重罚金应收 | CZFJYS | 强烈要求超载被抓后代收代付罚金 | | 应收 | ☑ | 0 | 正常 |
| 5 | ☐ | 0005 | 油费 | YF | 实际加油费用 | | 成本 | ☑ | 0 | 正常 |
| 6 | ☐ | 0006 | 运费应付 | YFYF | 运费 | | 应付 | ☑ | 0 | 正常 |
| 7 | ☐ | 0007 | 装卸费应付 | ZXFYF | 在装卸过程中产生搬运费 | | 应付 | ☑ | 0 | 正常 |
| 8 | ☐ | 0008 | 滞期费应付 | ZQFYF | 在超出规定时间内车辆等候费 | | 应收 | ☑ | 0 | 正常 |
| 9 | ☐ | 0009 | 超重罚金应付 | CZFJYF | 强烈要求超载被抓后代收代付罚金 | | 应付 | ☑ | 0 | 正常 |
| 10 | ☐ | 0010 | 车辆折旧 | CLZJ | 定期折旧 | | 成本 | ☑ | 0 | 正常 |
| 11 | ☐ | 0011 | 桥经费 | QJF | 高速公路，国道路桥费 | | 成本 | ☑ | 0 | 正常 |
| 12 | ☐ | 0012 | 定期保养 | DQBY | 5000公里保养 | | 成本 | ☑ | 0 | 正常 |
| 13 | ☐ | 0013 | 道路管理费 | DLGLF | 养路费 | | 成本 | ☑ | 0 | 正常 |
| 14 | ☐ | 0014 | 保险费 | BXF | 运输车辆，驾驶员和第三方责任险 | | 成本 | ☑ | 0 | 正常 |
| 15 | ☐ | 0015 | 保险费应收 | BXFYS | 货物险 | | 应收 | ☑ | 0 | 正常 |
| 16 | ☐ | 0016 | 保险费应付 | BXFYF | 货物险 | | 应付 | ☑ | 0 | 正常 |
| 17 | ☐ | 0017 | 清洗费 | QXF | 车辆日常清洁费用 | | 成本 | ☑ | 0 | 正常 |
| 18 | ☐ | 0018 | 大修计提 | DXJT | 定期大修的费用预先计提 | | 成本 | ☑ | 0 | 正常 |

图 3.27　费用项目设置

(1) 输入“代号”、“名称”、“描述”等字段，“代号”与“名称”不允许同时重复。

(2) “计费要素”是指该费用项目中包含计费规则定义中包含的条件与计费内容相关的因素。

1. 修改费用种类资料

(1) 在图 3.27 所示的右侧列表窗口中，直接修改记录的字段。
(2) 修改信息后，单击“保存”按钮完成修改操作。

2. 删除费用种类资料

(1) 在图 3.27 所示的右侧列表窗口中，选中费用种类记录前的复选框(可多选)。
(2) 单击工具栏上的“删除”按钮，在出现的提示框中单击“是”按钮即可删除费用种类记录。

3. 不可删除的情况

对在系统中已经被引用的费用种类信息，建议不要在列表中直接进行删除，应将其状态改为“删除”。

### 3.4.2 计费规则

计费规则是用来定义不同的条件下的计费标准。主要是针对一些比较有规则的、固定的计费方式，对于一些不能套用公式或计费方式很灵活的费用建议人工计费。单击“基础资料”→“计费规则”菜单，其维护界面如图 3.28 所示。

单击“新增”按钮，字段明细输入如下：
(1)“代码”、“名称”均不可重复。
(2)“名称(外文)”是不必须输入字段。

(3)“规则”：如为计费规则是 20GP 集装箱基本运输费用，根据具体的行驶公里数不同，费率也不同。

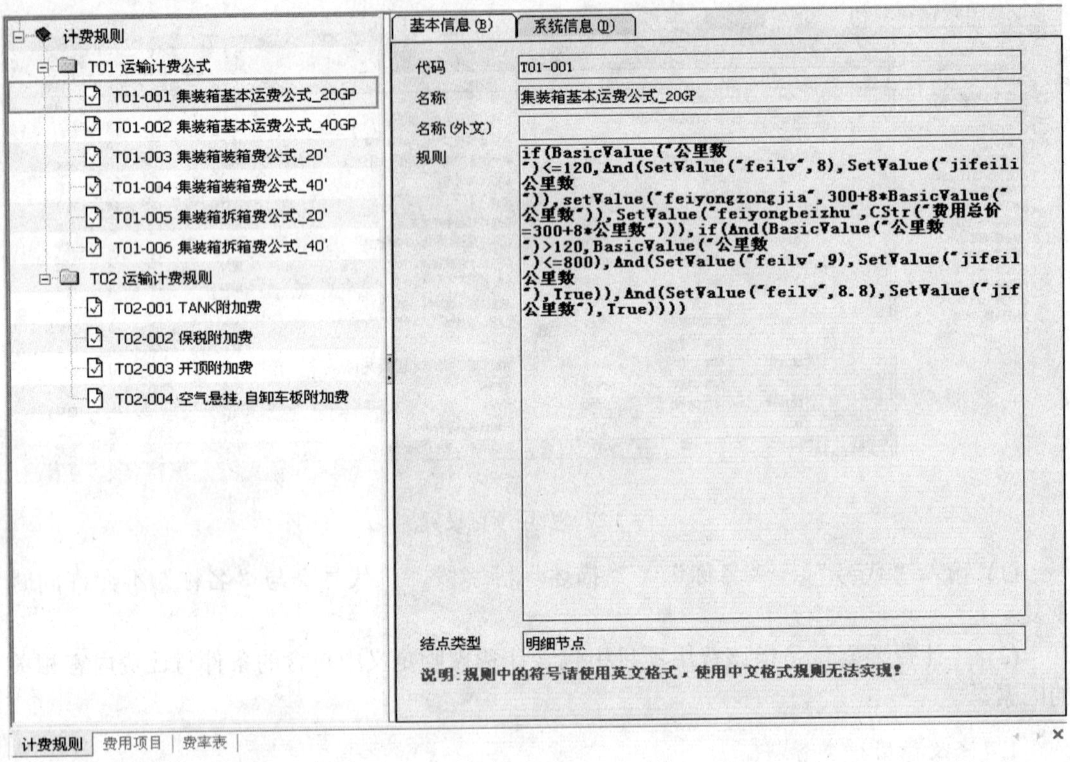


图 3.28　计费规则

图 3.28 中的规则含义：

① 如果行驶的公里数在 120 以内，那么费率为 8，费用总价=300+8*实际公里数，其中 300 为起价金额。

② 如果行驶的公里数在 120 和 800 之间，费率则为 9，费用总价=9*实际公里数。

③ 如果行驶的公里数大于 800，费率则为 8.8，费用总价=8.8*实际公里数。

(4)“节点类型”为汇总节点和明细节点，明细节点需要输入计费规则，而汇总节点则不需要；

### 3.4.3　费率表

不同的费用项目根据其计费规则不同，其费率也不同。单击“基础资料”→“费率表”菜单，其维护界面如图 3.29 所示。

字段明细输入如下：

(1)“费用项目”由下拉框中选择，右下面的窗口会带出相关的子明细。

(2)“计费类型”：该费率的计费项目种类。

(3)“计费单位”：也就是计量单位，在字典中维护。

(4)“计费方式”：有固定费率和计费公式两种，固定费率是不随其他参数的变化而变化的，如基于次数的收费；而按照计费公式的费率是有规则变化的。

① 如果选择固定费率，那么下面“费率”字段变成可修改状态，需要输入，而“计费公式”字段处于不可编辑状态。

② 如果选择计费公式，那么下面“计费公式”字段变成可修改状态，选择一个相应的公式后，对应的计费规则自动带出，而“费率”字段处于不可编辑状态。

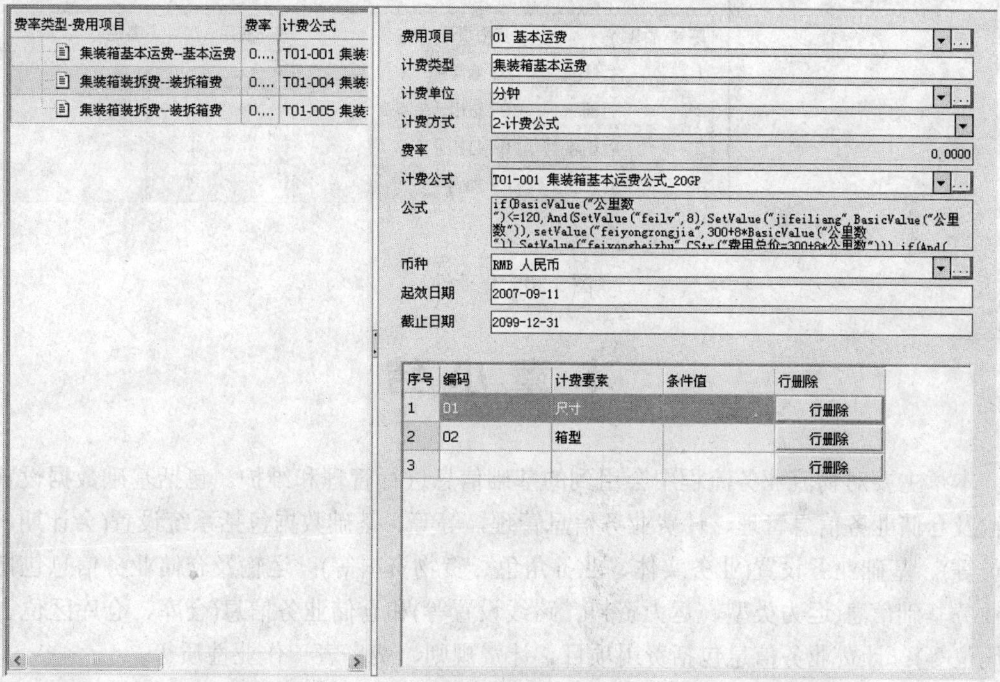


图 3.29 费率表

(5)“币种”：计费的币别，内容在字典里维护。

(6)“起效时间”：默认为第一次输入的日期。

(7)“截止时间”：默认一个截止日。

### 3.4.4 作业性质

不同的作业性质可以拥有不同的费用项目的组合。这里说的作业性质主要是指根据作业的需要产生的费用方案组合，如：入库、出库、运输、清洗等。单击“基础资料”→“作业性质”菜单，其维护界面如图 3.30 所示。

字段明细介绍如下：

(1) 在基本信息中：“代码”不能重复录入。

(2)“费用项目”：在下拉框中选择。如入库作业的收费项目可以包含进仓卸货费、仓储费、上架费、搬运费，以及相关的附加费和折旧费等。

(3) 在计费规则中：选择不同的计费规则，这个计费规则还可以定义不同的计费规则和费用项目间的关系和汇总条件。

(4) 输入完毕保存后，单击“启用”按钮，该作业性质就可以在后续的操作当中应用。

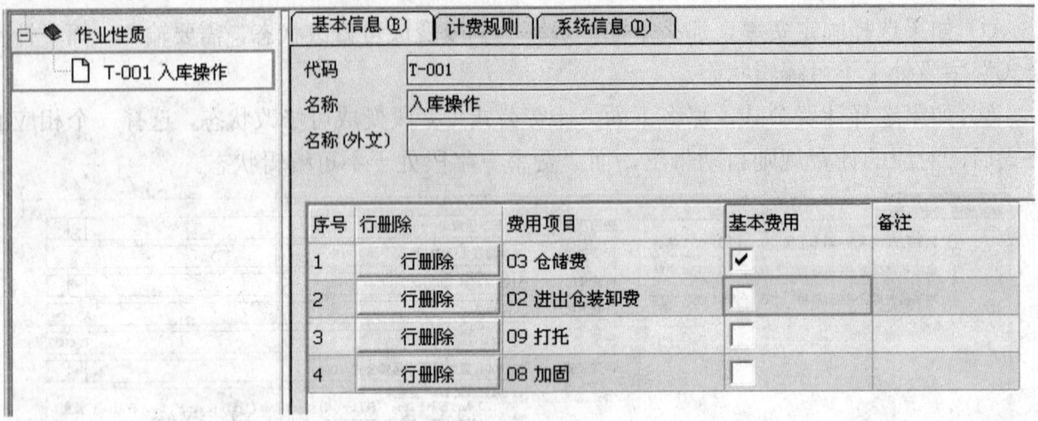


图 3.30　作业性质

# 本章小结

本章主要对物流业务流程中会用到的基础信息进行管理和维护。包括基础数据设置、运输及仓储业务信息管理、计费业务信息管理，等等。基础数据包括系统设置(会计期、操作员等)、基础业务设置(业务实体、业务角色、货物资料等)；运输及仓储业务信息包括运输业务基础信息(运力类型、运力资料、路线设置等)和仓储业务信息(仓库、仓库区位、仓库码位等)；计费业务信息包括费用项目、计费规则、费率表、作业性质等。

## 关键术语

基础信息管理、会计期、业务实体、业务角色、运力类型、运力资料、仓库区位、仓库码位、费用项目、计费规则、费率表

## 知识链接

http://www.cqvip.com/content/citation.dll?id=8840807 信息管理与国家信息政策需求

http://www.cei.gov.cn/ 中国经济信息网

http://www.tc267.org.cn/ 全国物流信息管理标准化技术委员会

## 实际操作训练

1. 把会计期设置为 2009.1 到 2009.12。
2. 把操作员 Administrator 的权限设置为所有模块都可以使用。
3. 创建一个新的角色管理：卡车管理，其角色权限包括散卡管理和集卡管理。

4．把系统中的公司设置为“上海虹鑫物流有限公司”。

5．新创建一个业务角色设置为“主管”。

6．对承运、托运、部门、员工等九种不同的业务角色各创建一个新的业务实体，具体内容可自行假设。比如托运可设置一个节点“上海杜邦”，其装货地址为“湖南路×××号××××室”。卸货地址为“吴中路×××号××楼E座”。

7．新创建一种货物资料“飘柔洗发水”。

8．新创建一个卡车资料，车牌号为“沪A 12345”。

9．新创建一个路线，为沈阳到石家庄。

10．新创建一个仓库，名为“闵行仓库”，里面分为“A区”、“B区”、“C区”，每一区分别划分20个码位。

# 第4章 托单管理

【本章教学要点】

| 知识要点 | 掌握程度 | 相关知识 |
|---|---|---|
| 托单的基本概念 | 掌握 | 托单的定义、信息、基本托单及其形式 |
| 复合托单和多式联运 | 熟悉 | 复合托单和多式联运的基本概念，以及对复合托单的处理 |
| 集装箱 | 了解 | 集装箱的历史、类型和作用 |
| 提取托单信息以对其进行信息化管理 | 掌握 | 从托单开始处理一项物流业务 |
| 有效地处理复合托单 | 掌握 | 对复合托单进行分解、调度和处理 |

引言

托单是绝大多数物流业务的起点，获取托单信息对其信息化，并对复杂托单进行有效处理是整个托单管理的关键。以第 3 章“引言”中提到的上海杜邦委托上海虹鑫物流进行的运输为例，对此业务，我们首先需要提取托单信息，继而按其类型对其进行有效管理。

那么，托单具有哪些必备的信息呢？托单的类型又是怎样的？不同类型的托单又该如何处理？下面，我们就开始回答这些问题。

## 4.1 托单管理概述

物流信息系统的一个主要功能是在现代信息系统的支持下，对实际业务相关活动，如托单、运输、仓储等进行管理。而托单则是绝大多数物流业务的起点，对托单进行管理则是物流信息系统中的一个重要功能。

本章从介绍托单开始，首先给出了托单管理的主要功能及其业务流程，然后，通过一个具体的多式联运的业务，展示如何实际地进行托单管理的操作。

### 4.1.1 基本托单、复合托单和多式联运

1. 什么是托单

一个物流活动常常离不开客户和物流服务提供商，通常来说，客户是物流活动的发起者，而服务提供商(通常是一个物流企业)则是物流活动的具体执行者，比如运输环节中的托运人和承运人。客户和服务提供商之间关系的建立源于客户对于服务提供商代办理某种业务的委托，这就是托单。托单详细描述了客户对服务提供商业务委托的要求。

一个服务提供商常常具有多个不同功能的作业部门，如运输部门、仓储部门、销售部门，等等，一个托单也常常不是由一个独立部门就能完成的。可能需要服务提供商的各个部门协同运作，按质按量按时完成各自的工作，最终完成整个托单。如果服务提供商接到了某一托单(可能是该服务提供商的销售部接单、客服接单、内部委托、客户网上下单或者是定期自动产生的协议订单)，是如何在本企业内部进行分工协作呢？要回答这一问题，我们首先必须了解什么是基本托单，什么是复合托单。

2. 基本托单

根据客户要求的业务复杂程度不同，托单的复杂程度不同。但是，无论其复杂程度如何，物流中托单都可以分解为一些基本托单。基本托单是指可由单一作业部门独立完成的单一业态操作的委托。如图 4.1 所示，常见的基本托单有运输托单、存储托单和其他托单等类型。典型的运输相关的基本托单有散卡运输(Bulk Cargo Truck Transportation)和集卡运输(Container Truck Transportation)。其中，集卡运输是指将货物装在集装箱内，对整个集装箱进行运输的方式，此类运输方式是现代物流业常采用的运输方式，也是运输业的重大变革。在后文，我们将会对集装箱相关内容做一个着重介绍。与集卡运输相对的是散卡运输，

是指以无包装的散货，或者有包装(如桶装)的杂货的方式，对货物进行运输。此外，典型的与存储相关的物流行业基本托单包括委托仓储和委托堆场。其中，委托仓储和委托堆场分别是指在仓库和堆场内暂存货物。

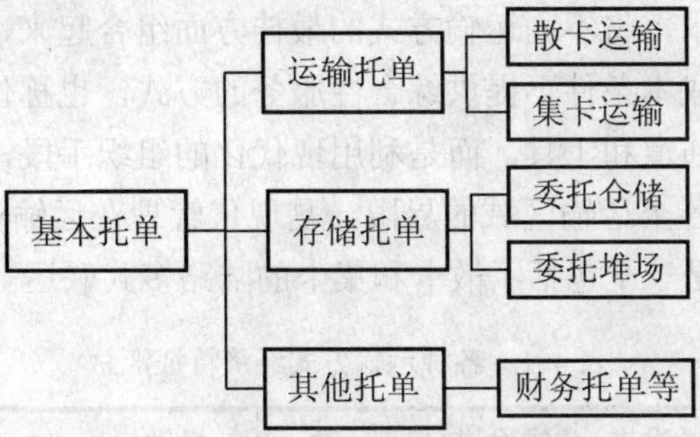


图 4.1　基本托单类型

在具体运作中，客户委托的业务可以是以上基本托单中的一种。它们可分别由散卡、集卡、仓储及堆场等部门独立完成。如：散卡门到门运输、集卡门到门(港)运输、客户自提或送货的仓储出入库、客户自提或送箱的集装箱出入场等，运作模式如图 4.2 所示。

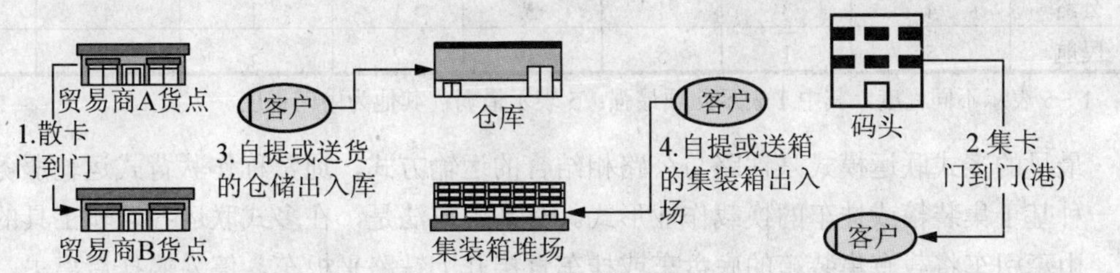


图 4.2　四种基本托单的运作

3.　复合托单

除了以上基于单一业务的基本托单外，实际中出现的一个托单也常会涉及多个基本托单，此时需要多个相应部门的协同运作。我们称这类托单为复合托单，它是多个基本托单的综合体。图 4.3 就描述了一个复合托单：第三方物流公司到客户处提货进行散卡运输，然后入公司仓库；当客户需要发货时，通知外部集装箱堆场提空箱进行入集装箱堆场，然后从仓库装货至集装箱，最后重箱进港。为完成这一复合托单，需要散卡、集卡、仓储和堆场等部门协同运作。

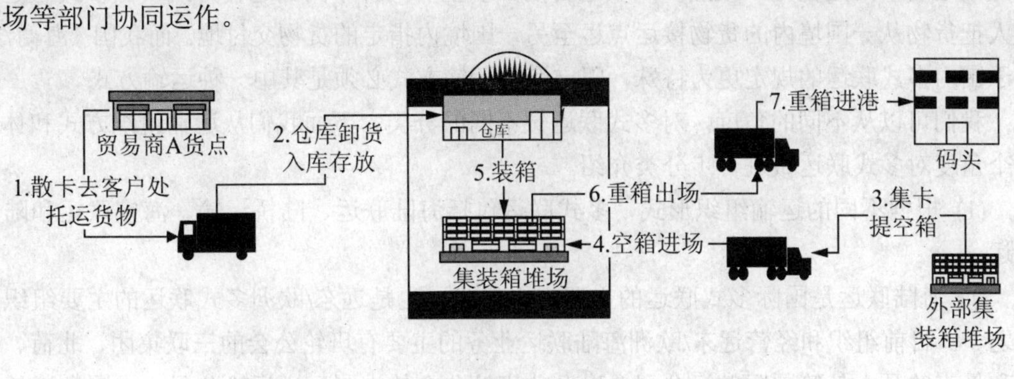


图 4.3　复合托单的运作

现代物流业中，最常见的一种复合托单就是多式联运。我们知道，运输按运输方式可分为陆运、铁运、海运、河运、空运等；按货物装载方式可分为散卡和集卡。每种运输方式有不同的经济特征，又有很强的互补性，如表 4-1 所示。多式联运是为了满足运输使用者的特定运输需要和要求，将不同运输方式的最佳方面组合起来，利用各种运输方式各自的经济特征，在最低的成本条件下提供综合性服务的方式，也称作“一站式”的运输。这种运输方式并没有新的通道和工具，而是利用现代化的组织手段，将各种单一运输方式有机地结合起来，打破了各个运输区域的界限，是现代管理在运输业中运用的结果。图 4.3 描述的复合托单其实就是一个包括了散卡和集卡的陆路多式联运。

表 4-1　各种运输方式经济特征汇总

| 运输方式 | 运输能力 | 长途送达速度 | 短途送达速度 | 运输稳定性 | 机动灵活性 | 运输成本 | 运输能耗 | 基础设施投资 |
|---|---|---|---|---|---|---|---|---|
| 铁路 | 3 | 2 | 2 | 1 | 3 | 3 | 3 | 1 |
| 内河 | 2 | 5 | 3 | 4 | 4 | 2 | 2 | 5 |
| 海运 | 1 | 4 | 4 | 5 | 5 | 1 | 1 | 4 |
| 公路 | 4 | 3 | 1 | 2 | 1 | 4 | 4 | 2 |
| 民航 | 5 | 1 | 5 | 3 | 2 | 5 | 5 | 3 |

注：1～5 表示不同程度，其中 1 表示此项最强；5 表示最弱；其他为中间程度。

最早的多式联运模式是铁路与公路相结合的运输方式，通常称作驮背式运输服务。这是一种基于集装箱或挂车的换载作业形式。其基本方法是，在多式联运各运输工具的联节点，由牵引车将载有集装箱的底盘车或挂车直接开上铁路平板车，停妥摘挂后离去，集装箱底盘车或挂车由铁路车辆运至前方换装点，再由到达地点的牵引车开上火车挂上集装箱底盘车或挂车，直接运往目的地。当转载运输工具不是货车，而是船舶时，也称为鱼背运输。这种组织方式可以加速车辆周转，扩大货物单元，节约装卸或换载作业时间，提高作业效率。

4. 多式联运

目前，多式联运的内涵已远远不仅限于此。《联合国国际货物多式联运公约》对国际多式联运所下的定义是：按照多式联运合同，以至少两种不同的运输方式，由多式联运经营人把货物从一国境内的货物接运点运至另一国境内指定的货物交付地。而我国《海商法》对于国内多式联运的规定更为特殊，限定海上运输方式必须是其中一种运输方式。

我们可以从不同的角度，对多式联运做不同的分类。下面我们从运输组织方式和体制两个角度对多式联运做进一步分类介绍。

(1) 根据不同的运输组织形式，多式联运包括海陆联运、陆桥运输、海空联运和陆空联运。

① 海陆联运是国际多式联运的主要组织形式，也是远东/欧洲多式联运的主要组织形式之一。目前组织和经营远东/欧洲海陆联运业务的主要有班轮公会的三联集团、北荷、冠航和丹麦的马士基等国际航运公司，以及非班轮公会的中国远洋运输公司、中国台湾长荣

航运公司和德国那亚航运公司等。这种组织形式以航运公司为主体，签发联运提单，与航线两端的内陆运输部门开展联运业务，与大陆桥运输展开竞争。

② 陆桥运输(Land Bridge Service)在国际多式联运中起着非常重要的作用。它是远东/欧洲国际多式联运的主要形式。所谓陆桥运输是指利用跨大陆的铁路作为中间桥梁，把大陆两端的海洋连接起来组成一个海－陆－海的连贯运输方式，1967 年苏伊士运河关闭时开始使用，是多式联运中使用的一种方式。目前，远东/欧洲的陆桥运输线路有西伯利亚大陆桥、新亚欧大陆桥和北美大陆桥。

a. 西伯利亚大陆桥(Siberian Land Bridge)。西伯利亚大陆桥(SLB)是指使用国际标准集装箱，将货物由远东海运到俄罗斯东部港口，再经跨越欧亚大陆的西伯利亚铁路运至波罗的海沿岸，然后再采用铁路、公路或海运运到欧洲各地的国际多式联运的运输线路。

西伯利亚大陆桥于 1971 年由原全苏对外贸易运输公司正式确立。现在全年货运量高达 10 万标准箱(TEU)，最多时达 15 万标准箱。使用这条陆桥运输线的经营者主要是日本、中国和欧洲各国的货运代理公司。其中，欧洲出口亚洲杂货的 1/5 是经这条陆桥运输的。由此可见，它在沟通亚欧大陆的国际贸易中占有重要地位。

西伯利亚大陆桥运输包括“海－铁－铁”、“海－铁－海”、“海－铁－陆”和“海－陆－空”四种运输方式。由俄罗斯的过境运输总公司担当总经营人，它拥有签发货物过境许可证的权利，并签发统一的全程联运提单，承担全程运输责任。至于参加联运的各运输区段，则采用“互为托、承运”的接力方式完成全程联运任务。可以说，西伯利亚大陆桥是较为典型的一条过境多式联运线路。

西伯利亚大陆桥是目前世界上最长的一条陆桥运输线。它大大缩短了从日本、远东、东南亚及大洋洲到欧洲的运输距离，并因而节省了运输时间。从远东经俄罗斯太平洋沿岸港口去欧洲的陆桥运输线全长 13 000km。而相应的全程水路运输距离(经苏伊士运河)约为 20 000km。从日本横滨到欧洲鹿特丹，采用陆桥运输不仅可使运距缩短 1/3，运输时间也可节省一半。此外，在一般情况下，运输费用还可节省 20%~30%左右，因而对货主有很大的吸引力。

由于西伯利亚大陆桥所具有的优势，因而随着它的声望与日俱增，也吸引了不少远东、东南亚以及大洋洲地区到欧洲的运输，使西伯利亚大陆桥在短短的几年时间中就有了迅速的发展。但是，西伯利亚大陆桥运输在经营上、管理上存在的问题如港口装卸能力不足、铁路集装箱车辆的不足以及严寒气候的影响等在一定程度上阻碍了它的发展。

b. 新亚欧大陆桥。新亚欧大陆桥是从中国连云港到荷兰鹿特丹的铁路联运线。全长 10 900km，其中，中国段长 4 213km，由陇海铁路和兰新铁路组成，辐射世界 30 多个国家和地区，比绕道印度洋和苏伊士运河的水运距离缩短了 10 000km。

与西伯利亚大陆桥相比，新亚欧大陆桥的优势在于气候和距离两个方面：首先，整个陆桥避开了高寒地区，港口无封冻期，自然条件好，可以常年作业，地理位置和气候条件优越。第二，新亚欧大陆桥比西伯利亚大陆桥缩短陆上运距 2 000～2 500km，到中亚、西亚各国优势更为突出。

c. 北美大陆桥(North American Land Bridge)北美大陆桥是指利用北美的大铁路从远东

到欧洲的海－陆－海联运，是世界上历史最悠久、影响最大、服务范围最广的陆桥运输线。该陆桥运输包括美国大陆桥运输和加拿大大陆桥运输。美国大陆桥有两条运输线路：一条是从西部太平洋沿岸至东部大西洋沿岸的铁路和公路运输线；另一条是从西部太平洋沿岸至东南部墨西哥湾沿岸的铁路和公路运输线。加拿大大陆桥与美国大陆桥相似，由船公司把货物海运至温哥华，经铁路运到蒙特利尔或哈利法克斯，再与大西洋海运相接。

通过北美大陆桥进行运输比采用全程水运方式通常要快 1～2 周。例如，集装箱货从日本东京到欧洲鹿特丹港，采用全程水运(经巴拿马运河或苏伊士运河)通常约需 5～6 周，而采用北美陆桥运输仅需 3 周左右。

随着北美西海岸陆桥运输服务的开展，众多承运人开始建造不受巴拿马运河尺寸限制的超巴拿马型船(Post-Panamax Ship)，从而放弃使用巴拿马运河。这使得巴拿马运河在航运中的地位受到严峻挑战。

d. 其他陆桥运输形式北美地区的陆桥运输不仅包括上述大陆桥运输，而且还包括小陆桥运输(Mini Bridge)和微桥运输(Microland Bridge)等运输组织形式。

小陆桥运输从运输组织方式上看与大陆桥运输并无大的区别，只是其运送的货物的目的地为沿海港口。目前，北美小陆桥运送的主要是日本经北美太平洋沿岸到大西洋沿岸和墨西哥湾地区港口的集装箱货物。当然也承运从欧洲到美国西部及海湾地区各港的大西洋航线的转运货物。北美小陆桥在缩短运输距离、节省运输时间上效果是显著的。以日本/美国东部航线为例，从大阪至纽约全程水运(经巴拿马运河)需 21～24 天。而采用小陆桥运输，运输时间为 16 天，可节省 1 周左右的时间。

微桥运输与小陆桥运输基本相似，只是其交货地点在内陆地区。随着北美小陆桥运输的发展，出现了新的矛盾，主要反映在：如货物由靠近东海岸的内地城市运往远东地区(或反向)，首先要通过国内运输，以国内提单运至东海岸交船公司，然后由船公司另外签发由东海岸出口的国际货运单证，再通过国内运输运至西海岸港口，然后通过海运至远东。货主认为，这种运输不能从内地直接以国际货运单证运至西海岸港口转运，不仅增加费用，而且耽误运输时间。为解决这一问题，微桥运输应运而生。北美微桥运输是指经北美东、西海岸及墨西哥湾沿岸港口到美国、加拿大内陆地区的联运服务。进出美、加内陆城市的货物采用微桥运输既可节省运输时间，也可避免双重港口收费，从而节省费用。例如，往来于日本和美国东部内陆城市匹兹堡的集装箱货，可从日本海运至美国西海岸港口，如奥克兰，然后通过铁路直接联运至匹兹堡，这样可完全避免进入美国东部的费城港，从而节省了在该港的港口费支出。

③ 海空联运又被称为空桥运输(Air Bridge Service)。在运输组织方式上，空桥运输与陆桥运输有所不同：陆桥运输在整个货运过程中使用的是同一个集装箱，不用换装，而空桥运输的货物通常要在航空港换入航空集装箱。不过，两者的目标是一致的，即以低费率提供快捷、可靠的运输服务。

海空联运方式始于 20 世纪 60 年代，但到 80 年代才得以较大的发展。采用这种运输方式，运输时间比全程海运少，运输费用比全程空运便宜。当然，这种联运组织形式是以海运为主，只是最终交货运输区段由空运承担。目前，国际海空联运线主要有：

a. 远东—欧洲：目前，远东与欧洲间的航线有以温哥华、西雅图、洛杉矶为中转地，也有以中国香港、曼谷、海参崴为中转地。此外还有以旧金山、新加坡为中转地。

b. 远东—中南美：近年来，远东至中南美的海空联运发展较快，因为此处港口和内陆运输不稳定，所以对海空运输的需求很大。该联运线以迈阿密、洛杉矶、温哥华为中转地。

c. 远东—中东、非洲、澳洲：这是以香港、曼谷为中转地至中东、非洲的运输服务。在特殊情况下，还有经马赛至非洲、经曼谷至印度、经香港至澳洲等联运线，但这些线路货运量较小。

总的来讲，运输距离越远，采用海空联运的优越性就越大，因为同完全采用海运相比，其运输时间更短。同直接采用空运相比，其费率更低。

④ 陆空联运是唯一不经过海运的联运方式，因其覆盖地域广、可达性强、速度快也被广泛使用。通常在两端，即最初取货运输区段和最终交货运输区段由陆运完成，而中间部分由空运承担。所以，将陆运补充进来，使之成为衔接空运等有关运输的有益补充。在陆空联运中，可以在陆运阶段即使用航空集装箱，不用换装，也在航空港换入航空集装箱。其中，机场成为了重要的货物转运点。一般来说，陆空运输适合时间要求紧、运输距离长的门到门运输。

(2) 根据联运的组织方式和体制，多式联运又可分为协作式多式联运和衔接式多式联运两大类。

① 协作式多式联运。其是指两种或两种以上运输方式的运输企业，按照统一的规章或商定的协议，共同将货物从货物的接受地运到指定货物交付地的运输。

协作式多式联运是目前国内货物联运的基本形式。在协作式多式联运下，参与联运的承运人均可受理托运人的托运申请，接收货物，签署全程运输单据，并负责自己区段的运输生产；后续承运人除负责自己区段的运输生产外，还需要承担运输衔接工作；而最后承运人则需要承担货物交付以及受理收货人的货损货差的索赔。在这种体制下，参与联运的每个承运人均具有双重身份。对外而言，他们是共同承运人，其中一个承运人(或代表所有承运人的联运机构)与发货人订立的运输合同，对其他承运人均有约束力，即视为每个承运人均与货方存在运输合同关系；对内而言，每个承运人不但有义务完成自己区段的实际运输和有关的货运组织工作，还应根据规章或约定协议，承担风险，分配利益。

② 衔接式多式联运。其是指由一个多式联运企业综合组织两种或两种以上运输方式的运输企业，将货物从接管货物的地点运到指定交付货物的地点的运输。在实践中，多式联运经营人既可能由不拥有任何运输工具的国际货运代理、场站经营人、仓储经营人担任，也可能由从事某一区段的实际承运人担任。

在衔接式多式联运下，运输组织工作与实际运输生产实现了分离，多式联运经营人负责全程运输组织工作，各区段的实际承运人负责实际运输生产。在这种体制下，多式联运经营人也具有双重身份。对于货方而言，他是全程承运人，与货方订立全程运输合同，向货方收取全程运费及其他费用，并承担承运人的义务；对于各区段实际承运人而言，他是托运人，他与各区段实际承运人订立分运合同，向实际承运人支付运费及其他必要的费用。

很明显，这种运输组织与运输生产相互分离的形式，符合分工专业化的原则，由多式联运经营人"一手托两家"，不但方便了货主和实际承运人，也有利于运输的衔接工作，因此，它是联运的主要形式。在国内联运中，衔接式多式联运通常被称为联合运输，多式联运经营人则被称为联运公司。

在理解了基本托单、复合托单，包括多式联运的概念后，我们不难将一个复合托单分解为多个基本托单，而基本托单又是与独立的业务部门一一对应的，这样就可将这些基本托单下达到对应的业务部门，由其来完成操作。下面，我们来看在一个物流信息系统中是如何完成这一工作的。

### 4.1.2 托单管理功能

一个完整的物流信息系统至少应当包含托单管理、运输管理、仓储管理等模块。其中，与运输有关的基本托单可由运输管理子系统完成，而如委托仓储、出入库等操作是由仓储管理子系统来完成。托单管理子系统则负责如何建立托单，将托单进行分解并下达至如运输管理子系统或者仓储管理子系统，并协调基本托单在各个子系统中的进度。

1. 托单的信息

在实际企业中，具体负责托单管理子系统的业务部门有可能是销售部门或客服部门，这里通称为接单部门。一般而言，接单部门接到客户的业务委托，首先需要明确各种信息，建立一个完整的托单，如表 4-2 所示。

表 4-2　托单的信息

| 信息分类 | 具体内容 |
| --- | --- |
| 基本信息 | 单据编号、单据日期、状态、委托方、客户业务编号、委托日期、托单类型、结算方式、建议车型 |
| 运输信息 | 装货地址、装货单位、起运时间、联系人、电话、手机、卸货地址、卸货单位、送达时间、联系人、电话、手机、作业要求 |
| 附加信息 | 船名航次、提单号、装货港、中转港、目的港、到港日期、唛头、包装代码、备注 |
| 明细信息 | 集装箱明细：尺寸、箱型、箱号、温度、装箱编号、封条号码 |
| | 货物明细：货物、英文名称、危险品等级、联合国危险品编码(UNNO.)、数量、单位、净重、毛重、体积、包装、托盘数、提货单号、助记码、产品批号、备注 |
| | 中转地明细：中转地址、中转时间、中转地联系人、联系人电话、联系人手机、备注<br>提还箱明细：提箱单位、提箱地址、提箱联系人、联系人电话、联系人手机、提箱时间、还箱单位、还箱地址、还箱联系人、联系人电话、联系人手机、还箱截止日期、超期起始日期 |
| | 费用明细：费用项目、对象、费率、计费量、计费单位、费用总价、费用性质、币种、发票号码、费用状态、备注 |

下面，我们就表 4-2 中的相关重要内容做具体介绍。

首先，在表 4-2 给出的托单基本信息中，单据编号是接单时自动生成的一个流水号，是管理系统中本托单的唯一标识。托单的初始状态是"预录入"，待审核通过后，状态将改为"已确认"。

对于基本信息中的托单类型，可能是散卡运输，可能是集卡运输，可能运输线路区段比较多，而采用多式联运的运输方式。这里，我们需要重点介绍一下集卡运输的载体：集装箱。

最早采用集装箱这一概念的是美国的纽约中央铁路公司和宾夕法尼亚铁路公司，它们在1920年前后引入了钢制集装箱，它们可以6个一排紧挨着放置在侧板可以放下来的浅层火车车厢中。当时计算表明，在转运站分拣散货的成本是每吨85美分；而转移一个5吨集装箱的成本仅为每吨4美分，而且还大大减少了货损。但是，当时并没有围绕集装箱建立起一个高效的货物搬运系统。20世纪50年代，曾是货车司机的马尔科姆·麦克莱恩(1915—2001)认识到，降低货物成本所要求的不仅仅是一只金属箱子，而是一整套能够有效处理货物的新系统：包括港口、轮船、起重机、储存设备、卡车、火车以及相关的操作。1956年4月26日，马尔科姆·麦克莱恩的理想变为现实。围绕现代集装箱雏形的航运系统在新泽西州的纽华克港运作起来了。一架起重机每隔7分钟就把一个重20吨的集装箱装到了专为集装箱设计的“理想X号”，不到8小时就把58个笨重的铝制集装箱装完。从此世界储运史翻开了新的一页。现在看来，如果说经济全球化的基础是现代运输体系，那么，一个高度自动化、低成本和低复杂性的货物运输系统的核心就是集装箱。

当然，现代集装箱无论在规格还是种类上已较先前更为多元化和标准化。按国际标准化组织(International Organization for Standardization，ISO)第104技术委员会的规定，集装箱应具备下列条件：

(1) 能长期反复使用，具有足够的强度。

(2) 途中转运不用移动箱内货物，就可以直接换装。

(3) 可以进行快速装卸，并可从一种运输工具直接方便地换装到另一种运输工具。

(4) 便于货物的装满和卸空。

(5) 具有1立方米(即35.32立方英尺)或以上的容积。

我国也出台了多达数十项的集装箱国家标准。在《集装箱分类、尺寸和额定质量》(GBT/1413—1998)中，规定我国使用的各种型号集装箱宽度为2 438mm。

箱高为2 896mm的集装箱，其型号定为1AAA和1BBB型；

箱高为2 591mm的集装箱，其型号定为1AA、1BB和1CC型；

箱高为2 438mm的集装箱，其型号定为1A、1B、1C和1D型；

箱高小于2 438mm的集装箱，其型号定为1AX、1BX、1CX和1DX型。

长度则见表4-3。

表4-3 公称长度

| 集装箱型号 | 公称长度(m) |
|---|---|
| 1AAA、1AA、1A、1AX | 12 |
| 1BBB、1BB、1B、1BX | 9 |
| 1CC、1C、1CX | 6 |
| 1D、1DX | 3 |

按用途，常见的集装箱有以下几种：

(1) 通用干货集装箱(Dry Cargo Container)，也称为杂货集装箱，用来运输无需控制温度的杂货，如图 4.4 所示。这种集装箱通常为封闭式，在一端或侧面设有箱门。可用来装运文化用品、化工用品、电子机械、工艺品、医药、日用品、纺织品及仪器零件等不受温度变化影响的各类固体散货、颗粒或粉末状的货物，是最常用的集装箱。

(2) 保温集装箱(Keep Constant Temperature Container)，用于储藏需要冷藏或保温的货物。所有箱壁都采用导热率低的材料隔热而制成，又可分为以下三种：

① 冷藏集装箱(Reefer Container) 是以运输冷冻食品为主，能保持所定温度的保温集装箱。目前国际上采用的冷藏集装箱基本上分两种：一种是集装箱内带有制冷设备，称为机械式冷藏集装箱，如图 4.5 所示；另一种箱内没有冷冻机而只有隔热结构，即在集装箱端壁上设有进气孔和出气孔，箱子装在舱中，由船舶的冷冻装置供应冷气，这种叫做离合式冷藏集装箱。

图 4.4　通用干货集装箱

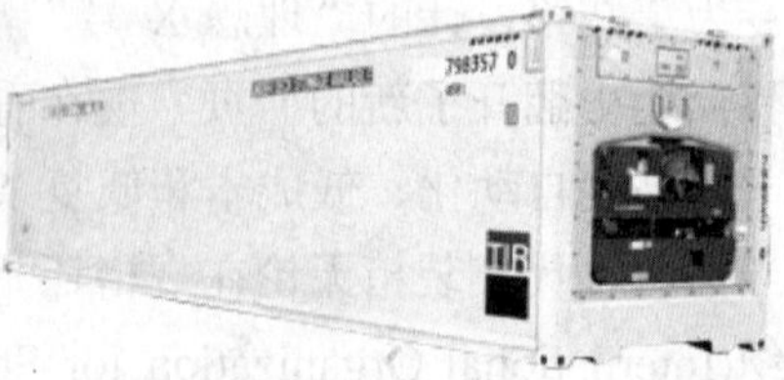

图 4.5　冷藏集装箱

② 隔热集装箱是为载运水果、蔬菜等货物，防止温度上升过大，以保持货物鲜度而具有充分隔热结构的集装箱。通常用干冰作制冷剂，保温时间为 72 小时左右。

③ 通风集装箱(Ventilated Container)是为装运无需要冷冻但需通风的货物，在端壁和侧壁上设有通风孔的集装箱，如将通风口关闭，同样可以作为杂货集装箱使用。

(3) 罐式集装箱(Tank Container)，专用于装运酒类、油类、液体食品以及化学品或危险品等液体货物。分为单罐和多罐两种，罐体四角由支柱、撑杆构成整体框架。前者由于侧壁强度较大，故一般装载麦芽和化学品等相对密度较大的散货，后者则用于装载相对密度较小的谷物。图 4.6 显示的是一个单罐式集装箱。

(4) 框架集装箱(Platform Based Container)，没有箱顶和侧壁，甚至有的连端壁也去掉而只有底板和四个角柱，如图 4.7 所示。平台的长度与宽度与国际标准集装箱的箱底尺寸相同，可使用与其他集装箱相同的紧固件和起吊装置。这种集装箱可以从多个方向进行装卸作业，适合装载长大件和重货件，如重型机械、钢材、钢管、木材、钢锭等。它打破了过去一直认为集装箱必须具有一定容积的概念。缺点在于对货物保护较差，没有水密性，有时需要用帆布遮盖运输。

(5) 汽车集装箱(Car Container)，它是一种运输小型轿车用的专用集装箱，如图 4.8 所示。这种集装箱分为单层和双层两种。因为小轿车的高度为 1.35～1.45m，如装在 8 英尺(2 438mm)的标准集装箱内，其容积要浪费 2/5 以上。因而出现了双层集装箱。这种双层集装箱的高度有两种：一种为 10.5 英尺(3 200mm)，一种为 8.5 英尺高的 2 倍。因此汽车集装箱一般不是国际标准集装箱。

(6) 动物集装箱(Pen Container or Live Stock Container)，这是一种装运鸡、鸭、鹅等活家禽和牛、马、羊、猪等活家畜用的集装箱，如图 4.9 所示。为了遮蔽太阳，箱顶采用胶合板露盖，侧面和端面都有用铝丝网制成的窗，以求有良好的通风。侧壁下方设有清扫口和排水口，并配有上下移动的拉门，可把垃圾清扫出去。还装有喂食口。动物集装箱在船上一般应装在甲板上，因为甲板上空气流通，便于清扫和照顾。

(7) 服装集装箱(Garment Container)，这种集装箱的特点是，在箱内上侧梁上装有许多根横杆，每根横杆上垂下若干条皮带扣、尼龙带扣或绳索，成衣利用衣架上的钩，直接挂在带扣或绳索上，如图 4.10 所示。这种服装装载法属于无包装运输，它不仅节约了包装材料和包装费用，而且减少了人工劳动，提高了服装的运输质量。

围绕集装箱，箱号是集装箱箱体在运输中的唯一标识；而在运输过程中集装箱是可能换封的，也就是说，运输过程中可能会有多个封条号码。提单号是与集装箱中所装的货物关联的，可能是一个，也可能是多个。也就是说，一个集装箱中可以装多个提单的货，没有数量限制。这个叫拼柜，也称拼箱。即为节省物流费用，把多个顾客的货物，或者同一顾客不同目的地的货物装载在一个集装箱内。

图 4.6 单罐式集装箱

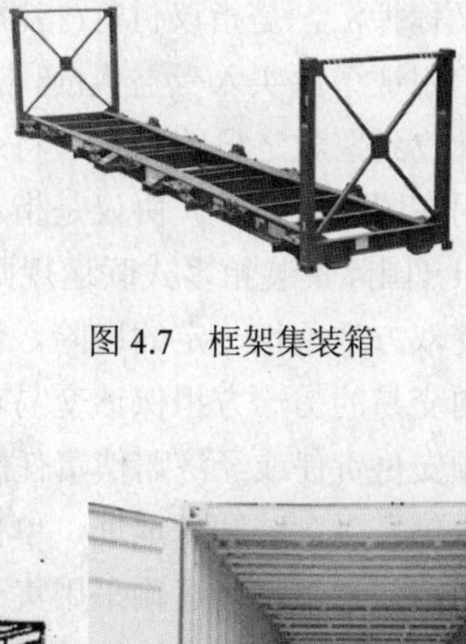

图 4.7 框架集装箱

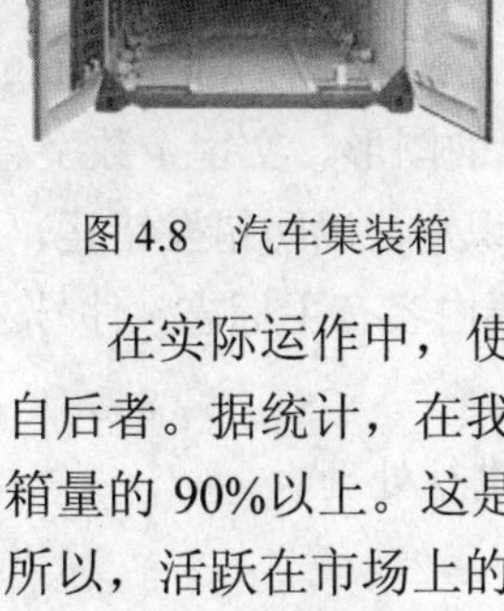

图 4.8 汽车集装箱

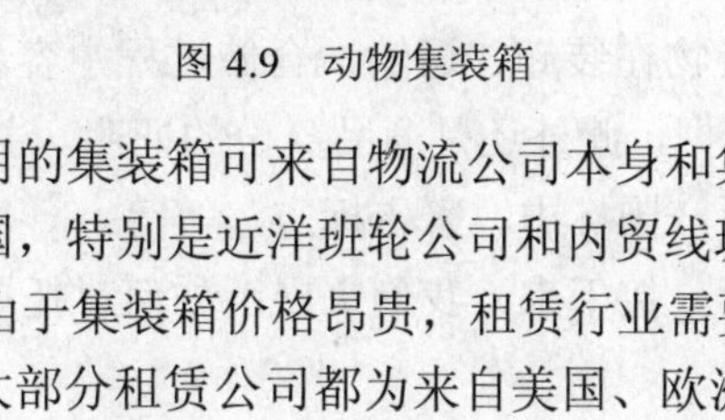

图 4.9 动物集装箱

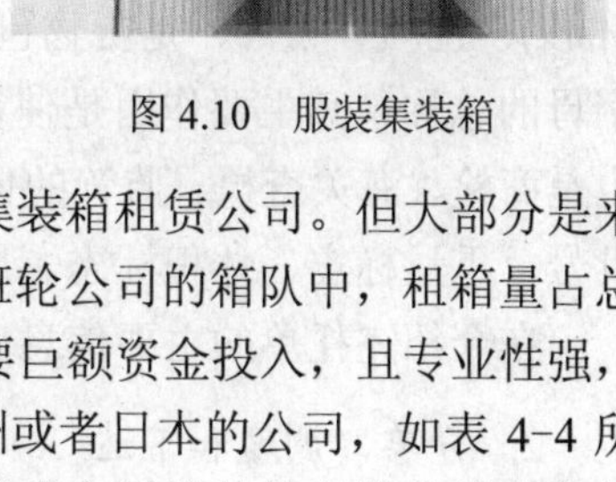

图 4.10 服装集装箱

在实际运作中，使用的集装箱可来自物流公司本身和集装箱租赁公司。但大部分是来自后者。据统计，在我国，特别是近洋班轮公司和内贸线班轮公司的箱队中，租箱量占总箱量的 90%以上。这是由于集装箱价格昂贵，租赁行业需要巨额资金投入，且专业性强，所以，活跃在市场上的大部分租赁公司都为来自美国、欧洲或者日本的公司，如表 4-4 所示。其利润来源是靠付清集装箱生产成本、财务成本和管理成本后的其他租箱收益和集装箱处理残值。

表 4-4 世界知名租箱公司及代码

| 公司名称 | 国籍 | 代码 |
|---|---|---|
| 金斯塔租箱公司 Genstar Container Corp. | 美国 | GST |
| 国际海洋租箱公司 Interocean Leasing Ltd. | 美国 | ILO |
| 伊特尔国际租箱公司 Ited Containers International Corp. | 美国 | ITL |
| 全美租箱公司 Transmerca Leasing Inc. | 美国 | TAL |
| 特来顿国际租箱公司 Triton Container International Ltd. | 美国 | TRI |
| 富列克西租箱公司 Flex-Van Corp. | 美国 | UFC |
| 克卢租箱公司 Clou Container Leasing | 德国 | CLO |
| 蒂夫克租箱公司 Tiphook Container Rental Co.Ltd | 英国 | TPH |
| 日本租箱公司 Nippon Container Leasing Co.Ltd | 日本 | NCL |
| 日本国际租箱公司 Nippon International Container Service | 日本 | NIC |
| 世界租箱公司 World Container Leasing Ltd. | 日本 | WCL |

物流公司会与集装箱租赁公司签订长期或短期的协议租赁所需集装箱。需使用时，则在开放港口的指定堆场提用空箱；使用完成后，则将空箱交还给开放港口指定的堆场。这就是表 4-2 中的提箱和还箱。

除了与集装箱有关的信息外，表 4-2 还给出了买单、协议和保函三种结算方式。其中，买单，又称押汇，是指议付行(指准备向受益人购买信用证下单据的银行)在审单无误情况下，按信用证条款买入受益人(通常是外贸公司)的汇票和单据，从票面金额中扣除从议付日到估计收到票款之日的利息，将余款按议付日外汇牌价折成人民币，拨给受益人。买单大量使用在国际贸易中。协议是指双方按照合同约定进行结算，通常受《合同法》、《海商法》和《国际集装箱多式联运规则》等的约束。但由于没有银行和其他保证机制的介入，可能会使双方都承担一定的风险。保函是一种保证，指担保者应某交易的一方当事人之要求，而向交易的另一方担保该交易项下某种责任或义务的履行所做出的在一定期限内承担一定金额支付责任或经济赔偿责任的书面付款保证。

运输信息包含装卸货地址、单位、时间、联系人和联系方式，以及对作业的要求等信息。在明细信息中，当运输采用集卡方式时，需要规定集装箱和提还箱的明细。如果运输有中转地，还需要给出中转地的详细信息。业务流程中每一个环节都伴随费用的产生，在托单中需要规定基本的费用项目、计费标准等费用明细。

在附加信息中，唛头是一个大家可能会觉得陌生的术语。唛头又称运输标记(Shipping Mark)，也叫“唛”，是货物包装的重要组成部分，是运输包装件上的图形、文字、数字、字母的总称。其主要作用是使货物在装卸、运输、仓储过程中容易识别，以防错发错运，也是商检、海关查检、监管的依据，此外还是商品身份的证明。主要内容有主标志、件号、批号、重量标志、体积标志、原产国标志、警告标志，等等。

在介绍完托单的主要信息后，接下来，我们来展示如何对托单进行处理。

2. 分单、调度和下达

如前所述，实际业务中托单常常是复合的。在物流信息系统中，对于复合托单，需要经过分单、调度和下达三个步骤后，才能将其交付具体的作业部门。这里，我们对这三个步骤逐一进行解释。

分单是将复合托单根据作业要求拆分为一系列基于流程的基本托单。比如，对于多式联运，需要进行线路规划，根据不同运输区段对运输方式的要求，将托单拆分为一系列的散卡或者集卡运输托运单。此时，尤其要注意避免一些关键性决策的失误。这些关键性决策包含了运输线路、托运方式和运力选择三方面。

首先，在运输线路上，要避免下列运输现象的出现：

(1) 空驶：即空车无货载行驶。如果是由于工作失误或计划不周，造成货源不实，车辆空去空回，形成双程空驶，那其不合理性是明显的，也是大家都能理解的。但有些情况下想降低空驶，提高车辆利用率却并不是件容易的事情。比如，在调运空车时；或者在车辆已将货物运抵目的地，回程的时候，空驶不可避免地存在。现实中的回程带货就是针对这一问题的：即希望通过物流信息的沟通，实现全社会物流资源的整合，尽可能实现回程带货，提高车辆利用率。

(2) 对流运输：也称“相向运输”、“交错运输”。指同一种彼此完全可替代的货物，在同一线路上做相对运输。显然，在一个公司内发生的对流运输是一种不合理的运输，是对运输能力的完全浪费，且会无谓地增加货损。出现这一情况，通常是由于公司内部信息不通畅，管理缺乏协调所造成的。但从社会范围看，由于造成对流运输的原因非常多，而且非常复杂，所以，尽管对流运输是对资源的一种浪费，但其出现却是难以避免的。

(3) 迂回运输：舍近求远的运输，本可选取短距离进行运输，但实际却选择了路程较长的路线进行运输。迂回运输可能是因为交通堵塞、道路状况不好或通行限制等客观原因造成的。这时出现迂回运输是可接受的。但也可能是由于计划不周、交通不熟或组织不当等主管原因造成，对于后者，是我们在运输调度中应尽量避免的。

(4) 倒流运输：货物从市场向产地的回流运输。出现这一情况的原因也很复杂。如果是因为配货错误造成倒流运输，这显然是不合理的。如果是由于其他原因，诸如产品质量、销售不畅等问题，那就要另寻根源，区别对待了。

综上，出现以上现象的原因很多，需要甄别对待。作为物流公司管理人员，则要尽量避免由于自身原因而导致的不合理运输现象的出现。

除了运输线路的选择外，另一个关键性决策问题就是托运方式。对于托运人和承运人而言，应当共同协商以选择最好的托运方式，避免造成运力浪费及费用支出加大。应当选择整车未选择，反而采取零担托运，应当直达而选择了中转运输，应当中转运输而选择了直达运输等，都属于托运方式选择不当。

最后是运力选择。运力选择不当的情况包括：

(1) 陆运、铁运、海运、河运、空运等方式的选择不当。比如在出口业务中，当货物交货期不紧时，适合采用海运，而不应错误地选择昂贵的空运。在近距离运输时，多采用陆运，而不是铁运。这是因为铁运由于其自身特点的约束，使得货物的装卸时间长，且无法实现门到门的运输。

(2) 运输工具的承载能力选择不当，即没有根据货物的重量和数量选择合适的运输工具，这样可能导致超载运输(损坏车辆，造成安全隐患)或者欠载运输(运能浪费，增加单位货物运输成本)。

在处理完分单的关键性决策问题后，如果客户有附加的出入库提卸货要求，在托单拆分时，还需要同时向仓库发出进出入库通知。由于客户对托单规定了完成时间，所以在分单后，必须要对分单后形成的基本托单规定具体的计划开始和完成时间。这一过程称之为调度。调度的方式有很多种，常见的两种基本调度方式是顺序调度和并行调度。顺序调度是指按照业务流程对各个基本托单进行排序，由此给定每个基本托单的最早计划开始和完成时间。如某多式联运托单，托运人需要物流公司先将 A 地货物运到 B 地，然后再将货物运到 C 地。这样一个问题必然是采用顺序调度的方式，即 B→C 的托单开始时间必定在 A→B 的托单结束时间之后。同样，对于该例子，如果托运人还有一批货，要求从 D 地运到 B 地，然后和 A 地运来货集货后，再运往目的地 C。对于该问题，我们可以采用 A→B 和 D→B 同时进行的并行方式，如图 4.11 所示。

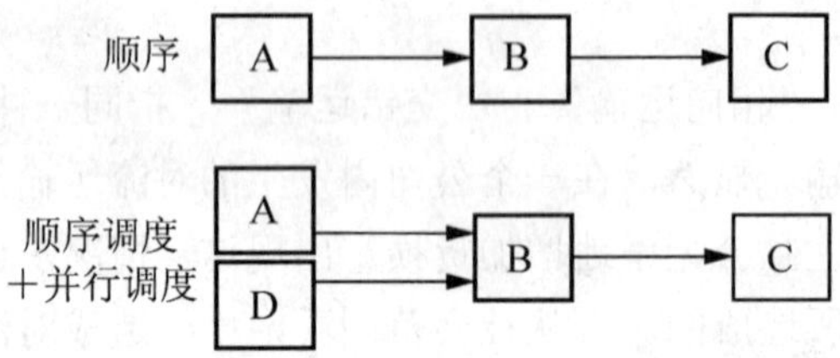


图 4.11　顺序调度和并行调度

不难理解，只有两个流程之间是不相关的，相互独立的，才能够采用并行调度。并行调度可以帮助我们大大减少整个流程的时间，从而提高客户的满意率。

总之，分单是对托单的合理分析与细化，并建立托单与具体作业部门关系的过程。所以，在分单、调度后，最后一步就是将每个基本托单逐一交付给对应的作业部门执行。

3. 跟踪和费用单

当托单在各个作业部门具体执行时，接单部门应当能对托单的执行情况进行全程跟踪，能够及时应答客户的咨询。

托单的业务过程伴随着应收、应付费用的产生和支付，每个托单都挂着对应的费用单，随着业务全过程而管理业务费用。

4. 小结

至此，不难看出，一个托单管理子系统主要包含了托单信息、分单管理、跟踪查询和费用管理四部分。具体的功能模块，如图 4.12 所示。

一个托单的生命周期，历经以下状态：预录、确认(或作废)、分单、已计划(作业部门进行了计划)、已调度(作业部门进行了调度)、作业中、作业完成、已回单、托单完成(费用单提交)，等等。图 4.13 给出了业务流的全过程，其中包括托单管理及其与作业执行的接口。

下一节，我们通过一个具体的多式联运实例来说明如何进行托单管理。

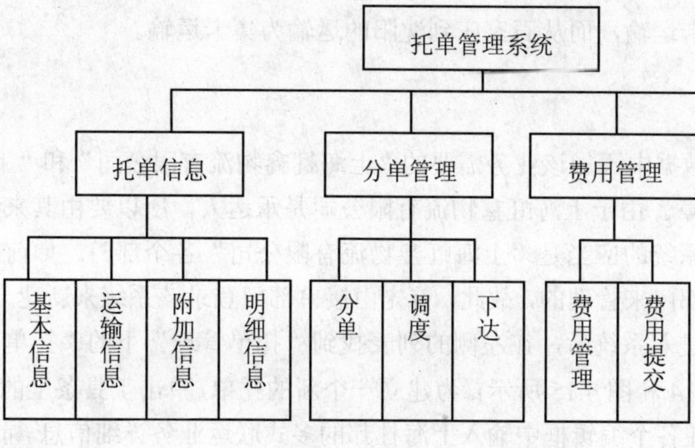


图 4.12　托单管理系统功能模块

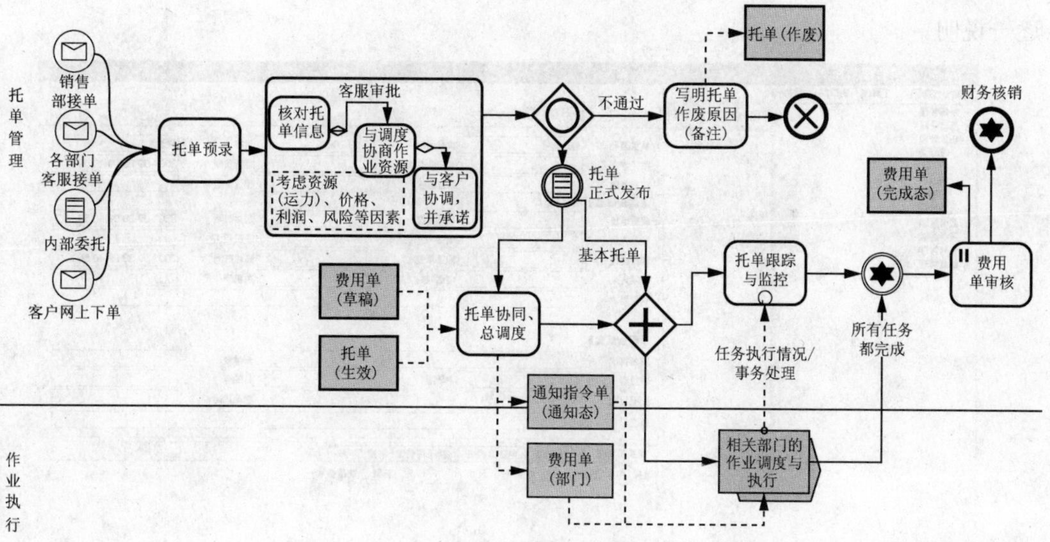


图 4.13　托单管理流程

# 4.2　托单管理作业

## 4.2.1　业务介绍和分析

我们将采用上海博科的运输管理系统(TMS)，来描述一个由上海虹鑫物流有限公司作为承运人，由上海杜邦作为托运人的物流案例，即上海虹鑫物流有限公司是物流服务提供商，上海杜邦为客户。待运货物是 10 吨的桶装黄磷，出发地是上海杜邦在上海的仓库，目的地是上海杜邦在沈阳的仓库。货物从上海仓库的出仓状态是桶装散货，而进仓至其沈阳仓库时要求货物被装在一个干货集装箱内。要求的运达时间是 2007 年 9 月 16 日。

上海虹鑫物流有限公司作为这一业务的管理者，接单后，首先需要对客户的业务要求进行分析。这个运输是一个门到门的运输。考虑到货物出入库状态的不同，在运输中需要一个集货的操作。为此，上海虹鑫物流有限公司选择其在石家庄仓库作为中转地，则从上海到石家庄的运输为散卡运输，而从石家庄到沈阳的运输为集卡运输。

### 4.2.2 托单

首先，需要在基础数据中添加该业务需要的“上海虹鑫物流有限公司”和“上海杜邦”等相关信息，详见第 3 章。由于上海虹鑫物流有限公司是承运人，所以要由其来管理整个业务活动，故此登录该系统的应当是“上海虹鑫物流有限公司”各个部门。如前所述，托单通常是由公司的接单部门来管理的，故此，首先由接单部门登录该系统来新建一个托单。

以接单部门的身份进入系统后，在左侧的列表找到“托单管理”下的“托单”，并双击打开托单界面(如图 4.14 和图 4.15 所示)。为建立一个新的托单，单击工具条上的图标。之后，如图 4.14 所示，在各个编辑框中输入上海杜邦的多式联运业务详细信息。前文说过，一个完整的托单包含了基本信息、运输信息、附加信息和明细等四部分。下面结合本实例逐一说明。

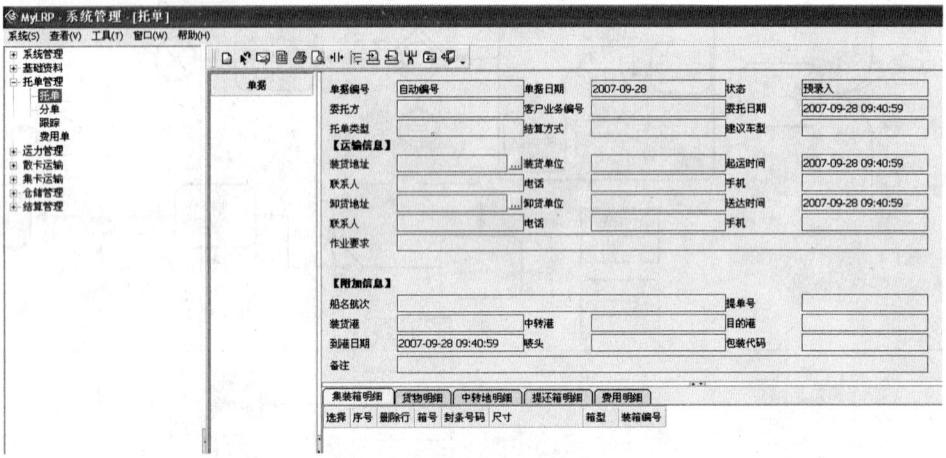


图 4.14　新托单建立之一

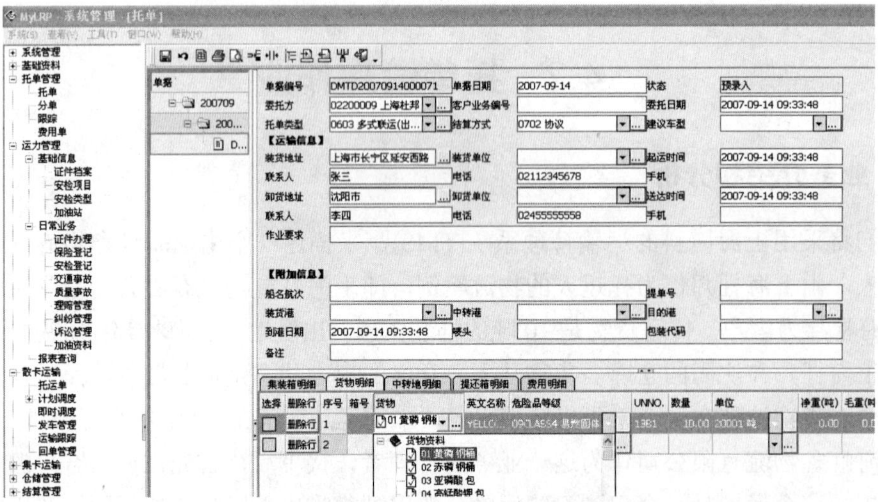


图 4.15　新托单建立之二

首先，在基本信息中，单据编号是系统自动分配的，此时的状态则是“预录入”。缺省的单据时间和委托日期是系统的当前时间，也可以人为地对其修改。托单的委托方选择“上海杜邦”。客户业务编号空缺。如前分析，这是一个包含了散卡运输和集卡运输的两阶段运输的托单，故此，需要在托单类型中选择“多式联运”。由于运输中包括了散卡和集卡运输，所以此处无法为其指定具体的车型。具体车型可由运输子系统根据不同运输阶段再行指定。结算方式选择“协议”。

在运输信息中，单击装货地址编辑框后的“...”后，弹出界面中会显示基础数据中记录的上海杜邦的所有仓库，如图 4.16 所示。选择上海杜邦在上海的仓库作为装货地址，并单击菜单项中的“下推托运单”，则该仓库对应的联系人和电话等信息会自动添加到托单上。同样地，选择上海杜邦在沈阳的仓库作为装货地址。

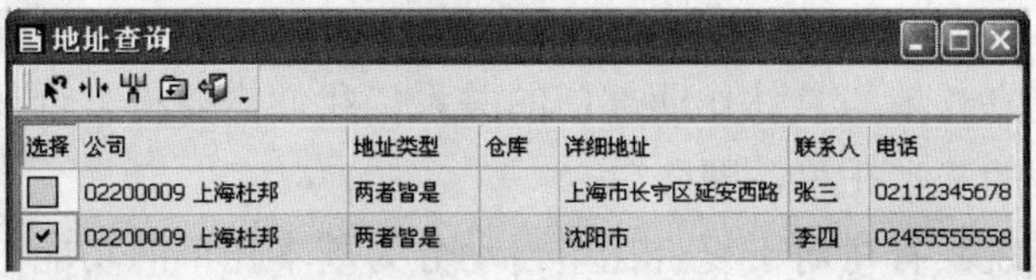


图 4.16 装货与卸货地址选择

由于本次业务是基于国内公路联运的，并不涉及进出口，所以不需要填写附加信息中的各项。

托单的最后一部分是各种明细，包括集装箱明细、货物明细、中转地明细、提还箱明细和费用明细。结合本次业务，在中转地石家庄到沈阳的运输将用到集装箱，考虑运送的货物和重量，可选择 20 尺平底的干货集装箱，如图 4.17、图 4.18、图 4.19 和图 4.20 所示。

在货物明细中，货物名称选择黄磷，数量为 10，单位选择吨。即待运货物是 10 吨黄磷。在中转地明细中，中转地址中填入“石家庄中转仓库”，联系人为“田七”。费用明细的费用项目中包含了运费和仓储费两种费用类型。这里，我们假定每吨货物的运费为 1 000 元。实际上，关于费用明细，可以此处给出，也可以由作业部门在托运单等单据中给出。

至此，我们完成了一个多式联运的复合托单建立。通过单击工具栏上的“保存”按钮，保存该托单。

图 4.17 集装箱明细

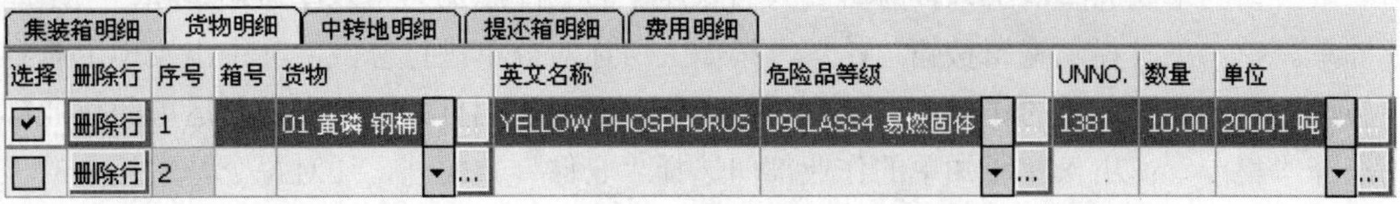


图 4.18 货物明细

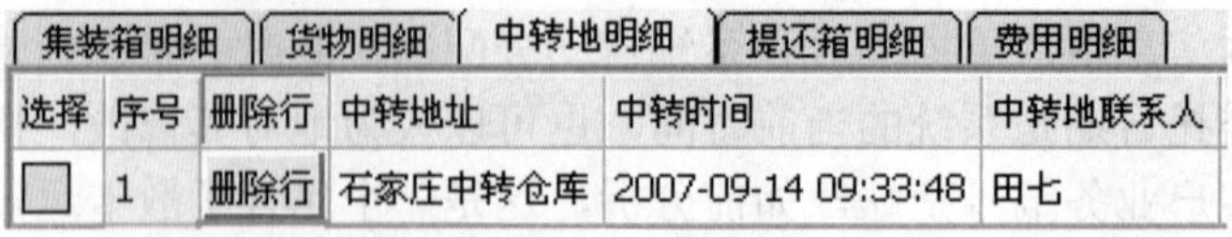


图 4.19　中转地明细

图 4.20　费用明细

## 4.2.3　分单

如前所述，为建立托单与具体作业部门的关系，我们需要将复合托单根据作业要求拆分为一系列基于流程的基本托单，即分单。

部分物流信息系统具有将对于复合托单自动分为基本托单的功能。在左侧的列表找到“托单管理”下的“分单”，并双击打开。通过单击工具栏上的“ ”按钮，在图 4.21 所示的显示窗口中，可以通过单据日期、委托方和客户业务编号这三种方式查询刚才新建的托单。

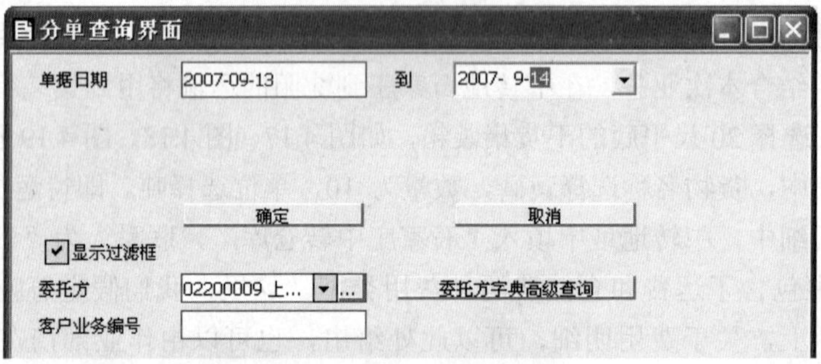


图 4.21　分单查询界面

查到该托单后，双击该托单的单据编号打开该托单。在分单明细中，可以发现该托单被自动分成三个基本托单。它们分别是出发地上海到中转地石家庄的散卡运输托运单，石家庄到目的地沈阳的集卡运输托运单，和沈阳仓库的入库通知单。考虑到本业务的实际情况，即出发地上海和目的地沈阳的仓库都是托运人上海杜邦的自营仓库，而非承运人“上海虹鑫物流有限公司”的仓库。所以，我们首先将沈阳仓库的入库通知单在分单中删除。另外，由于货物在石家庄中转，即经历一次入库和出库的过程，且中转仓库为上海虹鑫物流有限公司的下属仓库，所以，有必要为石家庄中转仓库添加一个入库通知单和一个出库通知单。单击工具栏上编辑按钮“ ”，按如上所述对分单进行修改，其中出发地上海到中转地石家庄的托运单的作业部门选择“散卡”；石家庄到目的地沈阳的托运单的作业部门选择“集卡”；出入库通知单的作业部门选择“仓储”。此外，还对每个基本托单的工作做了一个简单的调度，即确定每项工作的计划开始和结束时间，修改结果如图 4.22 所示。

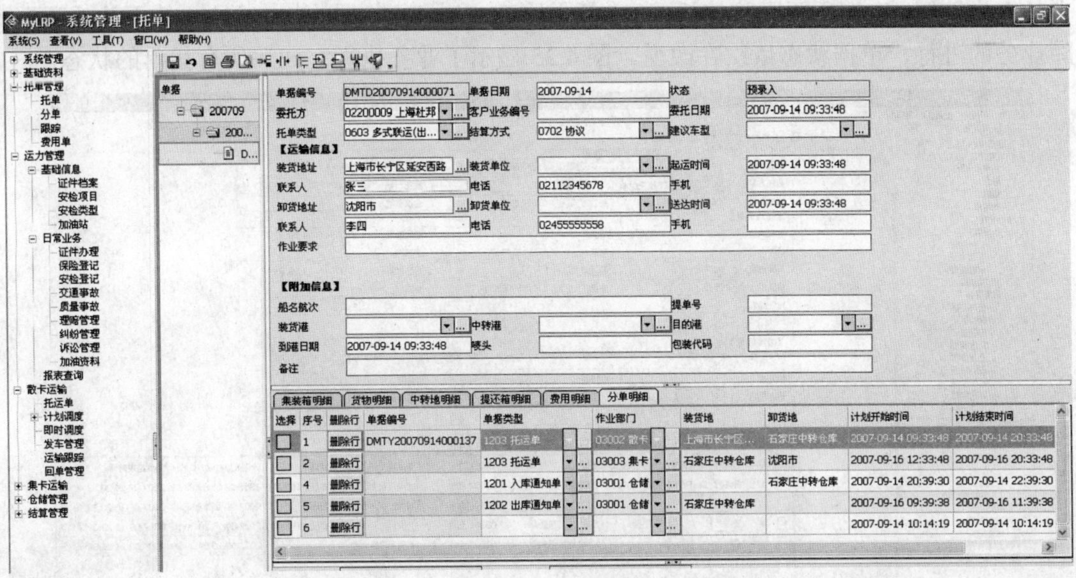

图 4.22　分单修改

对修改后的分单进行保存。至此，我们完成了接单和托单分析的工作。这些工作都是由接单部门完成的。下面要开始的是托单的具体执行工作，这些工作将与具体的业务部门，如运输、仓储等密切相关。结合本业务，销售或者客服部门需要按业务流程将散卡托运单、入库通知单、出库通知单和集卡托运单分别下推至散卡、仓储、仓储和集卡部门。图 4.23 描述了该业务的主要流程。

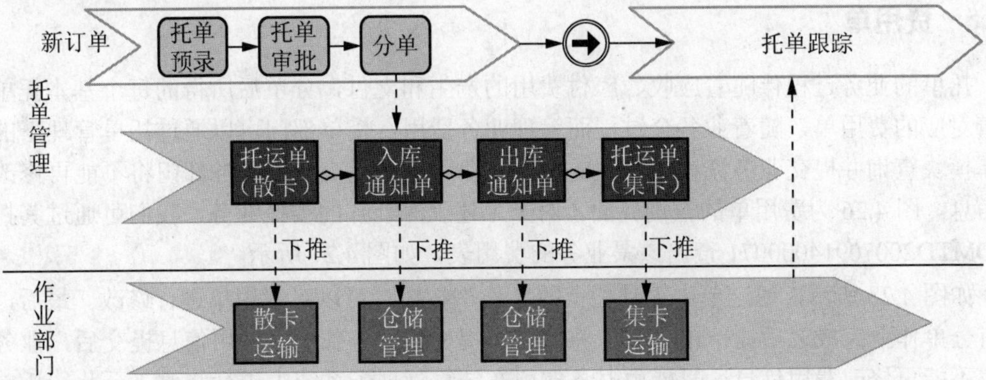


图 4.23　业务流程

### 4.2.4　下达和跟踪

如图 4.24 所示，接单部门先在多选框中选中需要执行的基本托单，然后通过“下推”操作，就可以将该基本托单下达给对应的作业部门。当然，各作业部门也可以通过“上引”操作去主动查询与其相关的托单，其后章节对此会有说明。

在交付作业部门执行后，接单部门应对托单的执行具有可视性，能够全程跟踪执行进度，及时应答客户的咨询。双击左侧的列表“托单管理”下的“跟踪”后，再单击工具栏上的查询按钮，查询所要跟踪的托单。在托单刚建立时，各单据的状态都是“待下达托运”。随业务的进行，单据状态依次在改变。图 4.25 显示了业务执行完成后所有托单的状态。

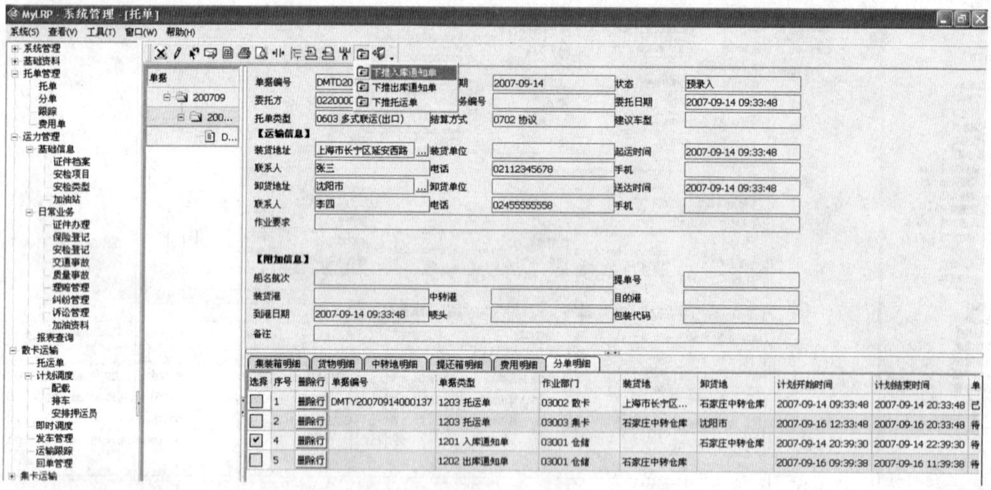

图 4.24　下推入库通知单

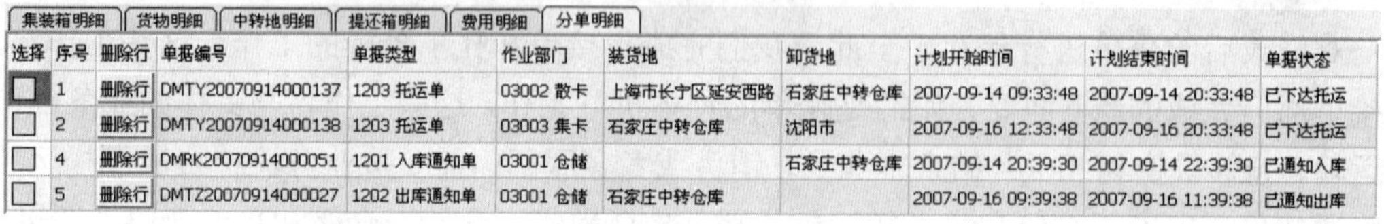

集装箱明细 | 货物明细 | 中转地明细 | 提还箱明细 | 费用明细 | 分单明细

| 选择 | 序号 | 删除行 | 单据编号 | 单据类型 | 作业部门 | 装货地 | 卸货地 | 计划开始时间 | 计划结束时间 | 单据状态 |
|---|---|---|---|---|---|---|---|---|---|---|
| | 1 | 删除行 | DMTY20070914000137 | 1203 托运单 | 03002 散卡 | 上海市长宁区延安西路 | 石家庄中转仓库 | 2007-09-14 09:33:48 | 2007-09-14 20:33:48 | 已下达托运 |
| | 2 | 删除行 | DMTY20070914000138 | 1203 托运单 | 03003 集卡 | 石家庄中转仓库 | 沈阳市 | 2007-09-16 12:33:48 | 2007-09-16 20:33:48 | 已下达托运 |
| | 4 | 删除行 | DMRK20070914000051 | 1201 入库通知单 | 03001 仓储 | | 石家庄中转仓库 | 2007-09-14 20:39:30 | 2007-09-14 22:39:30 | 已通知入库 |
| | 5 | 删除行 | DMTZ20070914000027 | 1202 出库通知单 | 03001 仓储 | 石家庄中转仓库 | | 2007-09-16 09:39:38 | 2007-09-16 11:39:38 | 已通知出库 |

图 4.25　单据状态

## 4.2.5　费用单

托单的业务过程伴随着应收、应付费用的产生和支付，分单后所得的每个基本托单都挂着对应的费用单，随着业务全过程而管理业务费用。接单部门可以通过托单管理下的费用单模块查询并提交业务流程中发生的费用。费用信息提交后，业务部门将不能再修改费用信息。图 4.26 为费用单的查询界面。对于上述上海杜邦的委托业务，我们可通过其托单号 DMTD20070914000071 查出该票业务的费用表，如图 4.27 所示。

如图 4.28 所示，通过单击工具栏上的“ ”按钮，可以对费用单进行修改。最后，当所有分单作业完成之后，单击“ ”将费用单提交给财务部门。费用信息提交后，业务部门将不能再修改费用信息，只能由财务部门在结算管理子系统中进行修改。至此，托单管理作业结束。

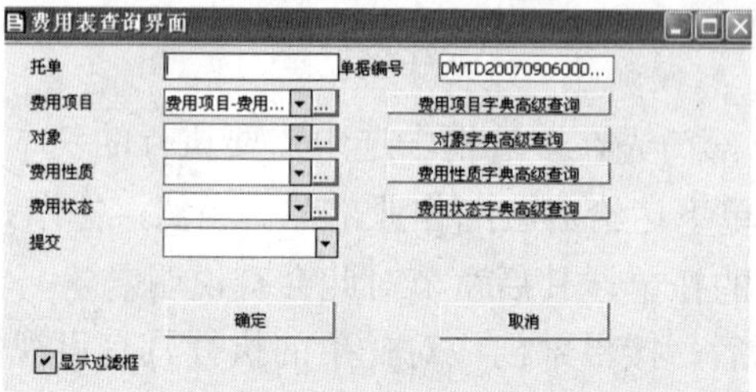


图 4.26　费用单查询界面

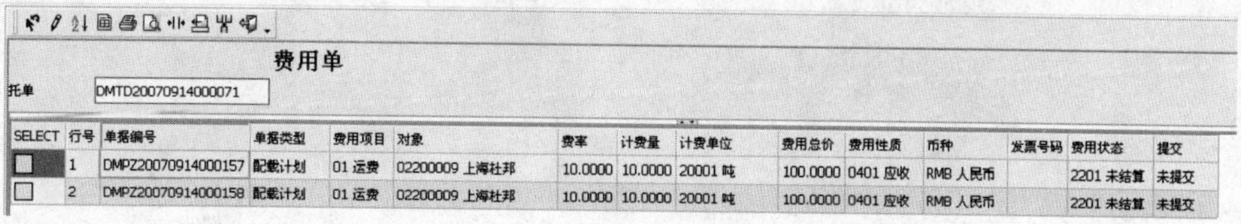

费用单

托单 DMTD20070914000071

| SELECT | 行号 | 单据编号 | 单据类型 | 费用项目 | 对象 | 费率 | 计费量 | 计费单位 | 费用总价 | 费用性质 | 币种 | 发票号码 | 费用状态 | 提交 |
|---|---|---|---|---|---|---|---|---|---|---|---|---|---|---|
| | 1 | DMPZ20070914000157 | 配载计划 | 01 运费 | 02200009 上海杜邦 | 10.0000 | 10.0000 | 20001 吨 | 100.0000 | 0401 应收 | RMB 人民币 | | 2201 未结算 | 未提交 |
| | 2 | DMPZ20070914000158 | 配载计划 | 01 运费 | 02200009 上海杜邦 | 10.0000 | 10.0000 | 20001 吨 | 100.0000 | 0401 应收 | RMB 人民币 | | 2201 未结算 | 未提交 |

图 4.27　费用单查询结果

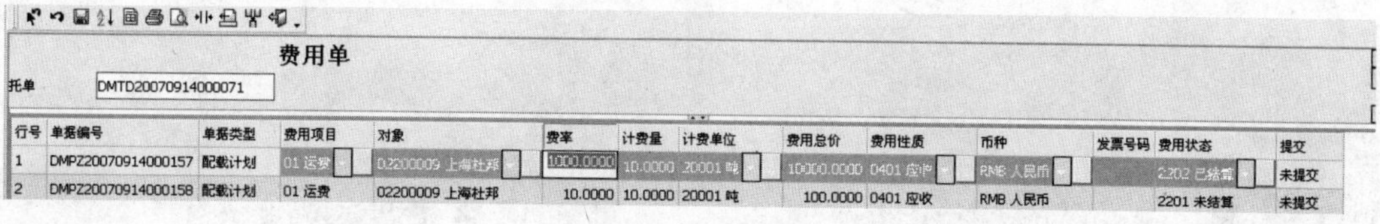

费用单

托单 DMTD20070914000071

| 行号 | 单据编号 | 单据类型 | 费用项目 | 对象 | 费率 | 计费量 | 计费单位 | 费用总价 | 费用性质 | 币种 | 发票号码 | 费用状态 | 提交 |
|---|---|---|---|---|---|---|---|---|---|---|---|---|---|
| 1 | DMPZ20070914000157 | 配载计划 | 01 运费 | 02200009 上海杜邦 | 1000.0000 | 10.0000 | 20001 吨 | 10000.0000 | 0401 应收 | RMB 人民币 | | 2202 已结算 | 未提交 |
| 2 | DMPZ20070914000158 | 配载计划 | 01 运费 | 02200009 上海杜邦 | 10.0000 | 10.0000 | 20001 吨 | 100.0000 | 0401 应收 | RMB 人民币 | | 2201 未结算 | 未提交 |

图 4.28　费用单修改

# 本 章 小 结

托单是客户对于物流服务提供商代办理某种业务的委托，是绝大多数物流业务的起点。复合托单是多个基本托单的综合体，最常见的复合托单就是多式联运，其中，集装箱是重要的载体。对于复合托单，我们通常需要通过分单、调度和下达，将其交付相应的作业部门。

## 关键术语

托单、基本托单、复合托单、多式联运、集装箱、分单、下达、跟踪、费用单

## 实际操作训练

仿照本章案例，自建一个至少包含两个基本托单的复合托单，完成托单数据信息化，并执行分单、下达和跟踪等操作(具体数据可自行假定)。

# 第5章 运力管理

【本章教学要点】

| 知识要点 | 掌握程度 | 相关知识 |
|---|---|---|
| 常见物流运输车辆情况 | 了解 | 机动车国家标准、常见物流运输车辆种类等 |
| 运力管理的范围 | 了解 | 运力管理范围、目的和方式 |
| 基础信息设置 | 掌握 | 证据、安检和加油站等数据的设置 |
| 运力日常业务信息管理 | 掌握 | 证件办理、保险登记、安检登记、交通事故、质量事故、理赔管理、纠纷管理、诉讼管理和加油资料等的信息管理 |
| 从案例中剥离信息 | 掌握 | 建立运力管理基本信息的资料库 |
| 有效地组织运力管理 | 掌握 | 对于运力日常业务的组织和管理 |

引言

托单的执行离不开对运力的管理，在上一章的案例中，许多运力管理方面的细节都没有展现出来。运力管理的最终目的是对运力资源进行有效管理和配置使用，以期获得更高的利润。

上海博科的运输管理系统 TMS 的运力管理主要分为基础信息和日常业务两个模块。进行运力管理的部门一般是公司的运输部门。本章首先对物流中常使用的机动车情况做一个简单介绍；然后通过一些实例，展示当运力管理部门登录到该子系统后，如何对公司运力进行组织和管理。

# 5.1 运力背景

车辆是完成运输的载体。2002 年 5 月 1 日实施的国家标准《机动车辆及挂车分类》(GB/T 15089)将机动车及挂车划分为 5 类，即 L、M、N、O、G。其中，L 类指两轮或三轮机动车辆，如摩托车等。M 类指至少有四个车轮并且用于载客的机动车辆，如轿车。N 类指至少有四个车轮且用于载货的机动车辆。O 类指挂车(包括半挂车)，如图 5.1 所示。其中，全挂车前部装有牵引架、牵引环和转盘，通过牵引装置挂在主车后面，又名拖挂车。半挂车只在前部底板下面有一个牵引销，配合牵引车头上的鞍座，接合上即可。挂车可极大地扩充装载能力。G 类指满足一些特殊要求的 M 类、N 类的越野车。

图 5.1　O 类车图示

由上分类，不难看出，常见物流运输车辆大多是 N 类或 O 类。对于这两类车型，国家标准从重量的角度对车辆做了进一步的细分。具体如表 5-1 和表 5-2 所示。

表 5-1　N 类车辆细分表

| 分类 | $N_1$ | $N_2$ | $N_3$ |
|---|---|---|---|
| 最大设计总质量 | ≤3 500 吨 | ＞3 500 吨<br>＜12 000 吨 | ≥12 000 吨 |

表 5-2 O 类车辆细分表

| 分类 | $O_1$ | $O_2$ | $O_3$ | $O_4$ |
|---|---|---|---|---|
| 最大设计总质量 | ≤750 吨 | ＞750 吨<br>＜3 500 吨 | ＞3 500 吨<br>＜12 000 吨 | ≥12 000 吨 |

除了依照国家标准的分类方式，物流中常见的车辆还可按车厢情况或使用功能进行分类。

根据车厢情况不同，大致可分为敞式货车和厢式货车。其中，敞式货车是最普通、最常用的运输货车，其价格便宜、装卸方便，适用于大多数产品的运输。但它没有车厢，也没有封闭的顶棚，只有一定高度的车帮，所以运输会受一定气候的影响。必要时，在运输中需要采用帆布等材料遮盖。厢式货车有封闭的金属车厢，适合运输货值较高，受气候影响较大，或对车辆有较高要求的货物运输。图 5.2 和图 5.3 分别给出了两种货车的示例。

图 5.2 敞式货车图示

图 5.3 厢式货车图示

从功能上讲，除了从事普通产品运输的车辆外，还有一些从事特种产品运输的车辆类型，包括冷链用车、危险品用车和其他特种车辆。

冷链物流中常使用保温或冷藏车辆，如图 5.4 所示。其中，保温车大多用于对于温度要求不是很严格的食品类，一般会保持温度在 5～10℃。而冷藏车适用于对于温度要求较高，例如医药、冷冻食品等。对此，国家也有专门的技术标准，即《保温车、冷藏车技术条件》(QC/T 450—2000)。

图 5.4 冷藏车图示

危险品运输复杂且重要。现行的关于危险品运输的国家级法规主要是 2002 年实行的《危险化学品安全管理条例》和 2005 年实施的《道路危险货物运输管理规定》。其中，《危险化学品安全管理条例》第三十五条规定：“国家对危险化学品的运输实行资质认定制度；未经资质认定，不得运输危险化学品。危险化学品企业必须具备的条件由国务院交通部门规定。”第三十七条规定：“危险化学品运输企业，应当对其驾驶员、船员、装卸管理人员、押运人员进行有关安全知识培训；驾驶员、船员、装卸管理人员、押运人员必须掌握化学品运输的安全知识，并经所在地设区的人民政府交通部门考核合格，(船员经海事管理机构考核合格)，取得上岗资格证方可上岗工作。”可见，国家无论是对危险品承运企业，还是承运人员都有严格的要求。对于从事危险品的运输车辆，《道路危险货物运输管理规定》第三章专门对“专用车辆、设备管理”进行了规定。由于危险品种类较多，国家标准《常用危险化学品的标志及分类》将化学危险品分为 8 类，分别是爆炸品、压缩气体和液化气体、易燃液体、易燃固体、自燃物品和遇湿易燃物品、氧化剂和有机过氧化物、毒害品、腐蚀品、放射性物品。不同危险品对车辆要求有较大差异，又分别有相应的国家标准或规定。如针对爆炸品和剧毒化学品，有《道路运输爆炸品和剧毒化学品运输车辆安全技术条件》；针对放射性物品，国家在 2009 年出台了《放射性物品运输安全管理条例》。将这些内容一一详述超出了本书的范围，有兴趣的读者可查阅相关国家标准和规定。

除了冷链物流和危险品物流车辆外，监管车也是一种具有特定用途的车辆。监管车，也叫关封车，是海关为对货物进行监管在运输过程中使用的车辆。当直接路运转关，或者出运地报关，异地入港装船，就需要使用监管车。

下面，我们通过实例来介绍上海博科的运输管理系统 TMS 的运力管理模块。

## 5.2 基础信息

运力管理的基础信息包含证件档案、安检项目、安检类型和加油站四个子模块，记录了运力管理中常用的基本信息。下文将对其逐一进行说明。

### 5.2.1 证件档案

证件档案是用来管理本机构中与车辆有关的证件信息。常见的车辆证件有驾驶证、车辆行驶证、危险品运输许可证等、特殊场合使用的通行证等。

单击工具栏上的“”按钮可以新建一个证件档案，如图 5.5 和图 5.6 所示，其中，主要信息包括档案编号、机构名、车辆牌照号、证件档案类型、存放地点、登记日期、备注、各证件号码和证件类型等。

单击“”和“”可分别用于保存和启用新建的证件档案。启用后，档案编号前的图标会由变成，表示档案可以被使用。新建后证件档案可以在树列表中被查询到，如图 5.7 所示。此外，单击“”和““可以分别修改和删除选中的证件档案。

需要说明的是，在图 5.5 中，我们在证件类型中可以发现驾驶证和危险品运输许可证。如果需要使用其他的证件类型，如行驶证等，则需要在基础资料中添加对应信息。具体添加方法请参考相关章节。

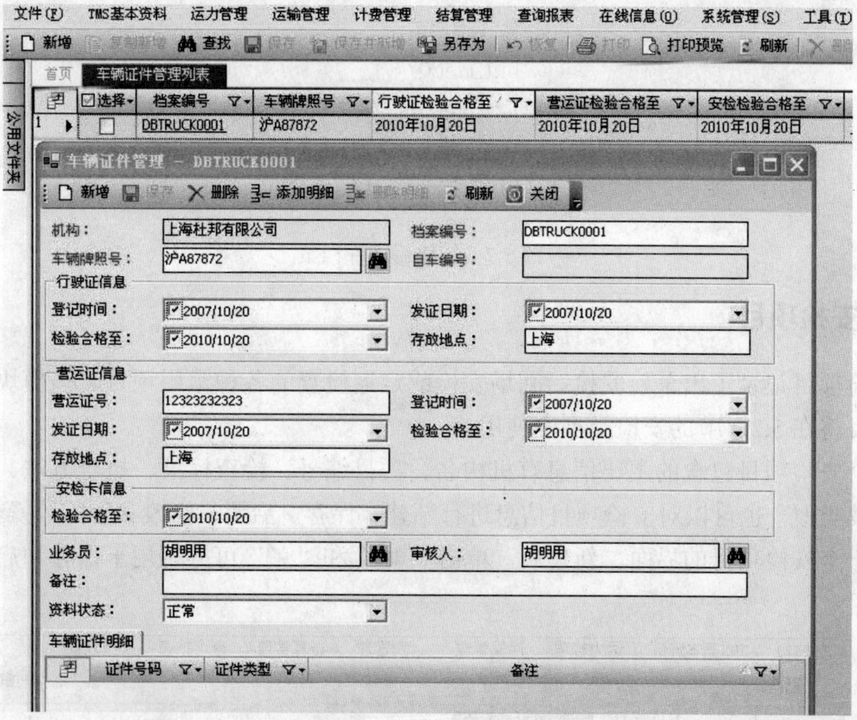


图 5.5 新建证件档案一

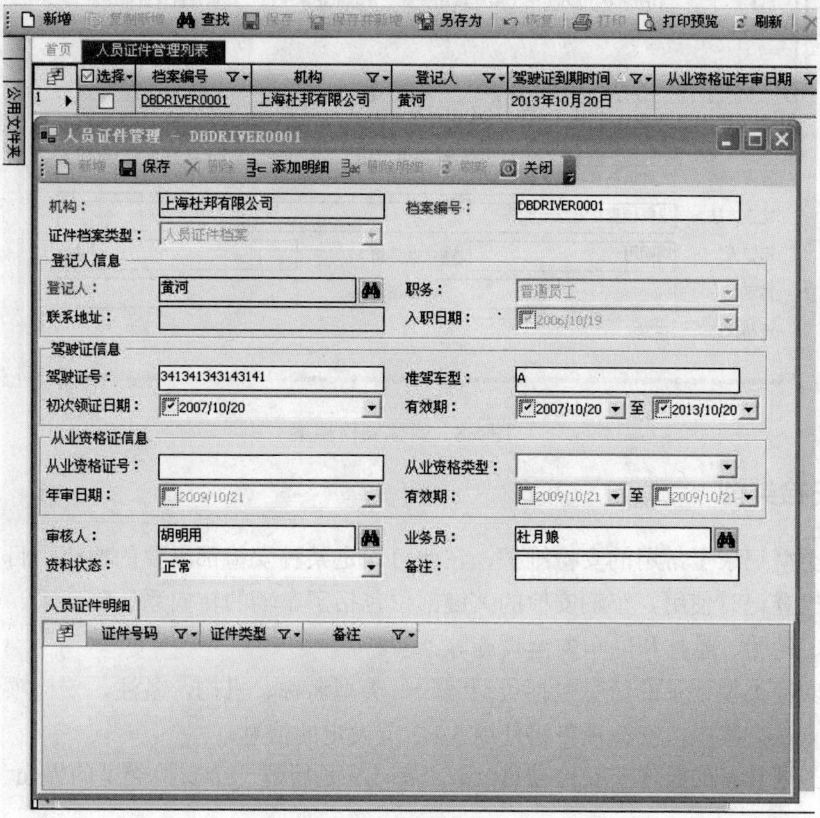


图 5.6 新建证件档案二

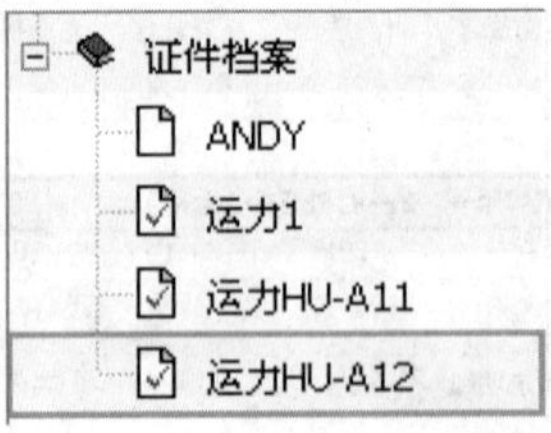


图 5.7　新建后证件档案

### 5.2.2　安检项目

安检项目记录了出车前安检、回场安检或定期检查的各种常用项目。该模块设定好的安检项目将在 5.2.3 节的安检类型中使用。

一个安检项目包含的主要信息有机构名、项目编号、检查标准、检查方法、备注。与证件档案类似，也可以对安检项目信息进行新建、保存、启用、修改和删除等操作。图 5.8 是新建一个安检项目的界面。新建后，单击“ ”和“✓”可分别用于保存和启用新建的安检项目。

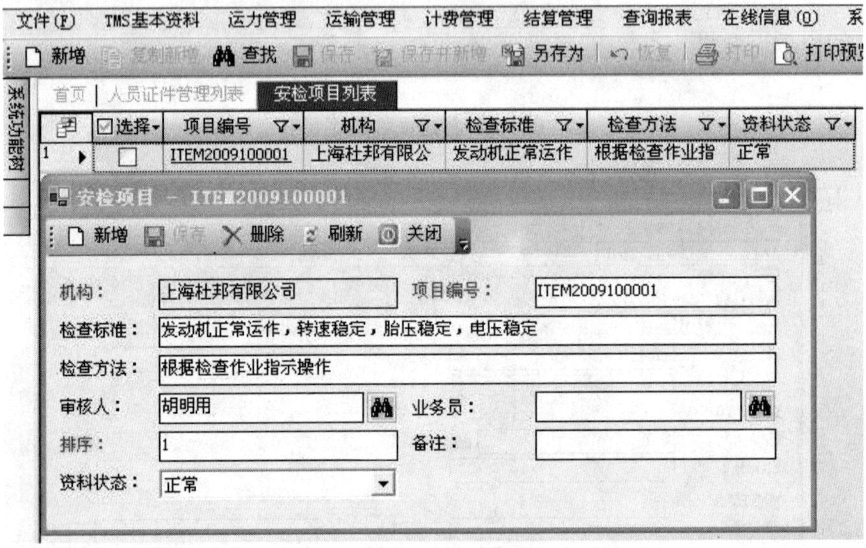


图 5.8　新建安检档案

### 5.2.3　安检类型

安检类型记录了常用的安检维护，在此可设定某种安检都需要的检查项目，设定好的类型在安检登记时使用。车辆安检的关键部位包括了车辆的转向系、制动系、传动系、燃料供给系、轮胎、悬挂和随车安全设施等。

一个安检类型记录的信息包括类型编码、类型名称、机构，备注、安检项目、检查标准和检查方法。其中，安检项目将使用 5.2.2 节设定的信息。

安检类型具有的操作与安检项目一致，图 5.9 是新建一个安检类型的界面。

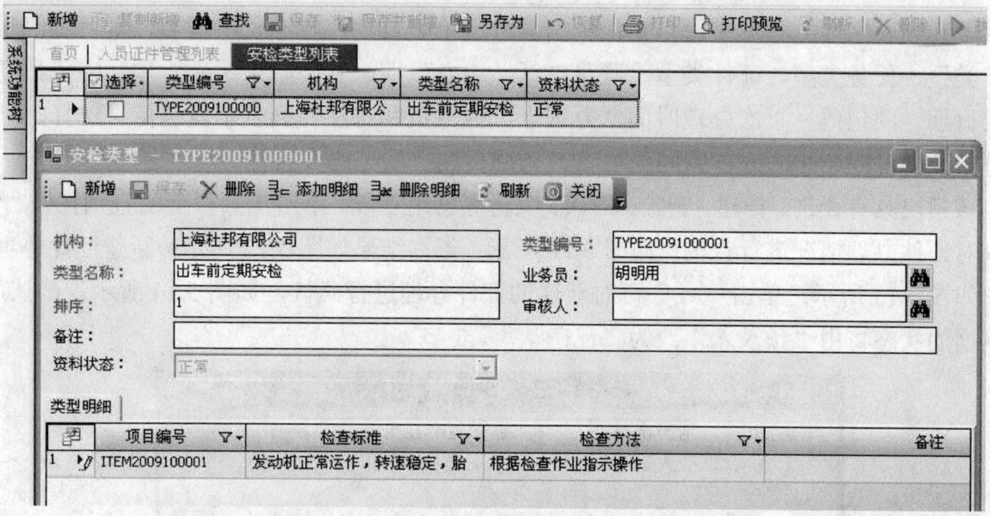


图 5.9　新建安检类型

### 5.2.4　加油站

该模块用来维护常用加油站的各种信息，包括加油站编号、加油站名称、机构名、地址、联系人和备注。同样地，该模块也包含了新建、保存、启用、修改和删除等操作。图 5.10 是新建一个加油站信息的界面。

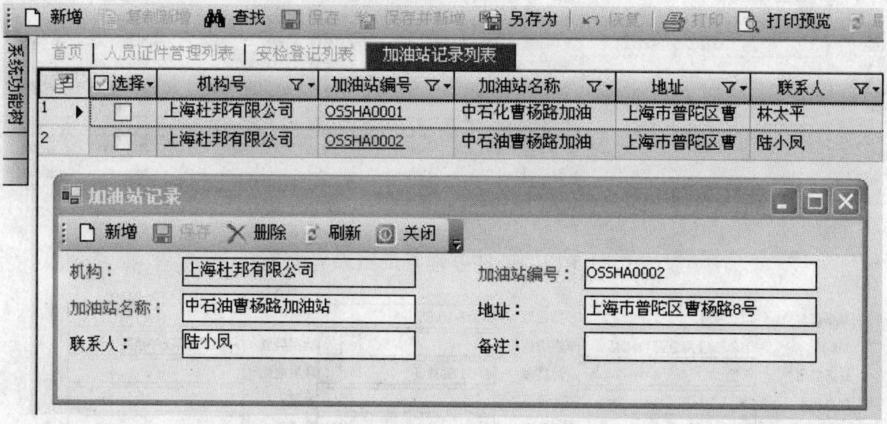


图 5.10　新建加油站信息

## 5.3　日常业务

该模块管理着运力管理中常见的基本业务，包括证件办理、保险登记、安检登记、交通事故、质量事故、理赔管理、纠纷管理、诉讼管理和加油资料。下文对其逐一进行说明。

### 5.3.1　证件办理

证件办理是用来办理车辆有关的证件信息。一个新的证件办理单据包括的字段分为基本字段和列表字段。基本字段包括：单据编号、单据日期、状态、机构名、车辆牌照号、档案类型、任务类型、证件类型、联系电话、申办日期、号码、申请人、预计完成日期、完成日期、助记码、下次办理时间、办理人、业务员和备注。列表字段包括：选择、证件类型、证件号码、领回人、领回人电话、领回日期、助记码和备注。

该模块具有查询、新建、删除、确认、编辑等常用功能。单击工具栏上的查询按钮“ ”可以对证件办理情况进行查询，如图5.11所示；查询结果如图5.12所示；新建证件办理的界面如图5.13所示；单击“ ”可对新建的证件办理进行确认，如图5.14所示。确认后，该单据的状态将由“预录入”改为“已确认”。

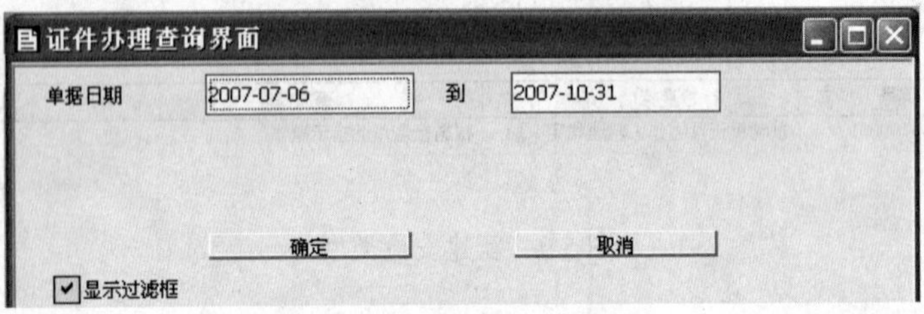


图 5.11　证件办理查询界面

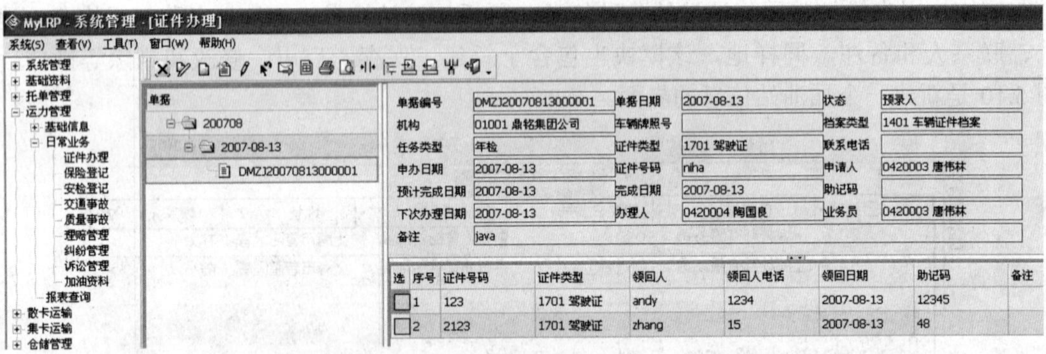


图 5.12　证件办理查询结果界面

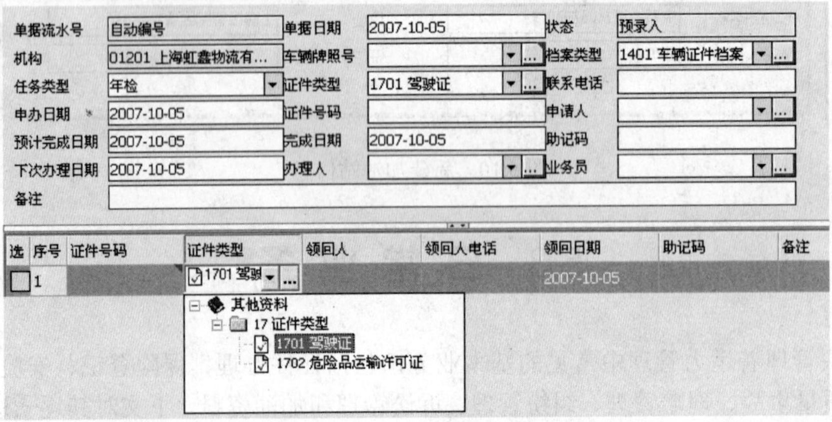


图 5.13　新建证件办理

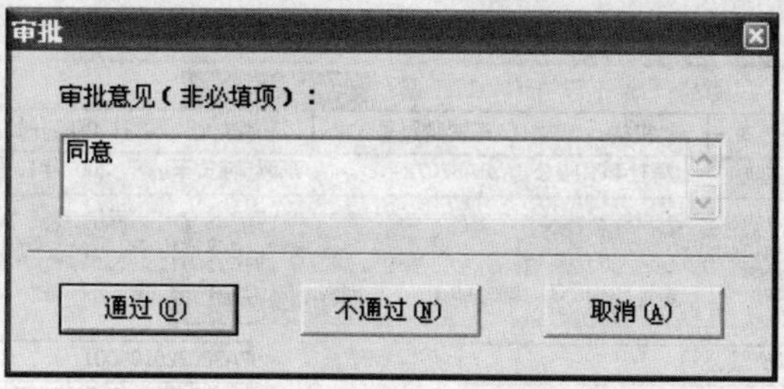


图 5.14 确认界面

## 5.3.2 保险登记

保险登记用来记录车辆保险及货物保险资料。

关于车辆的保险险种有基本险和附加险。基本险是指车辆损失险和第三者责任险。其中，车辆损失险是对被保险人或其允许的合格驾驶员在使用保险车辆过程中，因保险责任造成保险车辆的全部或部分损失及合理施救费用，保险人负责赔偿的险种。第三者责任险是指被保险人或其允许的合格驾驶员在使用保险车辆过程中，发生意外事故，造成第三者的人、物的损失，应由被保险人赔偿的，保险公司依照国家相关的法律、法规和保险合同的规定，予以赔偿。附加险是在基本险外，为提高车辆风险保障而增加投保的险种，常见的有：玻璃单独破碎险、全车盗抢险、车上人员责任险、自燃损失险、基本险不计免赔特约条款和附加险不计免赔特约条款等。当然，在国内各地，情况可能会有所不同。

现行的关于货物运输的保险也主要有两种，分别是国内货物运输保险和进出口货物运输保险。前者包括了国内水路、铁路、公路、航空货物运输保险和鲜、活、易腐货物特约保险；后者主要分海洋、陆上、航空、邮包四类，以及相应的附加险。

一个完整的保险登记单记录了单据编号、单据日期、状态、机构、车辆牌照号、保险公司、保险单号、投保人、联系电话、投保日期、投保开始日期、保险结束日期、预通知天数、业务员、备注、保险种类、优先受益人、交纳保险费金额、保额等信息。

该模块具有查询、新建、删除、确认、编辑等常用功能。单击“ ”可以对证件办理情况进行查询，如图 5.15 显示的是对上海杜邦有限公司保险登记的查询；图 5.16 显示的是新建一个保险登记的界面。

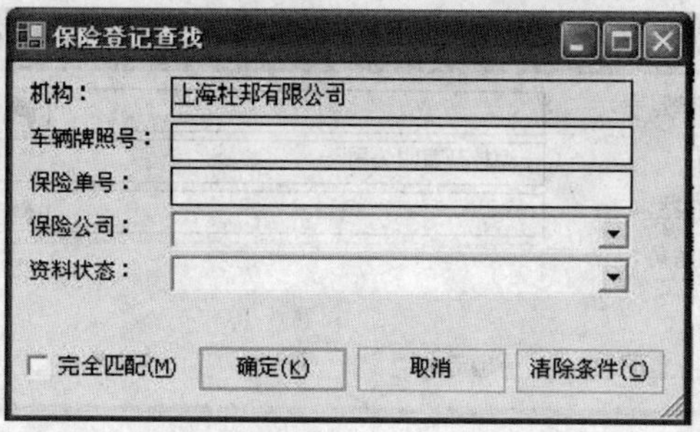


图 5.15 保险登记查询界面

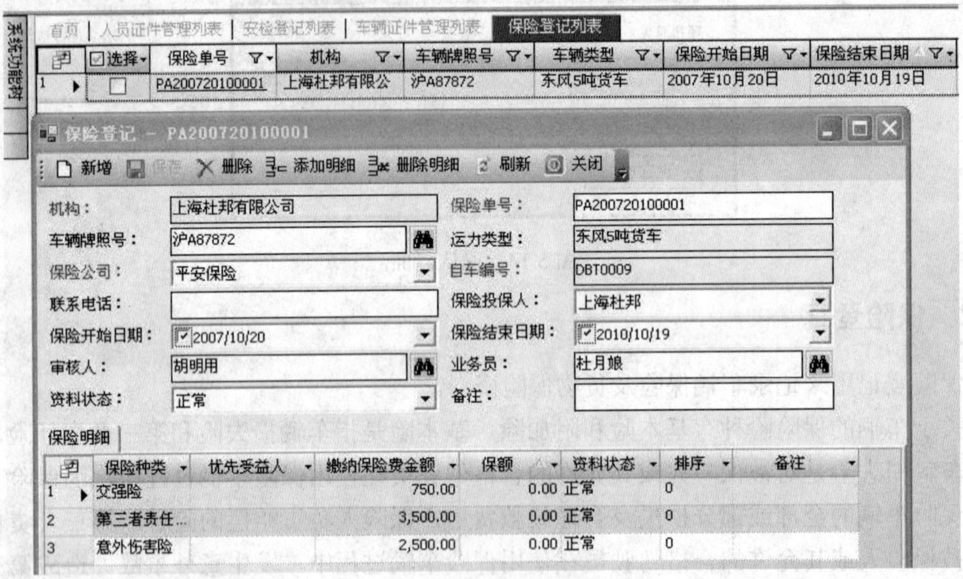


图 5.16　新建保险登记界面

### 5.3.3　安检登记

安检登记用来记录各种安检的信息。通常的安检都是针对车辆进行检查，出车前安检可以针对车辆或者调度单进行检查。根据系统设定中的参数，决定出车前检查是要检查车还是要检查调度单，只有检查通过的车辆才可以进行发车作业。安检登记中所需要的安检项目和类型分别参见 5.2.2 和 5.2.3 节。

一个完整的安检登记包含了基本信息和列表信息两部分，其中，基本信息包含：单据流水号、单据日期、状态、机构、车辆牌照号、安检类型、安检结果、安检人员、助记码、调度单号、安检描述、业务员和备注；列表信息包含：序号、项目、安检人员、安检结果、问题描述、处理办法、备注。

该模块具有查询、新建、删除、确认、编辑等常用功能。如图 5.17 显示的是安检登记查询界面；图 5.18 显示的是新建一个安检登记的界面。

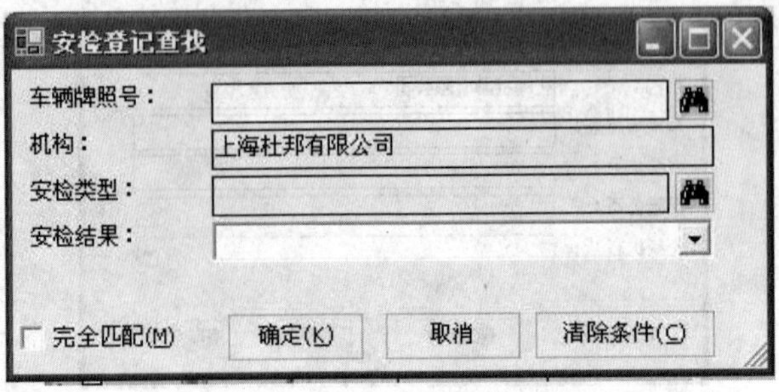


图 5.17　安检登记查询界面

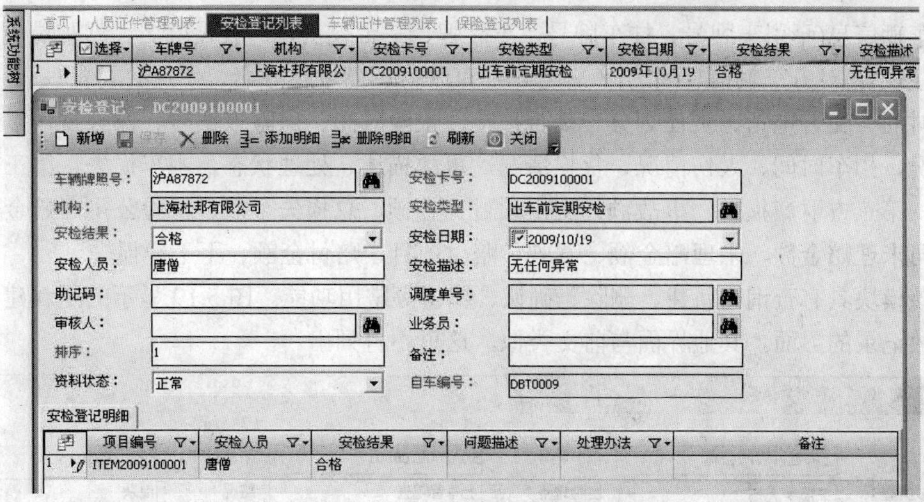

图 5.18 新建安检登记界面

## 5.3.4 交通事故

根据我国现行的《道路交通安全法》，交通事故通常划分为轻微事故、一般事故、重大事故和特大事故四类。轻微事故是指一次造成轻伤 1 至 2 人，或者财产损失机动车事故不足 1000 元，非机动车事故不足 200 元的事故。一般事故是指一次造成重伤 1 至 2 人，或者轻伤 3 人以上，或者财产损失不足 3 万元的事故。重大事故是指一次造成死亡 1 至 2 人，或者重伤 3 人以上 10 人以下，或者财产损失 3 万元以上不足 6 万元的事故。特大事故是指一次造成死亡 3 人以上，或者重伤 11 人以上，或者死亡 1 人同时重伤 8 人以上，或者死亡 2 人同时重伤 5 人以上，或者财产损失 6 万元以上的事故。一般来说，交通事故处理工作大致可分为以下几个步骤：

(1) 受理报案。公安交通管理部门接到当事人或其他人的报案之后，按照管辖范围予以立案。

(2) 现场处理。公安交通管理部门受理案件后，立即派员赶赴现场，抢救伤者和财产，勘查现场，收集证据。

(3) 责任认定。在查清交通事故事实的基础上，公安交通管理部门根据事故当事人的违章行为与交通事故的因果关系、作用大小等，对当事人的交通事故责任作出认定。

(4) 裁决处罚。公安交通管理部门应依据有关规定，对肇事责任人予以警告、罚款、吊扣、吊销驾驶证或拘留的处罚。

(5) 损害赔偿调解。对交通事故造成的人员伤、亡及经济损失的赔偿，按照有关规定和赔偿标准，根据事故责任划分相应的赔偿比例，由公安交通管理部门召集双方当事人进行调解。双方同意达成协议，由事故调解人员制作并发给损害赔偿调解书。

(6) 向法院起诉。如双方当事人在法定期限内调解无效，公安交通管理部门终止调解，并发给调解终结书，由当事双方向法院提起民事诉讼。

运力管理子系统中的交通事故模块记录了车辆发生交通事故的相关信息，包括：单据编号、单据日期、状态、事故部门、事故类型、事故登记、当事人、经办人、事故地点、本方车辆信息(牵引车牌号、挂车牌号、车品牌、是否载货、驾驶员姓名、驾驶员电话、驾驶员住址)、对方车辆信息(牵引车牌号、挂车牌号、驾驶员姓名、所属公司)、是否报警、报警时间、交警电话、责任划分、是否报险、报险时间、保险报案号、保险公司电话、车损情况、扣车时间、人伤情况、货损情况、事故描述、处理状态、本车损失、第三方人员损伤、第三方财产损失、事故额外支出项目、金额、总损失金额、保险公司理赔金额、保险公司未理赔金额、未理赔金额、驾驶员赔付项目、赔付金额、不干净损失。

该模块具有查询、新建、删除、确认、编辑等常用功能。图 5.19 显示的是新建一个交通事故记录的界面。其他界面与前文类似，这里不再列出。

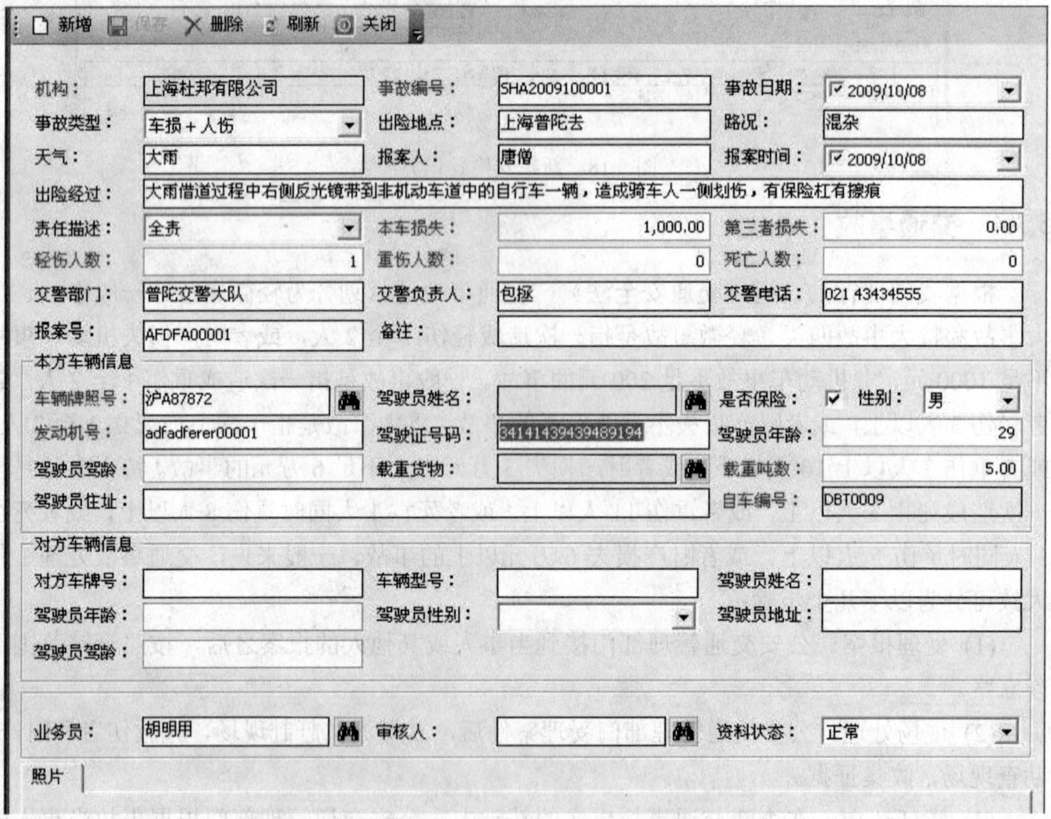


图 5.19　新建交通事故界面

### 5.3.5　质量事故

质量事故类别包括：货损货差、业务操作、机械操作、证件、其他。一次质量事故记录的信息有：单据流水号、单据日期，状态、事故类型、事故等级、业务编号、客户名称、客户业务编号、事故地点、事故描述、事故部门(1～5)、事故责任人(1～5)、事故损失金额、保险公司理赔、供应商理赔、客户承担、损失、是否人员伤害、金额、是否财产损失等。

该模块具有查询、新建、删除、确认、编辑等常用功能。图 5.20 显示的是新建一个质量事故记录的界面。

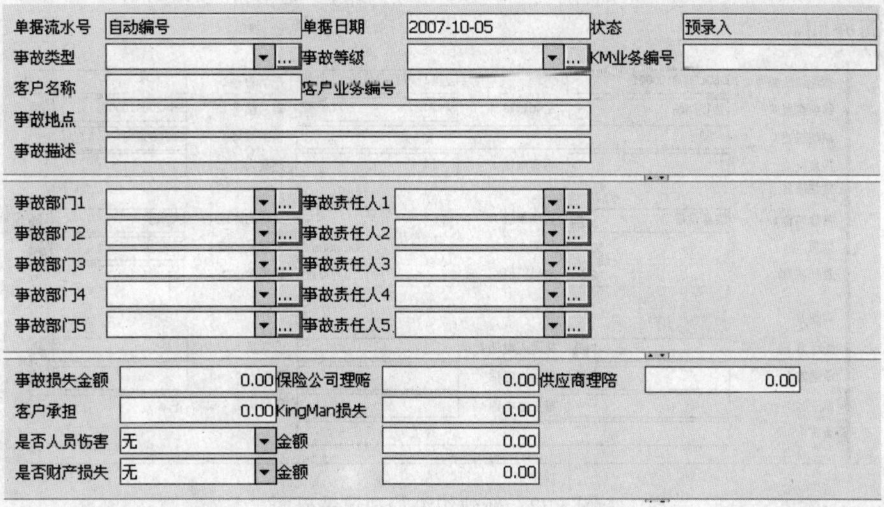


图 5.20 新建质量事故界面

## 5.3.6 理赔管理

理赔信息是用来记录事故发生后的相关信息，包括：单据流水号、单据日期、状态、机构、理赔类型、事故编号、保险办理人、保险单号、赔偿金额、赔偿方式、领取人、领取时间、领取人身份证、业务员和备注。

该模块具有查询、新建、删除、确认、编辑等常用功能。图 5.21 显示的是新建一个理赔记录的界面。

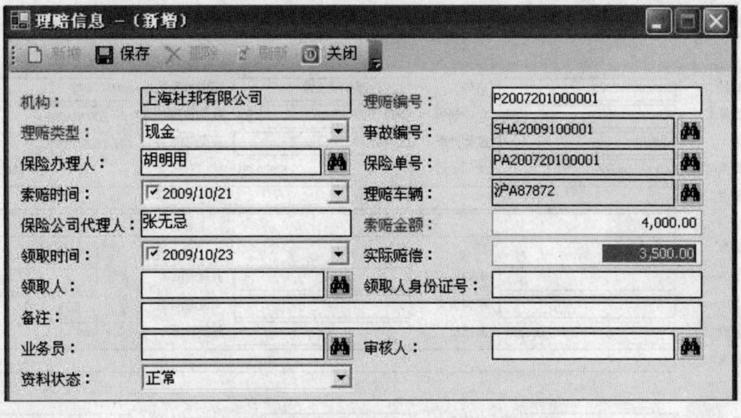


图 5.21 新建理赔管理记录界面

## 5.3.7 纠纷管理

这里记录了由货运引起的各种纠纷信息，货运过程中的纠纷原因有交通事故、装卸、保管等。纠纷信息有单据流水号、单据日期、状态、机构、托运单号、纠纷类型、车辆牌照号、事故编号、纠纷描述、报案人、报案电话、接案人、货物信息(货物名称、货物单位、货物起运地、数量、价值、货物目的地、货损数量、货损价值、货损单位)、纠纷方(托运方、托运人电话、承运方、承运人电话、第三方、第三方电话、业务员、备注)。

该模块具有查询、新建、删除、确认、编辑等常用功能。图 5.22 显示的是新建一个纠纷记录的界面。

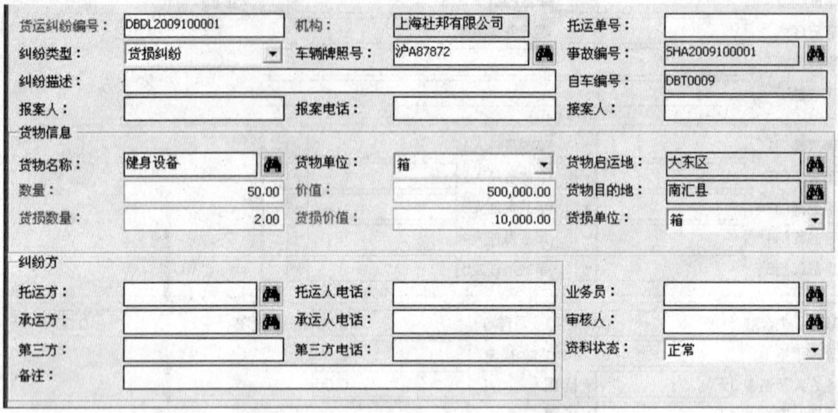


图 5.22　新建纠纷管理记录界面

### 5.3.8　诉讼管理

这里记录了由事故、理赔、货运纠纷及其他原因引起的司法诉讼情况，不涉及诉讼流程，只记录不同阶段的信息，包括：单据流水号、单据日期、状态、机构、车辆牌照号、事故编号、纠纷编号、接到传票时间、签收人、应到处所、应到时间、律师联系电话、律师费用、诉讼标的、传唤事由、备注和审判记录(原告、审判长、开庭时间、被告、审判员、举证时间、判决金额、书记员、结案时间、判决结果)。

该模块具有查询、新建、删除、确认、编辑等常用功能。图 5.23 显示的是新建一个诉讼记录的界面。

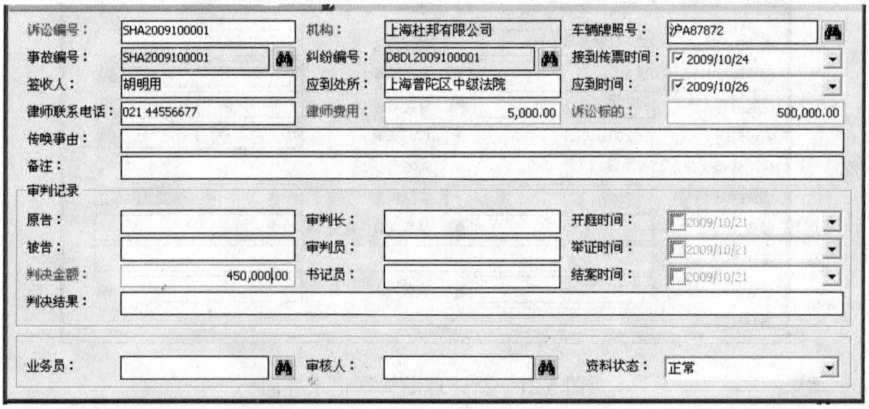


图 5.23　新建诉讼管理记录界面

### 5.3.9　加油资料

该模块用来维护运输车辆的加油信息，包括：单据流水号、单据日期、状态、机构、调度单号、车辆牌照号、驾驶员、加油站、油号、加油类型、加油数量、单价、金额、上次加油里程、本次加油里程、加油时间、备注。

该模块具有查询、新建、删除、确认、编辑等常用功能。图 5.24 显示的是新建一个加油记录的界面。

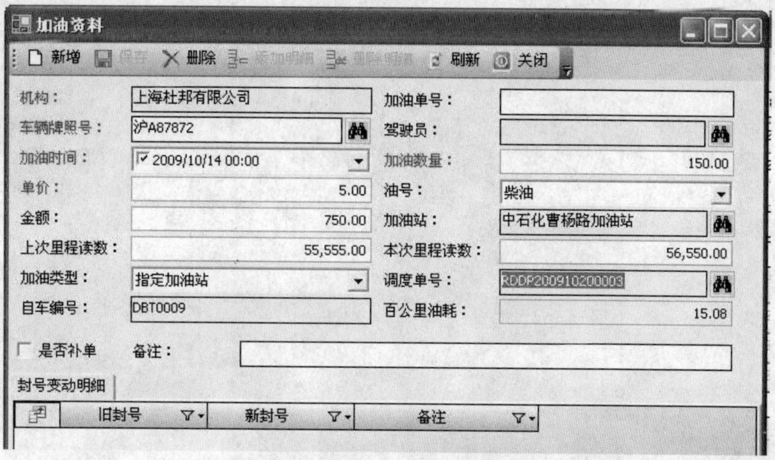


图 5.24　新建加油记录界面

# 本 章 小 结

运力是物流服务提供商运作的基础，将公司运力的基础信息信息化，对日常业务进行管理虽然琐碎，但却十分重要。本章主要介绍了运力基本信息中的证件档案、安检项目、安检类型和加油站模块，并通过实例展示了如何对证件办理、保险登记、安检登记、交通事故、质量事故、理赔管理、纠纷管理、诉讼管理和加油资料等运力业务进行组织和管理。

## 关键术语

运力管理、证件档案、安检项目、安检类型、加油站、证件办理、保险登记、安检登记、交通事故、质量事故、理赔管理、纠纷管理和诉讼管理

## 实际操作训练

1．建立一个隶属“上海虹鑫物流有限公司”的证件档案，其中，必须包括证件号码和证件类型等项目(具体内容可虚拟)。

2．建立一个隶属“上海虹鑫物流有限公司”的车辆保险登记，其中保险种类至少应包括交强险和意外伤害险。

# 第6章 运输管理

【本章教学要点】

| 知识要点 | 掌握程度 | 相关知识 |
| --- | --- | --- |
| 运输业务流程 | 了解 | 不同运输方式所涉及的不同流程 |
| 不同运输方式的选择 | 掌握 | 散卡运输和集卡运输方式的选择 |
| 散卡运输管理 | 掌握 | 针对货物实施散卡运输所要应对的问题 |
| 集卡运输管理 | 掌握 | 针对货物实施集卡运输所要应对的问题 |

引言

顾客需要的多样化和个性化服务要求物流运输企业提供多频度小数量、及时运送的高水准物流服务，同时物流行业激烈的竞争要求物流运输企业以适当的成本提供差别化的物流服务，特别是近年来，企业管理的一个重要的发展趋势是企业采取选择和集中的经营战略，专注于主业和成长行业，其他业务采取外购和委托方式，其中之一是把物流运输业务完全委托给专门的物流运输企业去完成，这样物流运输企业与它的顾客形成共同利益关系，与供应链的参与各方整合在一起。比如，上海杜邦有一批货需要运输到石家庄，希望由上海虹鑫物流来承接此项业务。上海虹鑫物流有限公司作为承运人，需要安排相应的运输计划，通过配载调度、跟踪调度、安排合理的运输方式等过程，安全准时地将货物送往相关地点。

作为第三方物流的运输企业，经营效率的高低直接影响到整个供应链的经营效果，因此为了满足顾客的需要，为了在激烈的竞争中获得竞争优势，为了提高整个供应链的经营效果，许多物流运输企业特别是大型物流运输企业从战略高度出发建立自己的战略信息系统、货物跟踪系统、运输车辆运行管理系统等物流信息系统，提高企业的经营效率。

# 6.1 运输管理概述

货物从甲地运到乙地可以产生地点或场所功效，产生这种功效的就是运输。运输就是通过运输手段使货物在据点之间流动。

广义的运输一般分为狭义的运输和配送。关于运输和配送的区别，有许多不同的观点，可以这样来说，所有物品的移动都是运输，而配送专指短距离、小批量的运输。因此，可以说运输是整体，配送则是指其中的一部分。狭义的运输与配送的区别，如表 6-1 所示。

表 6-1　狭义的运输与配送的区别

| 狭义的运输 | 配送 |
|---|---|
| 长距离大量货物的移动 | 短距离少量货物的移动 |
| 据点间的移动 | 企业送交顾客 |
| 地区间货物的移动 | 地区内部货物的移动 |
| 卡车一次向一地单独运送 | 卡车一次向多处运送，每处只获得少量货物 |

由于运输技术不断革新，大量、高速运输成为可能。过去提出的迅速、准确、安全、经济的运输原则，对提高运输质量的要求，也逐渐严格起来。即要求准确掌握运输活动中发生的大量信息，满足货主种种条件要求的运输手段、设施，及时提供货物运输、保管信息等运输服务等。此外，从运输业的性质来说，与其他产业有着广泛的联系，为进行高效率的运输活动，也必须具备随时与货主交换信息的功能。这样，推行运输业物流信息系统化，开发更多的物流运输管理系统与运输技术革新、设施的配备或系统运输的引用等各项政策一样，对实现物流运输信息管理来说，是不可缺少的必要条件。

## 6.1.1 运输管理功能

运输管理一般需能完成运输前的配载调度、运输过程的控制、运输资源的管理以及运输后的跟踪调度。

### 1. 配载调度

根据运力资源的实际情况，对运输作业任务进行调度处理，生成相应的运输作业指令和任务。具体根据货物的重量、体积、到达地、车辆情况、驾驶员情况及线路情况得出最优的车辆、货物和路径组合进行运输的过程，实现完美的配车与配货等功能。

(1) 配载调度包括以下三方面的工作。

① 线路选择。对配送区域的线路进行划分和搭配，设定各种参数后来求得最短配送路径、最短配送时间或最低配送成本等最佳解，以决定配送顺序从而合理地使用车辆和减少行车杂费。

② 装载规划。装载规划是把某种或某些货物分配到车辆中去。根据出货单不同，可分为一单多车、一单多货、一车多单、一单多点等方式。根据分配功能的不同，可分为人工分配和自动分配两种。

③ 车辆调度。该功能主要是对车辆分配情况及各种汇总信息的处理，是运输管理子系统中最主要的功能模块之一。它反映了一个月中所有车辆的预定、完成及修理情况、人员情况、货单的明细表及汇总表。

(2) 配载调度工作具体表现在以下几个方面。

① 重新调整一车多单、一车多货的特殊处理。可以处理一辆车配多个客户的货物，也可以处理一辆车配一个客户的多个货物情况。

② 预订与完成数据的相互转变。预订数据可以转变成完成数据，完成数据同样也可以转变成预订数据。

③ 预订、完成及修理的明细数据及汇总数据。可以同时反映某一货单或某一车辆在某一天中的预订次数、完成次数及修理次数，以及预订明细、完成明细及修理明细。

④ 车辆分配情况。在一个月范围内，对本公司内所有车辆的营运情况，修理情况的显示一目了然。同时，还可进行车辆调度，车辆完成情况输入处理。

⑤ 人员分配情况。在一个月范围内，显示驾驶员的出勤情况，驾驶员的分配情况及出车情况。

⑥ 汇总情况。对某一车辆在一个月内的营运情况(如车班、车次、运费等)，某一货单的车辆分配情况进行汇总处理。

### 2. 运输过程控制管理

该功能是记录车辆的载货情况、行车情况及考核车辆的因素等。

(1) 行车单打印。可以单辆或成批地打印出车辆的行车单。

(2) 在途标志。行车单打印后，该辆车就表示已经出车了，系统做出正在途中的标志。

(3) 行车单撤销。行车单打印后，由于某种原因，该辆车当天不能出车，则要做行车单撤销处理。

(4) 出车情况分析表。显示出当天已预定车辆的出车情况。

3. 运输资源管理

运输资源管理主要是对配送中心的所有运输资源进行管理，包括中心自有运输车辆及业务外包运输车辆的管理、作业责任人、组的管理等功能。

(1) 人员管理。可以统一对运输中心的人员进行管理，包括基本信息的记录，人员权限的设置、员工考勤等。

① 人员基本信息的维护。

② 人员权限的设置(用户管理)。用户管理主要是对系统用户进行新增、修改及删除处理。按用户级别来分，可分为超级用户和普通用户两种。超级用户对系统负责全面管理，其权限不受限制。普通用户对系统负责部分管理，所以可分为各种不同的类别，其权限受超级用户的控制。

③ 员工的考勤。对驾驶员的出勤情况进行登记，以便进行车辆安排及驾驶员的考勤考核。

(2) 车辆管理。根据车辆所在的部门及车辆，对部门或车辆进行查询及统计分析。

① 生产量查询。生产量查询主要有生产汇总表、运费明细表、燃料消耗明细表、轮胎消耗明细表、材料及配件消耗明细表及行车杂费明细表等。如：生产汇总表有车辆、营运车日、完好车日、工作车日、车班、车次、货运量、周转量、全行程、重车行程、运费、燃料消耗(升)、燃料消耗(元)、轮胎消耗、材料消耗、行车杂费、完好率、出车率、百吨公里油耗、里程利用率、吨位利用率等。

② 车辆业绩统计。车辆业绩统计主要有车辆台账、车辆月度统计、车辆生产年度表、车辆收支平衡表、车辆经费汇总表、车辆经费明细表等。

③ 车辆档案管理。对车辆的技术档案进行维护。

④ 车辆保养。根据车辆的码表数及时间对车辆进行大修、一保、二保等预警提示。对保养过的车辆进行保养登记及相关数据处理。

⑤ 车辆消耗。对在保养作业中的消耗费用(按大类分)、材料费用、人工费用进行核算。

⑥ 路线管理。根据固定路线，设定路桥费的限额。

⑦ 车辆修理。该功能是记录车辆大修、保养或事故处理等情况的传票，输入车辆的修理材料、修理费用及人工费用等信息。

4. 跟踪调度

在物流运输行业中，由于作为提供物流运输服务手段的运输工具(如卡车、火车、船舶、飞机等)在从事物流运输业务过程中处于移动分散状态，在作业管理方面会遇到其他作业所没有的困难。但是随着移动通信技术的发展和普及，出现了多种车辆运行管理系统，下面将介绍两种车辆运行管理系统，一种是适用于城市范围内的应用 MCA(Multi-Channel Access)无线技术的车辆运行管理系统，另一种是适用于全国、全球范围的应用通信卫星和 GPS(Global Positioning System)技术的车辆运行管理系统。

(1) 应用 MCA 的车辆运行管理系统。MCA 无线系统由无线信号发射接收控制部门、运输企业的计划调度室和运输车辆组成。通过无线信号发射接收控制部门、运输企业的计划调度室与运输车辆能进行双向通话，无线信号管理部门通过科学地划分无线频率来实现无线频率的有效利用。由于 MCA 系统无线发射功率的限制，它只适用于小范围的通信联络。如城市内的车辆计划调度管理，在我国北京、上海等城市的大型出租运输企业都采用MCA系统。

物流运输企业在利用MCA无线系统的基础上结合顾客数据库和自动配车系统进行车辆运行管理。具体来说，在接到顾客运送货物的请求后，将货物品种、数量、装运时间、地点、顾客的联络电话等信息输入计算机，同时根据运行车辆移动通信装置发回的有关车辆位置和状态的信息，通过MCA系统由计算机确定自动地向最靠近顾客的车辆发出装货指令，由车辆上装备的接收装置接收装货指令并打印出来。利用MCA技术的车辆运行管理系统不仅能提高物流运输企业的效率，而且能提高顾客服务的满足度。

(2) 应用GPS等技术的车辆运行管理系统。在全国范围甚至跨国范围进行车辆运行管理就需要采用通信卫星、全球定位系统(GPS)和地理信息系统(GIS)。

GPS，即全球卫星定位系统。它是利用分布在约2万公里高空的多颗卫星对地面目标的状况进行精确测定以进行定位、导航的系统，它主要用于船舶和飞机导航、对地面目标的精确定时和精密定位、地面及空中交通管制、空间与地面灾害监测等。20世纪90年代以来，全球卫星定位系统在物流领域得到越来越广泛的应用。

GPS由空间部分和地面部分组成。空间部分由分布在6个等间隔轨道上的24颗卫星组成，卫星距地球2万多公里，这种分布可以保证在任何时刻全球的任何地区，都被4颗卫星覆盖。GPS的卫星星座可以全天候、连续地向无限多用户提供任何覆盖区域内目标的高精度的三维，即速度、位置和时间信息。GPS的地面部分由1个主控站、5个全球监控站和3个地面天线站组成。

GPS的用户必须配备GPS接收机才能使用GPS系统，GPS接收机的主要功能是接收卫星发射的信号，以获得必要的导航定位信息，并据此进行导航和定位。

基于GPS技术的车辆监控管理系统是将GPS技术、地理信息技术(GIS)和现代通信技术综合在一起的高科技系统。其主要功能是将任何装有GPS接收机的移动目标的动态位置(精度、纬度、高度)、时间、状态等信息，实时地通过移动通信网链传至监控中心，然后在具有强大地理信息处理、查询功能的电子地图上进行移动目标运动轨迹的显示，并能对目标的准确位置、速度、运动方向、车辆状态等用户感兴趣的参数进行监控和查询，以确保车辆的安全，方便调度管理，提高运营效率。本系统应用广泛，特别适合对公安、银行、公交、保安、部队、机场等单位对所属车辆的监控和调度管理，也可应用于对船舶、火车等的监控。

但是，采用利用通信卫星、GPS技术和GIS技术的车辆运行管理系统的初期投资大，且选用通信卫星进行通信联络的费用高。在发达国家，目前只有大型物流运输企业采用通信卫星、GPS技术和GIS技术的车辆运行管理。由于我国国土辽阔，随着经济的快速发展对物流运输服务的要求将越来越高，利用通信卫星、GPS技术和GIS技术的车辆运行管理是大型货车运输企业的发展趋势。

### 6.1.2 集装箱运输

集装箱运输(Container transport)是指以集装箱这种大型容器为载体，将货物集合组装成集装单元，以便在现代流通领域内运用大型装卸机械和大型载运车辆进行装卸、搬运作业和完成运输任务，从而更好地实现货物“门到门”运输的一种新型、高效率和高效益的运输方式。

1. 集装箱运输的特点

(1) 高效益的运输方式。集装箱运输经济效益高主要体现在以下几方面：

简化包装，大量节约包装费用。为避免货物在运输途中受到损坏，必须有坚固的包装，而集装箱具有坚固、密封的特点，其本身就是一种极好的包装。使用集装箱可以简化包装，有的甚至无须包装，实现件杂货无包装运输，可大大节约包装费用。

减少货损货差，提高货运质量。由于集装箱是一个坚固密封的箱体，集装箱本身就是一个坚固的包装。货物装箱并铅封后，途中无须拆箱倒载，一票到底，即使经过长途运输或多次换装，也不易损坏箱内货物。集装箱运输可减少被盗、潮湿、污损等引起的货损和货差，深受货主和船公司的欢迎，并且由于货损货差率的降低，减少了社会财富的浪费，也具有很大的社会效益。

减少营运费用，降低运输成本。由于集装箱的装卸基本上不受恶劣气候的影响，船舶非生产性停泊时间缩短，又由于装卸效率高，装卸时间缩短，对船公司而言，可提高航行率，降低船舶运输成本，对港口而言，可以提高泊位通过能力，从而提高吞吐量，增加收入。

(2) 高效率的运输方式。传统的运输方式具有装卸环节多、劳动强度大、装卸效率低、船舶周转慢等缺点。而集装箱运输完全改变了这种状况。普通货船装卸，一般每小时为35t左右，而集装箱装卸，每小时可达400 t左右，装卸效率大幅度提高。同时，由于集装箱装卸机械化程度很高，因而每班组所需装卸工人数很少，平均每个工人的劳动生产率大大提高。由于集装箱装卸效率很高，受气候影响小，船舶在港停留时间大大缩短，因而船舶航次时间缩短，船舶周转加快，航行率大大提高，船舶生产效率随之提高，从而，提高了船舶的运输能力，在不增加船舶艘数的情况下，可完成更多的运量，增加船公司的收入，这样高效率导致高效益。

(3) 高投资的运输方式。集装箱运输虽然是一种高效率的运输方式，但是它同时又是一种资本高度密集的行业。

船公司必须对船舶和集装箱进行巨额投资。根据有关资料表明，集装箱船每立方英尺的造价约为普通货船的3.7～4倍。集装箱的投资相当大，开展集装箱运输所需的高额投资，使得船公司的总成本中固定成本占有相当大的比例，高达2/3以上。

集装箱运输中的港口的投资也相当大。专用集装箱泊位的码头设施包括码头岸线和前沿、货场、货运站、维修车间、控制塔、门房，以及集装箱装卸机械等，耗资巨大。

为开展集装箱多式联运，还需有相应的内际设施及内陆货运站等，为了配套建设，这就需要兴建、扩建、改造、更新现有的公路、铁路、桥梁、涵洞等，这方面的投资更是惊人。可见，没有足够的资金开展集装箱运输，实现集装箱化是困难的，必须根据国力量力而行，最后实现集装箱化。

(4) 高协作的运输方式。集装箱运输涉及面广、环节多、影响大，是一个复杂的运输系统工程。集装箱运输系统包括海运、陆运、空运、港口、货运站以及与集装箱运输有关的海关、商检、船舶代理公司、货运代理公司等单位和部门。如果互相配合不当，就会影响整个运输系统功能的发挥，如果某一环节失误，必将影响全局，甚至导致运输生产停顿和中断。因此，要搞好整个运输系统各环节、各部门之间的高度协作。

(5) 适于组织多式联运。由于集装箱运输在不同运输方式之间换装时，无需搬运箱内货物而只需换装集装箱，这就提高了换装作业效率，适于不同运输方式之间的联合运输。在换装转运时，海关及有关监管单位只需加封或验封转关放行，从而提高了运输效率。

此外，由于国际集装箱运输与多式联运是一个资金密集、技术密集及管理要求很高的行业，是一个复杂的运输系统工程，这就要求管理人员、技术人员、业务人员等具有较高的素质，才能胜任工作，才能充分发挥国际集装箱运输的优越性。

2. 集装箱运输的组织

(1) 集装箱货源组织。集装箱的适箱货源，根据国家《关于发展我国集装箱运输若干问题的规定》中规定的适箱货为12个品类，即交电、仪器、小型机械、玻璃陶瓷、工艺品，印刷品及纸张、医药、烟酒食品、日用品，化工品、针纺织品和小五金等杂货、贵重、易碎、怕湿的货物均属于集装箱运输货物。集装箱货源从运输组织上分为整箱货和拼箱货两类。整箱货是指发货人需单独使用一个集装箱的货物，整箱货是由发货人负责装箱计数并施封。拼箱货是指两个以上发货人货物拼装在一个集装箱内的货物，拼箱货的装卸作业由承运人或有关运输代理部门负责。

(2) 日常货源组织工作。做好日常货源的组织工作，对于组织合理运输，充分利用现有设备能力有着十分重要的意义。日常货源组织对于货物的品种、数量、流向、时间上都有着一定的要求。对于不同品种的货物要详细了解其尺寸、外形、重量和需要的集装箱类型及数量等；在流向上要提出货物到站、港、以便组织拼装货；在时间上按照运输作业的需要进行货源的组织工作。日常资源组织工作是一项十分重要又十分细致的工作，要产、运、销共同配合完成。

(3) 集装箱运输组织工作。集装箱运输组织工作，可以分为发送作业、中转作业和交付作业等部分，以铁路集装箱运输组织工作为例：

发送作业：是指在发站装运之前各项货运作业，包括集装箱承运前的组织工作和承运后至装运前的作业。具体包括货主要明确使用集装箱运输的条件及有关规定，如必须在指定的集装箱办理站，按站内规定承运日期办理：办理站受理、审核、装箱等。

中转作业：集装箱运输除了由发站至到站的形式外，还有一部分集装箱还要经过中转才能至到站。中转站的任务是负责将到达中转站的集装箱迅速按去向、到站重新配装继续发往到站。

交付作业：是指装运集装箱的货车到货场后需要办理的卸车和向货主办理交付手续等工作，具体包括卸车作业，交付作业，铁路货运员根据车站的卸车计划及时安排货位、核对运单、货票、装载清单与集装箱箱号、印封号是否一致、需要逐箱检查，卸车；完毕后填写到达记录，最后，由货运室通知发货人。门到门的集装箱由铁路货运员与收货人代理共同核对箱号，检查箱体封印，确认无误后，填发门到门运输作业单，并在作业单上签收。

(4) 集装箱联运。集装箱运输是现代化发展的必然产物，集装箱运输的发展又必须进行集装箱的联运，单独靠一种运输方式开展集装箱运输已经不能充分发挥集装箱运输的优越性，达不到预期的效果。因此，组织铁路、水运、公路多种运输的集装箱联运已成为现代化运输的必然产物，当今集装箱运输被称为海陆空的主体运输，已由国内联运发展到国际联运，由在一个国家内的不同运输方式中进行，发展到几个国家甚至洲际范围内进行。集装箱联运就是通过各种运输方式主管部门相互配合共同努力而完成运输的全过程。

### 6.1.3 运输管理业务流程

一般的运输管理的业务从接到运输托运单开始，需要根据公司的运力情况制订运输计划、安排自运或外包运输。自运的运输任务需要进一步进行调度管理，而外包的运输任务需要进行外包管理。业务流程如图 6.1 所示，所要完成的业务包括：

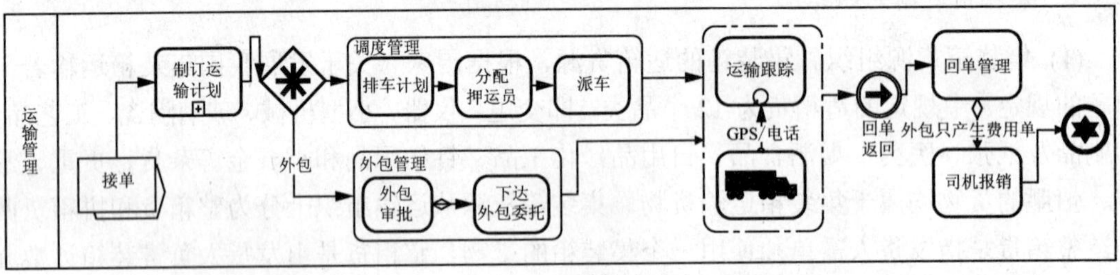


图 6.1　运输管理高层业务流程

(1) 制订运输计划。根据公司运力资源的实际情况，对运输作业任务进行调度处理，生成相应的运输作业指令和任务。如果公司的运力不足或自己运输不合算，可以考虑将部分运输任务外包给专业的运输公司。

(2) 调度管理。由公司的调度部门负责根据运力的动态情况，安排车辆、司机及发送派车指令给司机。

(3) 外包管理。对外包的运输业务，要能对外包公司进行跟踪和考核评估。

(4) 运输跟踪。对运输途中的货物(包括外包)要能够进行跟踪，以便客户随时了解货物运输状态和公司调度部门根据情况及时调度。

(5) 回单管理。一旦运输结束，司机需要将运输中发生的单据及客户的签字等带回公司进行回单，回单之后这单业务结束。后面将主要是财务部门的业务费用结算和报销。

#### 1. 多式联运

在大中型的运输企业内，有能力在较大的地理区域范围承接运输业务，因此其所承接的运输业务里程较长，可能经过其下若干个子公司、办事处、中转站，并有可能需要多式联运。

多式联运的经营人出于全局运输效益的考虑，会采用托单的形式，对多式联运的运输活动进行计划、调度和跟踪，如图 6.2 所示。

大中型运输企业的多式联运的具体运作包含集卡运输和公路运输，另外还有外包运输管理，下面分别对这三种运输的业务流程进行详细说明。

#### 2. 集卡运输业务流程

集卡运输，全称为集装箱卡车运输，是指把一定数量的货物集中于一个便于运输、搬运、装卸、存储的集装箱内来进行货物运送的运输组织形式。公路集装箱的优越性同样也体现在可提高货物运输质量，减少货物运输过程中的货损、货差，保证货物运输安全；便于实现装卸、搬运作业机械化，提高装卸作业效率；节约货物包装材料，降低运输成本，加速运输工具的周转，提高运输效率。

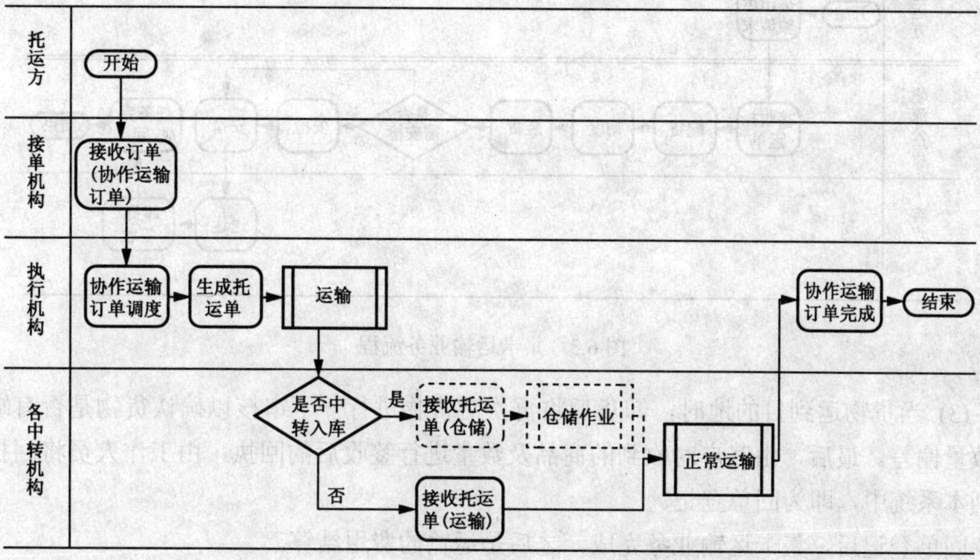


图 6.2 多式联运的协同运输流程

公路集装箱运输常采用以下几种形式：

(1) 公路集装箱直达运输。即由汽车或汽车列车独立承担全程运输任务。许多发达国家一般都是以这种运输形式为主。

(2) 公路、铁路集装箱联运。即由汽车运输部门和铁路运输部门共同完成集装箱运输任务。这种运输形式有利于发挥铁路运输能力大和公路运输机动灵活的特点。

(3) 公路、水路集装箱联运。即由汽车运输部门和水路运输部门共同完成集装箱运输任务，进、出口货物运输常采用这种运输形式。

汽车运输除了可独立承担集装箱运输任务外，在集装箱多式联运工艺流程中处于第一个和最后一个运输环节。集装箱运输的经济型主要集中表现在“门到门”的运输，但它的最终实现只能通过汽车运输才能予以保证，是不可缺少的运输环节。因此，汽车运输是铁路、水路集装箱运输最有效的集散方式。

集卡运输通常是指对运输企业而言一张托单由一辆整车来完成的业务，也是运输的标准业务流程，具体流程如图 6.3 所示。

(1) 集卡运输从接收托运单开始，托运单是客户的一票运输委托，在这里，托运单仅仅指单一的门到门运输的业务委托。复杂的情形，比如，需要对客户的委托进行审查和评估；再比如运输线路区段比较多，需要考虑多种运输方式和运输中转；或是客户有附加的出入仓提卸货要求，等等，都在托单协同中处理。经过托单分解为托运单，因此托运单接收后，就可以直接交给作业部门。

(2) 集卡运输部门接到托运单后进行配货、调度派车作业。然后由装货人员需根据调度要求提空箱，再按调度员开出的调度单将货物进行装箱作业，最后装车并进行发货确认。

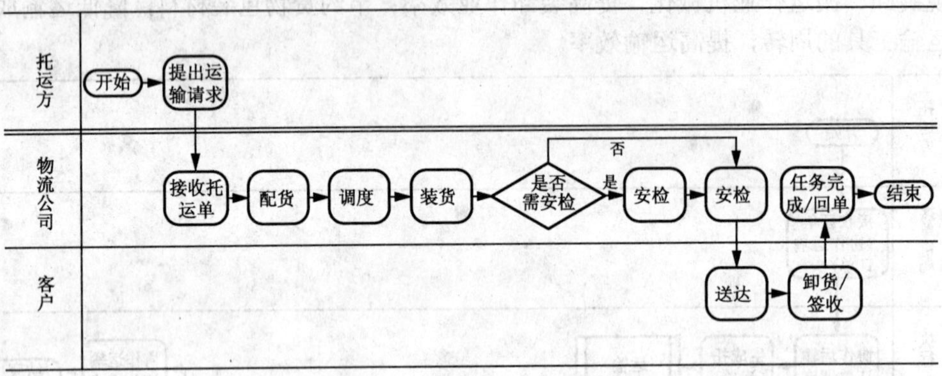


图 6.3 集卡运输业务流程

(3) 当货物运到目的地时，卸货后将再次对货物进行一下审核以确认货物是否有缺损和数量偏差。最后，由客户对收到的商品及数量进行签收后的回执，由工作人员将回执登记到本系统中，即为回单登记。

回单登记后，集卡运输业务完成，之后是运输的费用结算。

3. 散卡运输业务流程

散卡运输对运输企业而言是相对较小的业务，这些业务通常来自较小规模的公司，运输企业出于成本控制的目的需要将这些托运组成一车进行运输，是一车多单的业务，如图 6.4 所示。

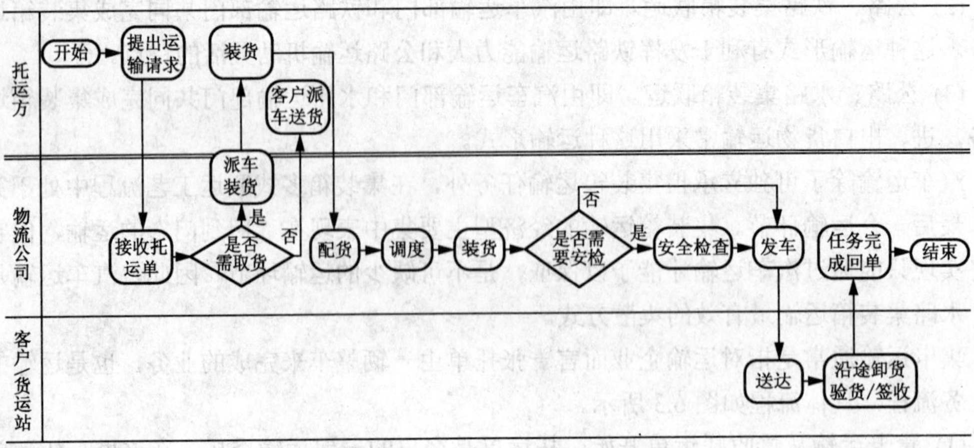


图 6.4 散卡运输业务流程

(1) 散卡运输同集卡运输类似，同样是从接收托运单开始，但散卡运输的托运单一般运量较小，企业出于成本控制的目的需要将多张托运单组成一车进行运输，因此，散卡运输是一车多单的业务。

(2) 散卡运输部门接到多张托运单后，需要根据运输路线进行托运单的合并，并制订配载计划，进行调度派车作业。然后由装货人员按照调度员开出的调度单将货物进行装车作业，并进行发货确认。

(3) 当货物按运输路线一一运到目的地时，卸货后将再次对货物进行一下审核以确认货物是否有缺损和数量偏差。最后，由该车的各个客户对收到的商品及数量进行签收后的回执，由工作人员将回执登记到本系统中，即为回单登记。

回单登记后，散卡运输业务完成，之后是运输的费用结算。

4. 外包运输

外包运输是外包形式的运输业务，也称委托式运输。运输企业根据自己的运力以及效益情况，将客户的全部货物或一部分货物，委托(外包)给另一家运输企业承运，运输过程中进行较粗粒度的跟踪，如图 6.5 所示。

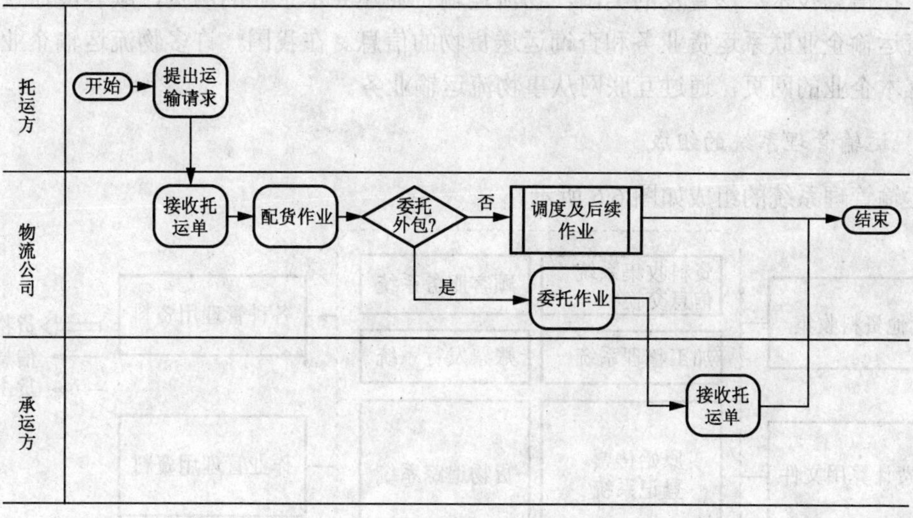


图 6.5　外包运输业务流程

## 6.2　运输管理系统

### 6.2.1　运输管理系统概述

运输管理系统(Transportation Management System，TMS)主要指利用计算机网络等现代信息技术，对运输计划、运输工具、运送人员及运输过程的跟踪、调度指挥等管理业务进行有效管理的人机系统。通常，运输管理系统主要完成对运输工具和运送过程的信息管理，主要功能模块有以下几个方面：运输工具管理、运送人员管理、计划调度管理、装载接卸管理和运送过程管理等。

1. 运输管理系统在物流中的作用

运输管理系统提高了物流运输的服务水平，其具体作用表现在以下四个方面：

(1) 当顾客需要对货物的状态进行查询时，只要输入货物的发标号码，马上就可以知道有关货物状态的信息。查询作业简便迅速，信息及时准确。

(2) 通过货物信息可以确认货物是否将在规定的时间内送到顾客手中，能及时发现没有在规定的时间内把货物交付给顾客的情况，便于马上查明原因并及时改正，从而提高运送货物的准确性和及时性，提高顾客服务水平。

(3) 作为获得竞争优势的手段，提高物流运输效率，提供差别化物流服务。

(4) 通过整体运输管理系统所得到的有关货物运送状态的信息，丰富了供应链的信息分享源，有关货物运送状态的信息分享有利于顾客预先做好接货及后续工作的准备。

建立整体运输管理系统需要较大的投资，如购买设备、标准化工作、系统运行费用等。因此，只有有实力的大型物流运输企业才能够应用整体运输管理系统。但是随着信息产品和通信费用的低价格化及因特网的普及，许多中小物流运输企业也开始应用整体运输管理系统。在信息技术广泛普及的美国，物流运输企业建立本企业的网页，顾客能通过因特网与物流运输企业联系运货业务和查询运送货物的信息。在我国，许多物流运输企业也已开始建立本企业的网页，通过互联网从事物流运输业务。

2. 运输管理系统的组成

运输管理系统的组成如图 6.6 所示。

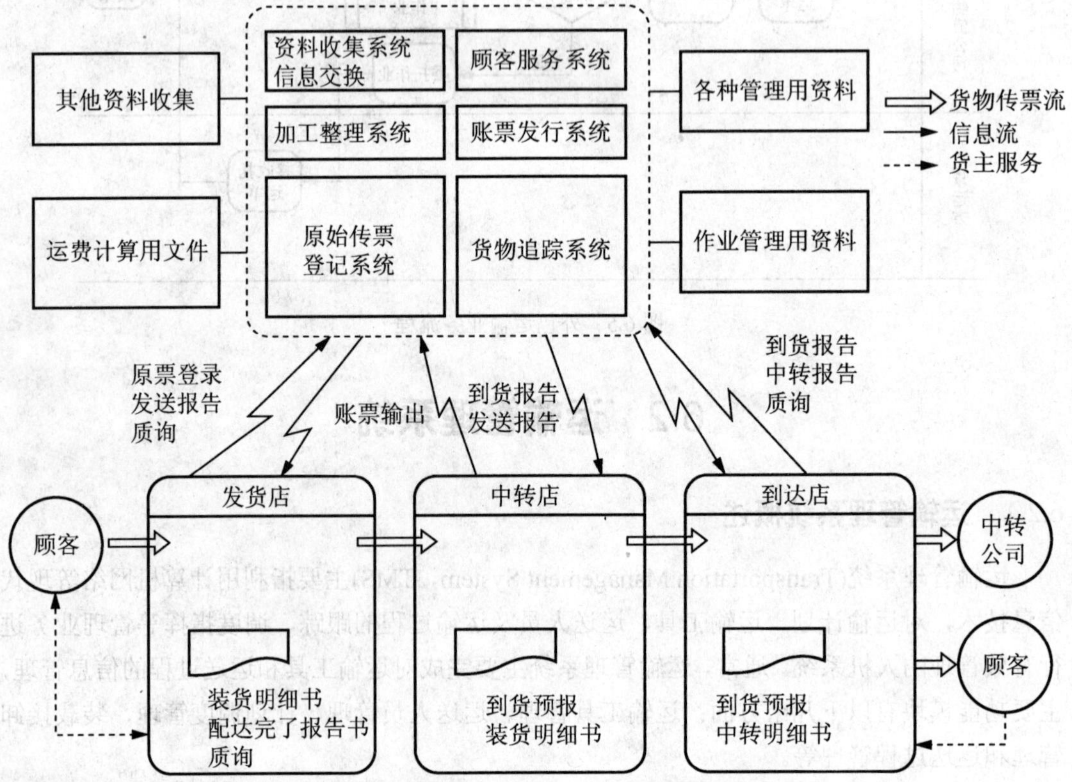


图 6.6　运输管理系统的组成

### 6.2.2 运输管理系统模块设计

根据以上对运输业务的分析，运输管理系统的功能应包括运输的基本信息维护、散卡运输管理、集卡运输管理和运输费用管理四个功能模块。运输的基本信息在第 3 章基本信息管理中已论述，运输费用管理将在第 8 章结算管理中论述，这里仅对散卡运输和集卡运输这两项业务进行详细描述。运输管理系统的功能模块图，如图 6.7 所示。

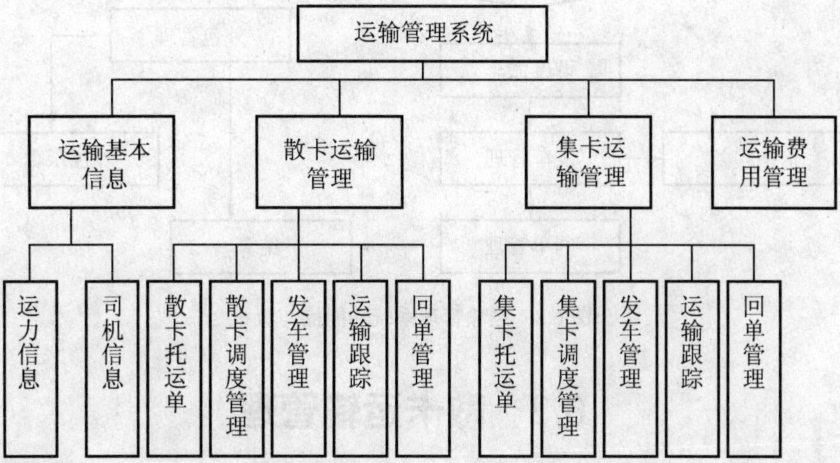


图 6.7 运输管理系统功能模块

散卡运输和集卡运输均包括以下功能：

(1) 托运单的生成。通常，在托单协同的情况下，托运单是托单下推自动生成的。如果是销售部或客服直接接到的客户单一的运输委托，这里也可以新建记录运输的散卡或集卡托运单信息，对于集卡运输车辆还需登记集装箱的信息。

(2) 调度管理。可以进行即时调度或按计划调度，将托运单按照线路区间和装载工具类型进行拆分或合并，制成供作业调度的调度单和装运单，以为进一步的调度派车做好准备。这个过程，事先只需要知道运力的统计信息，并不需要知道具体的可用车辆，实质上是预配载过程，所以又称配载计划。进一步根据车辆运行情况及运输路线排车，如果是危险货物还需安排押运员。

(3) 发车管理。调度员安排发车，打印装运单给驾驶员，进行发车确认。驾驶员根据装运单进行运输作业。

(4) 运输跟踪。车辆在运输过程中，往往需要对其进行跟踪，实时记录对该车辆跟踪时的所在位置、车辆的运送状态，有无发生故障等信息。可以通过 GPS 接口，及时跟踪运输状态。

(5) 回单管理。在运输任务结束后，须在系统中进行回单登记，以确认该次运输任务的实际执行情况。回单一般由客户提供，破损或货差要体现在回单上。

以上各功能的操作流程如图 6.8 所示。

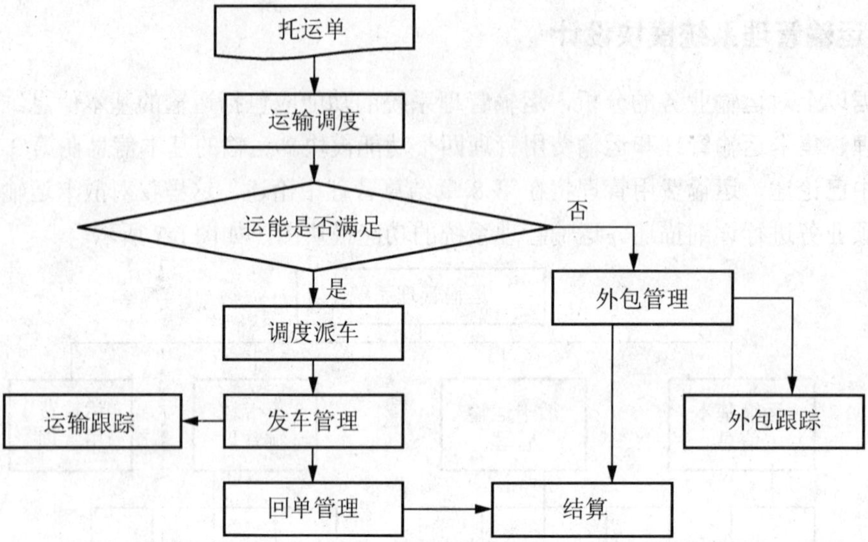


图 6.8　运输管理系统功能操作流程

# 6.3　散卡运输管理

## 6.3.1　散卡托运单管理

1. 散卡托运单生成

散卡托运单可以是托单自动下推生成的(详见“托单”中的“分单”操作)，也可以是销售部或客服直接接到的客户单一的运输委托的托运单。

前者是在托单中选择分单得到的托运单进行下推可以直接进入托运单新建界面，这里接着托单中的业务进行操作，即选择托单中上海杜邦公司 2007 年 9 月 14 日的托单进行操作，在分单界面，选定第一条“散卡托运单”，单击下推托运单(如图 6.9 所示)即可进入托运单新建界面，如图 6.10 所示。后者需要“新建”托运单，手工录入托运单的信息，界面同图 6.10 所示。

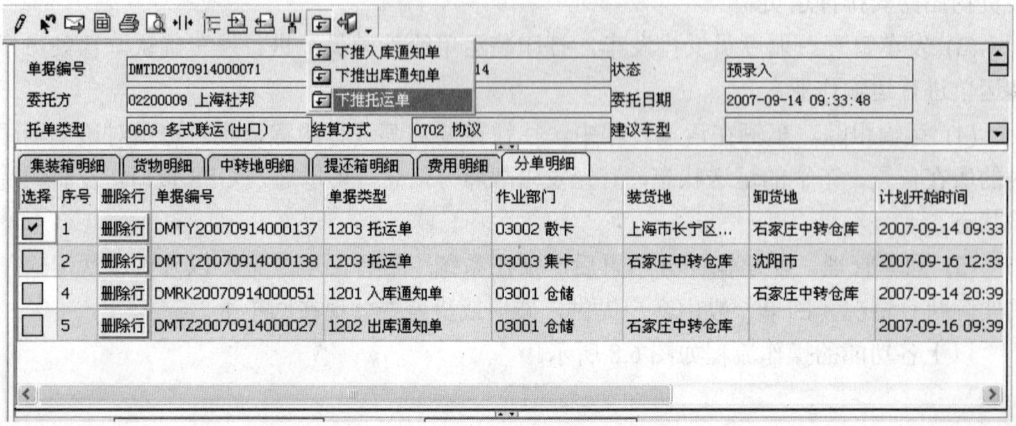


图 6.9　托单下推生成散卡托运单界面

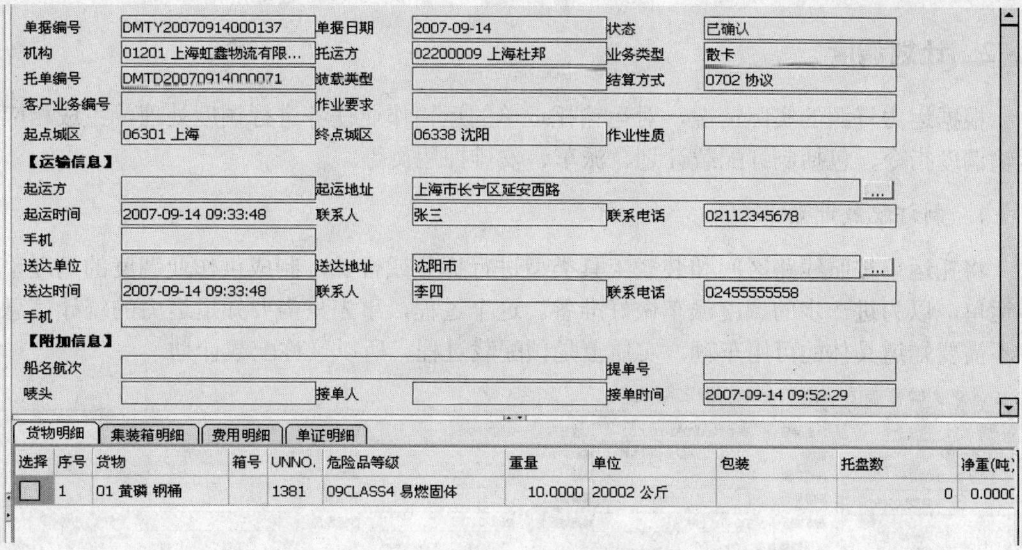

图 6.10　散卡托运单新建界面

散卡托运单新建界面操作规则：

(1) 自动填入项：托运单编号由系统自动生成；托运单的状态由系统自动设置为“预录入”；委托日期默认为系统当前时间；结算方式根据委托方自动带出，也可进行修改。

(2) 委托方、装货方、收货方等信息在基本资料中进行维护，装货方和收货方可以在基本资料中维护其对应的联系人、联系电话、装卸货地址等信息。

(3) 货物明细中的货物信息可通过输入 UNNO.和助记码自动带出(如名称、包装、危险品等级)，净重、毛重、体积可根据数量和货物信息自动计算。

(4) 费用明细中的“对象”在基本资料中进行维护，默认为委托方；费用明细中的费用单价可通过录入助记码或费用名称自动带出；费用明细中的“币种”默认为“元”。

(5) 散卡运输不必录入集装箱信息。

当托运单信息保存后，需要对该托运单进行确认，进入审核界面，审核通过后托运单状态改为“已确认”，才可以进行作业调度。

2. 散卡托运单查询

在托运单新建界面可以直接单击“查询”按钮，进入查询界面(如图 6.11 所示)，输入查询条件后单击“确定”按钮、即可得到满足条件的托运单列表，如图 6.11 所示。双击可查看选定托运单的详细信息。

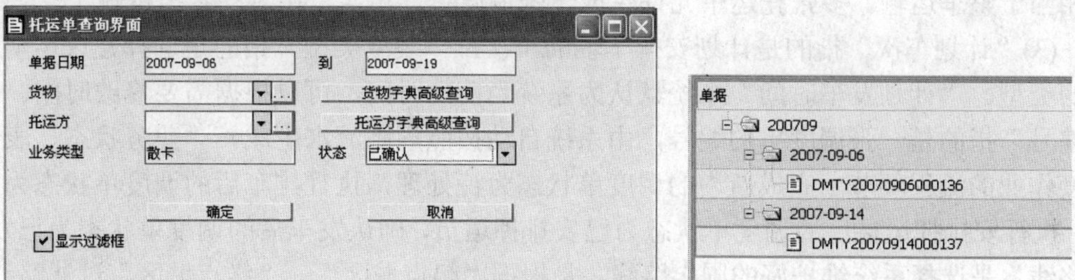

图 6.11　托运单查询及查询结果界面

### 6.3.2 计划调度

根据运力资源的实际情况，对运输托运单的运输作业任务进行调度处理，生成相应的运输调度指令，包括制订配载计划、派车、安排押运员等。

1. 制订配载计划

将托运单按照线路区间和装载工具类型进行拆分或合并，制成供作业调度的调度单和装运单，以为进一步的调度派车做好准备。这个过程，事先只需要知道运力的统计信息，并不需要知道具体的可用车辆，实质上是预配载过程，所以又称配载计划。

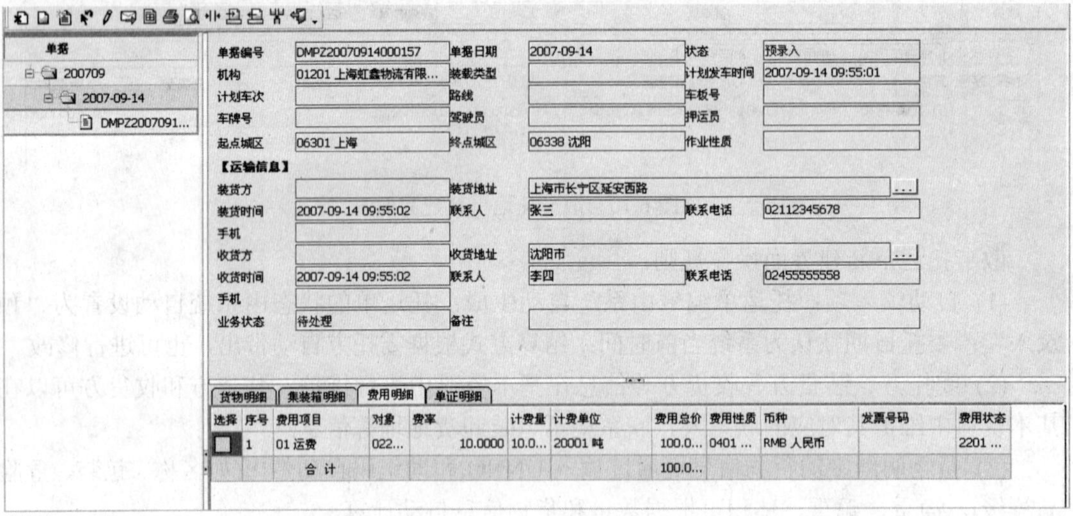


图 6.12 制订配载计划

制订配载计划界面(如图 6.12 所示)操作规则：

(1) 单击“新增”按钮新建配载计划。可以通过“上引托运单”按钮查找状态为“已生效”的托运单和车型进行配载。可以允许一车多单。生成后的配载调度单状态为“预录入”，同时托运单的状态置为“已调度”，调度单号由系统自动生成。

(2) 选择好装货方和收货方后，系统自动将托运单上的装货信息和收货信息带入到调度单中。调度单的数据来源于托运单。该托运单的状态必须是已确认，即在“托运单”中已做过确认操作的托运单。单击选择复选框(可多选)，单击“下推”按钮后，系统自动带出该托运单下的所有托运商品信息。一张托运单根据其不同的托运明细允许生成多张调度单相当于整车运输。多张托运单允许生成一张调度单，相当于拼装、零担运输。

(3)“计划车次”指的是计划安排车辆的车次。“装载类型”指的是选择建议运输的工具的类型。“计划发车时间”系统默认为系统当前的时间，可以根据需要修改时间。“单据编号”指的是一张调度单的编号，由系统自动按照规则流水生成。“业务状态”表明了调度作业的流程环节。完成新增的调度单状态为待处理，执行排车后的调度单状态为已配车，执行安排押运员后的调度单状态为已安排押运员，确认发车后的调度单状态为已发车。“路线”是选择系统维护好的固定路线，是根据“起点城区”、“终点城区”过滤路线的。路线可填或可不填，主要是被排车中“按路线排车”所使用，根据业务判定，是否是根据固定路线运输。

(4)“制单人”是指当前制作调度单的录单员，系统默认为当前登录人员。“修改人”是指当前修改调度单的人员，系统默认为当前登录人员。

(5) 修改货物明细中的“重量”“毛重”“体积”等信息，就可以把托运单拆分成多张调度单，就是整车运输。

(6) 在调度时产生的协议规则之外的费用时，可以在这里添加费用明细，选择“费用项目”系统自动带出“费率”“计费单位”“费用性质”“币种”，然后选择“对象”，“对象”在基本资料中进行维护。

(7) 单击“保存”按钮，完成调度单的新增操作。

由于无法根据计划运力进行调度派车，或外包没有审批通过或无法落实转委托时，就需要根据托运单重新调整配载计划。这里可以对已经产生的调度单进行修改、作废。

2. 派车

对已生效的调度单安排运输车辆，确定具体的车辆、驾驶员和发车时间等。

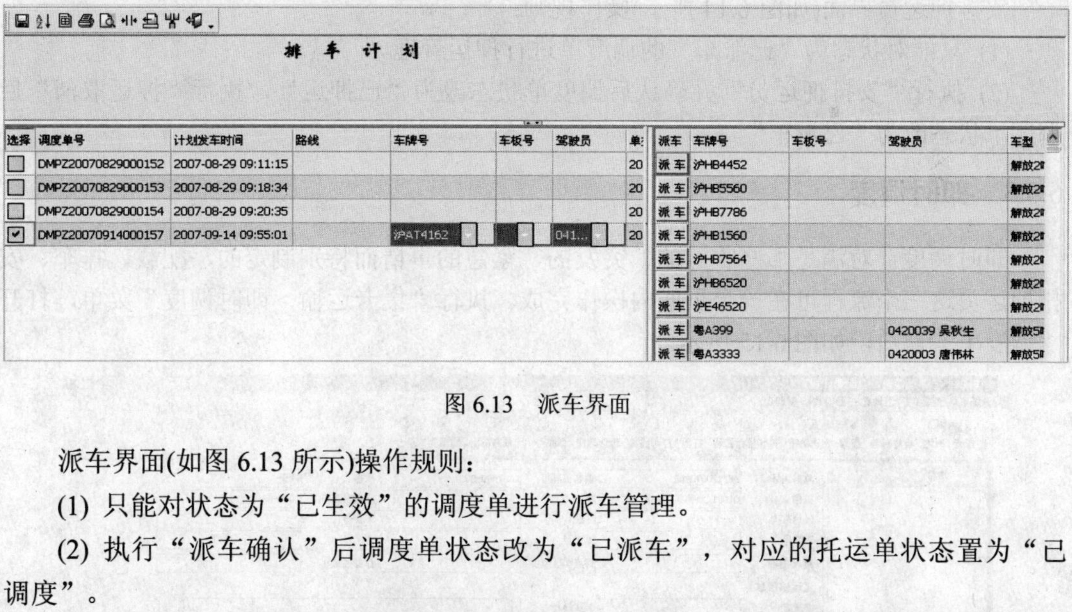


图 6.13 派车界面

派车界面(如图 6.13 所示)操作规则：

(1) 只能对状态为“已生效”的调度单进行派车管理。

(2) 执行“派车确认”后调度单状态改为“已派车”，对应的托运单状态置为“已调度”。

(3) 单击“派车取消”后调度单状态回退到“已生效”，对应的托运单状态回退到“已计划”。

(4) 费用明细中需要录入除了桥境费、油耗之外的应收、应付或代收代付的费用。

(5) 车板号默认是该车号的默认车板号，也可以在派车时修改实际使用的车板号，这里记录的车板号将影响到轮胎所使用公里数的统计。

3. 安排押运员

如果是危险品运输则需要由押运管理员根据情况安排押运员。

对于押运员，有些客户需要经过专门培训的人员，这个信息需要在公司资料中设置。如果没有设置，那么说明该客户是允许可以使用所有的押运员的。

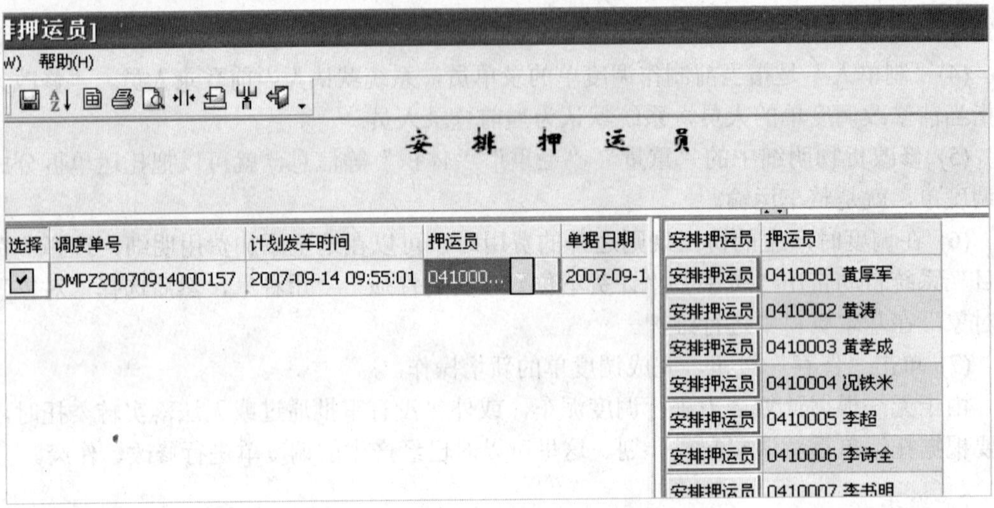


图 6.14 安排押运员界面

安排押运员界面(如图 6.14 所示)操作规则：

(1) 只能对状态为“已派车”的调度单进行押运管理。

(2) 执行“安排押运员”并确认后调度单状态改为“已押运”，执行“押运取消”后调度单状态改为“已派车”。

## 6.3.3 即时调度

即时调度针对满足那些临时的、突发的、紧急的事情而特别制定的，配载、排车、安排押运员这三个流程可在一个页面内操作完成。执行“集卡运输 > 即时调度”菜单，打开“调度单”窗口，如图 6.15 所示。

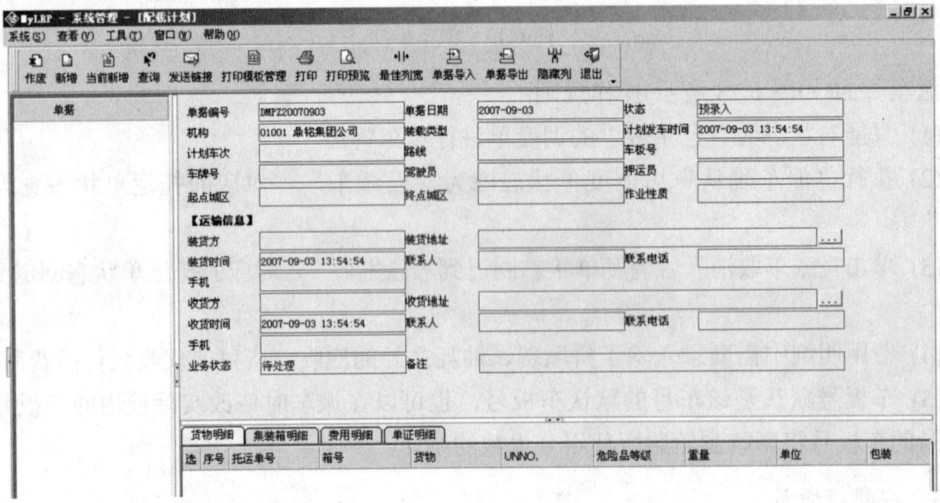


图 6.15 即时调度界面

调度界面操作规则：

(1) 单击“新增”按钮，打开“调度单” 新增窗口。

(2) 单击“上引”按钮，打开“托运单查询界面”，如图 6.11 所示，根据“单据日期”、

“执行范围”或者根据其他的条件，查找需要的托运单。

(3) 单击“托运单查询界面”中的“确定”按钮，进入到“托运单(散卡)查询”窗口，窗口中显示为“待处理”的作业单据。

调度单的数据来源于托运单。该托运单的状态必须是已确认，即在“托运单”中已做过确认操作的托运单。单击选择复选框(可多选)，单击“下推”按钮后，系统自动带出该托运单下的所有托运商品信息。一张托运单根据其不同的托运明细允许生成多张调度单相于整车运输。多张托运单允许生成一张调度单，相当于拼装、零担运输。

(4) 输入“计划车次”、“装载类型”、“计划发车时间”、“驾驶员”、“押运员”等字段。

(5) 业务状态表明了调度作业的流程环节。完成新增的调度单状态为“待处理”，执行排车后的调度单状态为“已配车”，执行安排押运员后的调度单状态为“已安排押运员”。

单击保存后，完成即时调度的调度单状态应为“已安排押运员”，可以直接发车。

### 6.3.4 发车确认

调度员根据计划调度或即时调度的调度单，安排发车，打印装运单给驾驶员，进行发车确认。驾驶员根据装运单进行运输作业。

在许多情况下，运输作业往往伴随一系列的纸质运输单证，如提单、运费单等，也由调度进行统一登记管理。

图 6.16 发车确认界面

发车确认界面(如图 6.16 所示)操作规则：

(1) 执行“发车确认”后车辆的调度状态置为“在途”，调度单的状态置为“已发车”。执行“发车取消”后，车辆的调度状态置为“在场”，调度单的状态置为“已押运”或“已派车”。

(2) 打印调度单时，由操作员选择是否打印 MSDS 信息，如果是危险品则一定要打印 MSDS 信息，该信息打印在调度单的下部。如果托运单中有集装箱信息则这些信息也将打印在调度单上。另外根据客户的要求，油耗不打印在调度单上。

(3) 仅可以修改驾驶员和车号信息，修改的这些信息如果和已经计划的信息(比如修改的车号已经进行了计划)相冲突，系统将进行提示。

### 6.3.5 运输跟踪

车辆在运输过程中，往往需要对其进行跟踪，实时记录对该车辆跟踪时的所在位置、车辆的运送状态，有无发生故障等信息。可以通过 GPS 接口，及时跟踪运输状态。

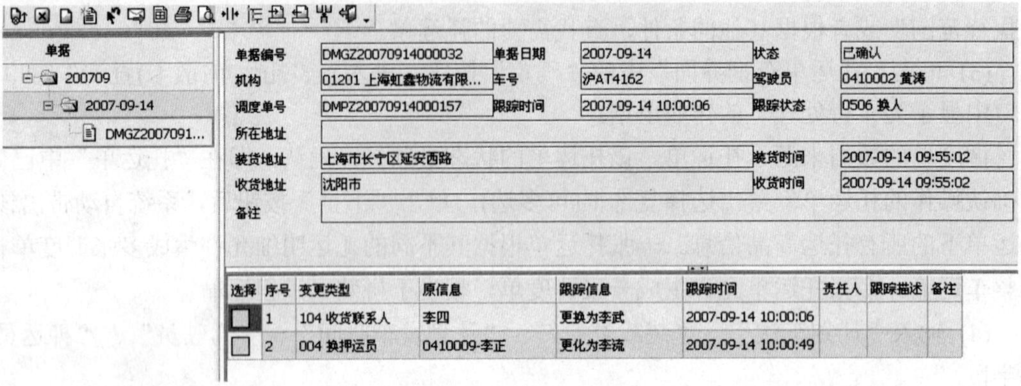


图 6.17　运输跟踪界面

运输跟踪界面(如图 6.17 所示)操作规则：

(1) 运输跟踪记录车号、变更类型、原信息、跟踪信息及责任人等。变更类型可以是换司机、换押运员、换车或发生交通事故等。若发生交通事故需进一步处理，还需在运力管理中录入事故的具体处理信息，详见运力管理一章。

(2) 仅能对业务状态为“已发车”的调度单进行运输跟踪。

### 6.3.6　运输回单

在运输任务结束后，须在系统中进行回单登记，以确认该次运输任务的实际执行情况。回单一般由客户提供，货损或货差要体现在回单上。

作业完成后，驾驶员将回单交给调度，调度确认后在系统里面登记货损货差情况，确认该业务的回单已经收回，再把回单交给财务，财务寄给客户，财务根据回单与客户结算。

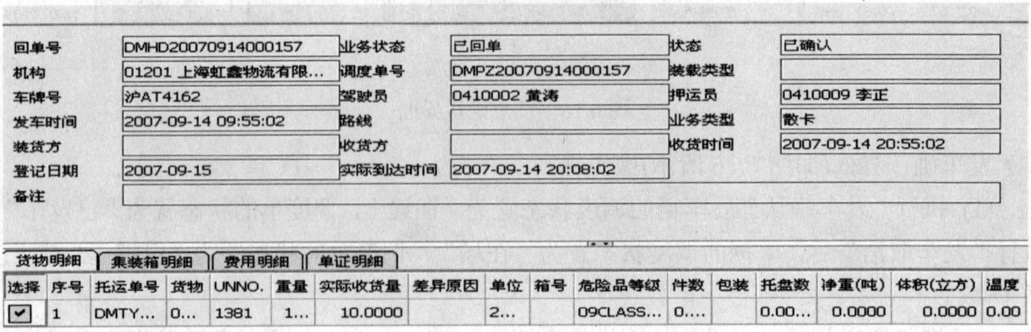


图 6.18　运输跟踪界面

运输回单界面(如图 6.18 所示)操作规则：

(1) 首先输入装运单号(或单击“装运单号”后面的按钮进行选择)，装运单上的有关信息自动带入到回单登记界面上。

(2) 只能选择状态为“已发车”或状态为“执行中”的调度单进行回单登记。

(3) 回单上的状态分为：未确认和已确认。未确认的回单可以删除，已确认的回单不能删除。

(4) 单击“回单确认”后，回单上的状态改为“已确认”，车辆的调度状态改为“在场”，托运单的状态置为“已回单”。预计到达时间即调度单上的到货时间。

# 6.4 集卡运输管理

## 6.4.1 集卡托运单生成

集卡托运单生成同散卡托运单类似，只是集卡运输需要输入集装箱信息。集装箱明细中的箱号按照集装箱箱号的校验规则进行检验(前面 4 位为船公司代码，中间 6 位为流水号，最后 1 位为校验码)。箱货明细中的货物信息可通过输入 UNNO.自动带出(如品名、CLASS、温度)，净重、毛重、体积可根据件数和货物信息自动计算。

这里仍以上海杜邦公司 2007 年 9 月 14 日的托单为例，选择其“集卡托运单”进行“下推托运单”(如图 6.19 所示)进入集卡托运单新建界面(如图 6.20 所示)。

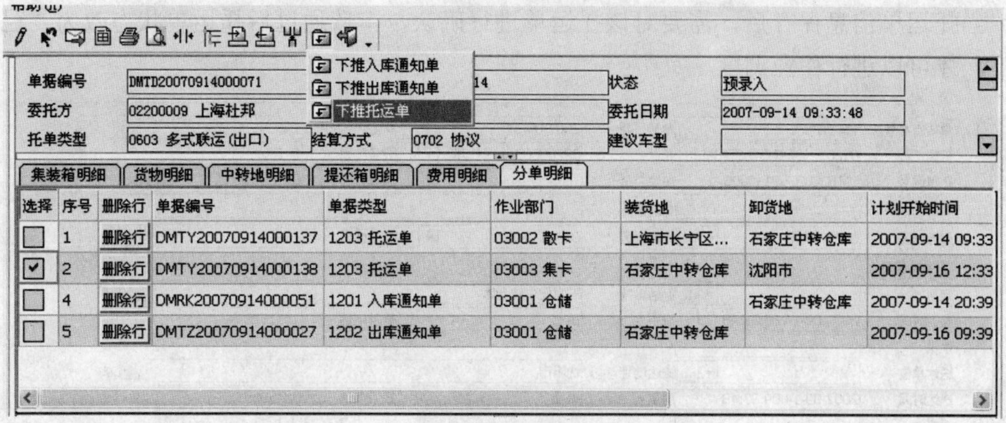

图 6.19　托单下推集卡托运单界面

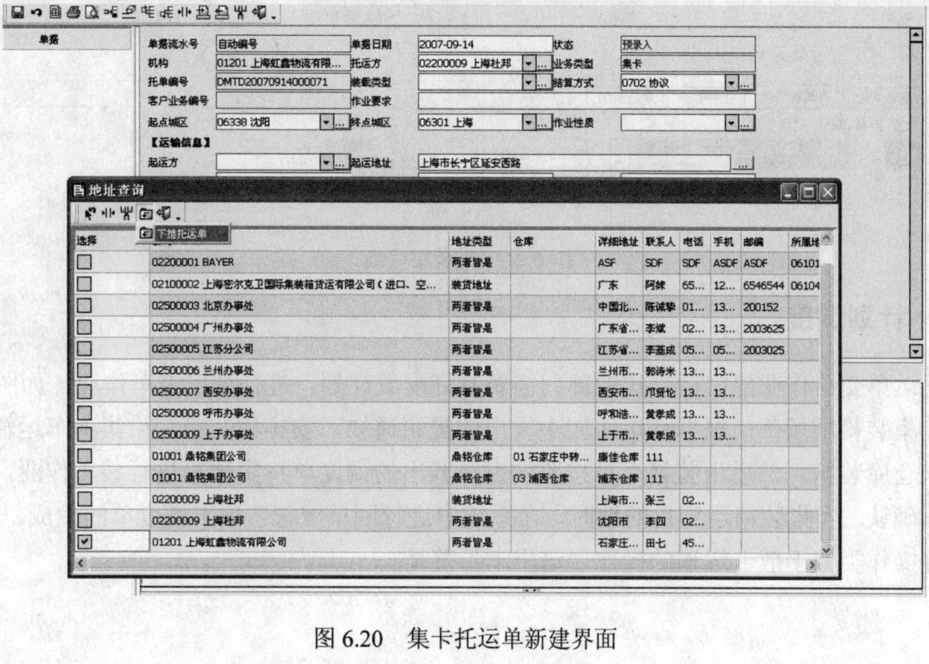

图 6.20　集卡托运单新建界面

集卡托运单新建界面操作规则：

(1) 自动填入项：托运单编号由系统自动生成；托运单的状态由系统自动设置为“预录入”；委托日期默认为系统当前时间；结算方式根据委托方自动带出，也可进行修改。

(2) 委托方、装货方、收货方等信息在基本资料中进行维护，装货方和收货方可以在基本资料中维护其对应的联系人、联系电话、装卸货地址等信息。如图 6.20 中可以通过下推得到详细信息。

(3) 集卡运输中集装箱明细必须填写，货物明细不填。集装箱明细中的箱号按照集装箱箱号的校验规则进行检验(前面 4 位为船公司代码，中间 6 位为流水号，最后 1 位为校验码)，如图 6.21 所示。

(4) 费用明细中的“对象”在基本资料中进行维护，默认为委托方；费用明细中的费用单价可通过录入助记码或费用名称自动带出；费用明细中的“币种”默认为“元”。

当托运单信息保存后，需要对该托运单进行确认，审核通过后托运单状态改为“已确认”，才可以进行作业调度。

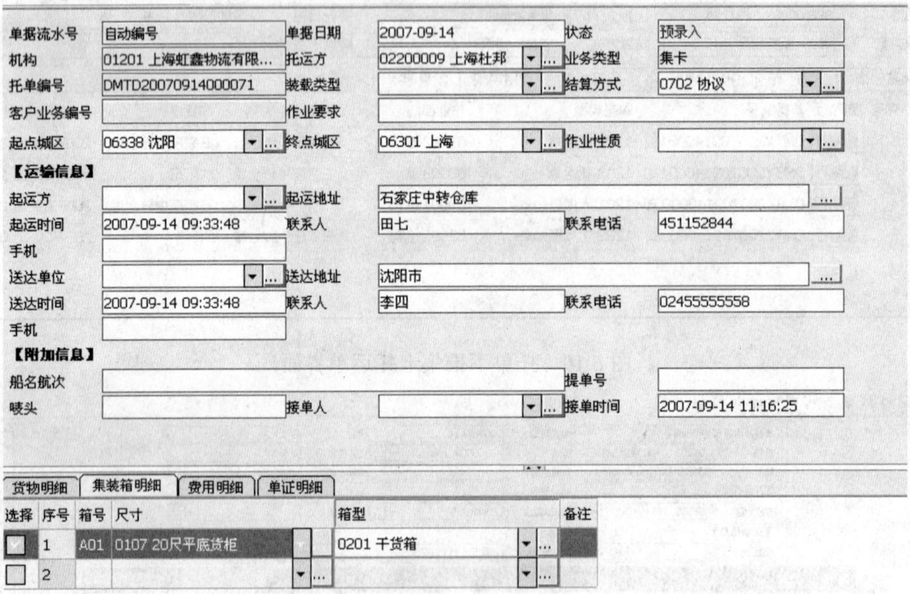


图 6.21　集装箱明细

## 6.4.2　计划调度

托运单交给作业部门后，作业部门需要制订配载计划，进行调度派车作业，如图 6.22 所示。集装箱堆场部门根据托单协同中发出的提箱通知，安排集装箱，由集卡车运输集装箱进入仓库装箱。然后由装箱人员按照调度员开出的调度单将集装箱进行装车作业，并进行发车确认。当集装箱运到目的地时，在系统中进行回单登记。集卡调度单的生成、派车、配载等操作类似于散卡运输的操作，这里不再赘述。

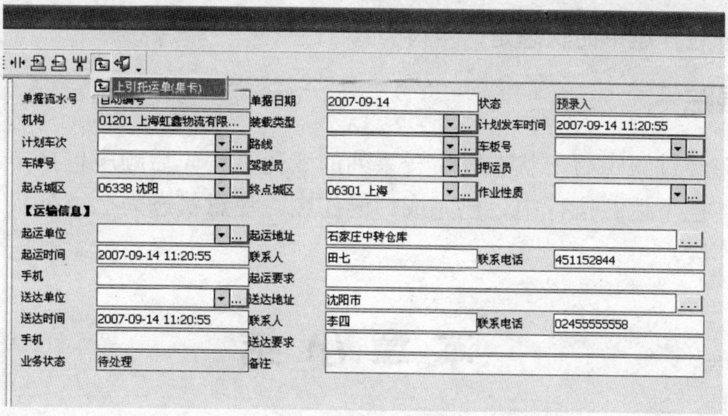

图 6.22　集卡配载调度界面

### 6.4.3　集卡运输发车、运输跟踪及回单管理

集卡运输具体作业和散卡运输类似，同样可以进行即时调度，调度员根据计划调度或即时调度的调度单，安排发车，打印装运单给驾驶员，进行发车确认。驾驶员根据装运单进行运输作业。运输过程中可对货物进行运输跟踪，货物送达目的地后，客户确认后收货，并签字确认，司机带回单回公司登记，集卡运输任务完成。

## 6.5　外包运输管理

### 6.5.1　外包托运单管理

外包托运单可以从调度单上引，也可以新增，其内容和操作方式与托运单大同小异，前者是承运方和业务类型，后者则是委托方和托单类型。执行“散卡运输 > 外包托运单”菜单，打开“外包托运单”窗口，如图 6.23 所示。

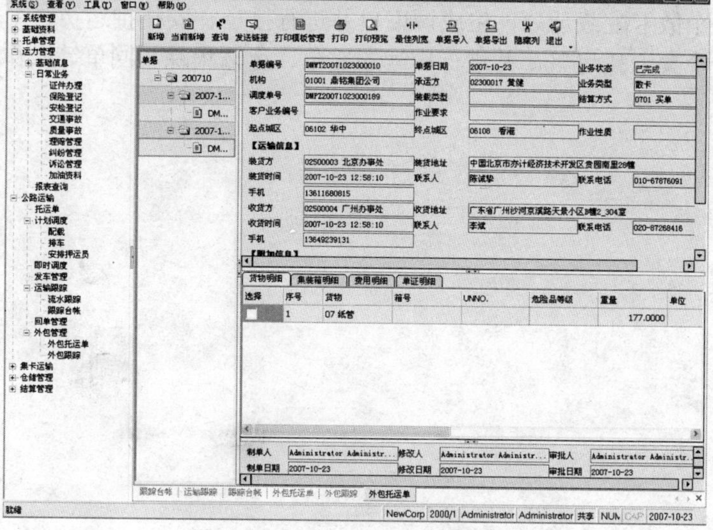

图 6.23　外包托运单管理

保存后的外包托运单的状态是“申请”。

### 6.5.2 外包跟踪

外包的订单经过跟踪后，状态发生一系列的变化，按先后顺序包括申请、已申请、已审批、已生效、已下达、执行中、已完成、已作废。注意状态为已审批状态之后的订单不能修改，只能作废。

## 本 章 小 结

本章针对完成物流业务流程中，在整个业务流程中运输流程的相关信息进行管理。首先介绍运输业务的相关概念，接着通过引入实例对运输过程中的多式联运、集卡运输、散卡运输等运输方式做了相应的介绍。如何制定业务流程，如何制订配载计划、排车、安排押运员，汽车在运输过程中的发车、跟踪、回单等相关流程的操作都进行了细致的说明。希望通过本章的介绍，使读者对运输管理的相关内容有更深层次的了解。

**关键术语**

运输管理、多式联运、散卡、集卡、外包、托运单

**实际操作训练**

1．由托单生成托运单。
2．对车辆管理、人员管理的相关信息进行维护。
3．新建一个散卡配载计划，生成调度单并进行排车、安排押运员。
4．生成一个集卡托运单，并进行后续的发车、运输跟踪、回单等操作。

# 第7章 仓储管理

【本章教学要点】

| 知识要点 | 掌握程度 | 相关知识 |
|---|---|---|
| 仓库作业流程 | 了解 | 验货收货、保管、检验、出库等 |
| 经济订货批量 | 掌握 | 订货量、订货周期、安全库存等变量计算 |
| 仓库管理系统的作用 | 熟悉 | 收货、储存、订单处理、拣选、盘点等 |
| 辨认入库种类 | 掌握 | 确认是否有入库通知单，按何种方式入库 |
| 收货操作 | 掌握 | 对相关收货确认、库存数量核对等问题进行练习 |

引言

仓储是仓库储存和保管的简称，一般是指从接受储存物品开始，经过储存保管作业，直到把物品完好地发放出去的全部活动过程，其中包括存货管理和各项作业活动。本章所讲述的仓储管理主要是企业将货物运至仓库但未办理入库单，通过“盲收”进行入库操作、在检验、盘点后进行发货、出库等操作，最后将一批货物安全运出的过程。

# 7.1 仓储管理概述

在企业的仓储管理中，仓库的产权、数量、规模、选址、布局以及存货内容等方面是最基本也是最重要的管理决策，它直接影响仓库资源的配置能力。

1. 仓库的产权决策

企业仓储考虑的第一项决策就是产权，即采用自营仓储还是公共仓储。在安排仓储空间时，公司有两种基本的选择：使用自营仓库或是公共仓库。选择这两者之间的哪一个，或者是将其结合起来使用是一项重要的仓储决策。

因为市场状况在不断的变化，公司在决定仓库产权时必须从全局出发，可以某些业务选择自营仓储，而另一些业务选择公共仓储。选择公共仓储可按需要签一份短期合同，租赁一些仓储空间。此外，与采用自营仓储相关的另一项决策是决定仓库的设计与布局。为此，采用自营仓储的公司对怎样最有效地利用仓库设施需要作出一系列决策。

2. 集中仓储或分散仓储

仓储的另一项重要决策就是在进行仓储时采用集中储存还是分散储存，这一决策实质上是决定公司有多少家仓库进行运作。在某些情况下，由于公司规模的原因，这一决策相对简单一些。也就是说，市场为单一地域的中小型公司通常只需一家仓库，只有那些以全国或全球为市场的大公司才需要对这一问题仔细考虑。

同采用自营仓储还是公共仓储一样，在分析各地采用仓库的必要性时也必须从全局出发。公司特定的供需状况使某一选择较其余选择更加有利。例如，一个在全国制造或销售某种竞争激烈的、可替代的产品的公司，可能需要采用分散仓储的方式在市场上提供快捷的服务。公司必须将仓库数量的决策同选择运输方式的决策紧密结合起来。例如，空运能够快速地使市场由一两个有战略性位置的仓库扩展到全国。虽然空运的费用相对高一些，但公司可以用减少库存、降低存货成本的办法来弥补。

3. 仓库的大小及选址

与仓库数量和集中仓储还是分散仓储决策密切相关的另外两个仓储决策是仓库大小及选址的决策。如果公司采用的是公共仓储，那么仓库大小问题不是很重要，因为公司可以根据它在不同时期内的需求来扩大或减少所需的存货空间。同样，当公司采用公共仓储时，选址问题也不是很重要。虽然公司必须决定使用哪里的公共仓库，但是这些仓库的地址是确定的，公司可以在必要时改变它的决定。

跟前两项决策一样，公司必须从全局考虑仓库的选址问题。公司必须以最少的物流总成本，达到对顾客服务的预期水平。通过对仓库指定功能的分析，公司能大致决定仓库的位置，例如，是选用在靠近市场，有较高服务水平的地方；还是选用靠近生产地，原材料集中的地方；或者由于一些其他的原因将二者结合起来考虑。最终的选址必须取决于运输、市场及地域特征等因素。一旦作出决定，再要改变，其耗费是巨大的，特别是采用自营仓储时。因此，非常有必要对所有因素进行适当的考虑。

4. 仓库布局

对于采用自营仓储的公司，尤其是对那些有全国和国际市场的公司而言，仓库的大小及选址是极其重要的问题。除了我们上面引述的仓储决策外，公司还必须决定仓库内部的布局。换句话说，公司必须决定仓库内部过道大小、货架、设备及其他所有占据空间的设施布局，以及在仓库内部如何最有效地安排储存。

5. 存货种类

仓库中储存货物的数量与种类也是仓储管理决策的一项重要内容，但如果公司拥有多处仓库，企业必须决定是每家仓库都储存所有种类的产品，还是专门储存某几类产品，或者是将二者结合起来。通常关于此类问题的决策，可采用线性规划决策模型来解决。

6. 人员的安全

人员安全也是影响仓储效率的一个因素。在一些传统的仓库里，人员干的是千篇一律的工作，包括一些险活和累活，由此形成的人员安全的风险也将影响管理决策。

仓储决策是一项重要的决策。提高效率和生产力将是仓储作业中的主要管理重点。通过仔细计划的存货管理和物流操作，结合适当地利用空间将比建造新的附加设施更为重要。

### 7.1.1 仓储作业管理

仓储作业管理是对货物进入库场储存进行卸货、搬运、清点数量、检查质量、装箱、整理、堆码、办理入库手续、保管和出库等一系列操作活动的控制和管理。

1. 入库前准备

仓储作业过程的第一步就是入库前的准备工作，一般有以下几个方面：

(1) 仓位准备。根据商品性能、数量、体积、重量等确定商品堆放地点，并进行清理工作。

(2) 接货人员、设备等物质的准备。

(3) 作业操作顺序的安排。根据商品入库的数量、时间、品种做好接货、验收、搬运、堆码等各环节的协调配合。在机器操作条件下，要事先安排好定人、定机的作业序列。

2. 验货收货

仓储作业的第二步就是验货收货。物品入库，只是物品在整个物流供应链上的短暂停留，而准确的验货和及时的收货能够加强此环节的效率。该环节主要包括以下几个步骤：

(1) 货物点收。这是收货的第一道工序，由仓库收货人员与运输人员或运输部门进行货物的交接。在货物运达之前，库场收货人员应根据堆存计划或与客户签订的存储合同对将要入库的货物情况进行详细的了解，如票数、货名、数量、尺寸、标志、性质和包装等。货物运到库场后，库场收货人员应根据货主或运输单位开列的有效凭证，先将大件(或整件)货物数量进行清点核准。大数验收可以采用逐件点数计总和集中堆码点数两种方法。逐件点数时可以借助计算器帮助记忆，以免出错。对于货物品种单一、包装大小一致、数量较多的货物，采用集中堆码点数的方法较好。集中堆码点数就是先将货物按一致的垛形整齐地堆放在库场上，然后根据长、宽、高各方向上的件数相乘便可得货堆总件数。

(2) 检查包装和标志。对每件货物及其标志进行仔细检查，以鉴定货物包装是否完整、牢固，有无破损、受潮、油污等情况，并仔细核对货物标志，看是否与单证记载一致。

(3) 办理交接手续。货物经过上述工序后，库场收货人员便可根据情况决定是否收货。对于满足收货条件的，可在交接清单上签收，并写上需要注明的情况，以便分清仓库与运输部门的责任；对于不符合收货要求的，可在交接清单上注明，并拒收货物。

(4) 质量验收。质量验收即鉴定商品的质量指标是否符合规定。质量鉴定分感官鉴定和理化鉴定两种方法。感官鉴定一般由仓库保管员在验收商品时凭感官检查商品的包装、外观；理化鉴定则需按技术业务部门提出的要求，由专门质量检查部门进行复杂的技术检验。

(5) 办理入库手续。货物验收后，由保管员或收货员根据验收结果在入库单上签收，并将货物存放的库房号、货位号标注在入库单上，以便记账、查货和发货。经复核签收的多联入库单分别由仓库保管员、记账员以及货主保存。其中，货主联作为货主的存货凭证。

3. 保管

仓储作业的第三步是存货保管。物品进入仓库进行保管，需要安全地、经济地保持好物品原有的质量水平和使用价值，防止由于不合理保管所引起的物品磨损和变质或者流失等现象。其具体步骤如下：

(1) 分区、分类和编号。分区是指存放性质相类似货物的一组仓库建筑物和设备。货位编号可根据仓库的库房、货场、货棚和货架等存货场所划分若干货位，按其地点和位置的顺序排列，采用统一规定的顺序编号。

(2) 堆码。货物堆码是指货物入库存放的操作方法，它关系到货物保管的安全、清点数量的便利，以及仓库容量利用率的提高。

(3) 盘点。货物的盘点对账是定期或不定期核对库存货物的实际数量与货物保管账上的数量是否相符，检查有无残缺和质量问题等。盘点可分为定期盘点和不定期盘点。定期盘点属于全面盘点，一般每季度一次；不定期盘点是在仓库发生货损货差时的盘点。盘点的具体做法包括：盘点数量、盘点重量、货账核对、账账核对，并进行问题分析，找出原因，做好记录，及时反映等。盘点的时间因盘点方法的不同而不同。定期盘点，一年1～2

次；不定期盘点，一年1～6次；每日每时盘点，一日1～3次。

(4) 养护。货物养护管理工作应防患于未然，建立必要的制度，并认真执行。因此，在货物养护的各个环节中必须抓好以下几个方面的工作：①安排适宜的保管场所。从有利于货物养护的角度来考虑货物存储的分区、分类方法是否合理。②认真控制库房温湿度。保管员应掌握各种货物对温湿度的基本要求，搞好库房的温湿度调节，采取适当的方法，保证货物对通风、密封和吸潮的要求。保管员应定期对仓库的温湿度进行监测，并做记录。③做好货物在库质量检查工作。④保持仓库的清洁卫生。⑤健全仓库货物养护组织。可以根据仓库规模的大小设专职或兼职养护员，也可设养护小组和养护实验室等机构。

4. 出库

仓储作业的最后一个步骤是发货出库。仓库管理员根据业务部门开出的商品出库凭证，进行物品的搬运和简易包装，然后发货。

(1) 商品出库方式。送货与自提是两种基本的发货方式，此外，还有取样、移仓、过户等。

(2) 商品出库作业。它主要包括两项内容：发货前准备和发放商品出库。发货前准备一般包括：原件商品的包装整理；零星商品的组配、备货和包装；待运商品机具用品、组装的场地准备、劳动力的组织安排等。商品出库作业流程的一般程序是：核账—记账—配货—复核—发货。

(3) 发货检查。对发货工作的实际情况进行检查，控制仓库出口处的差错。发货的检查工作主要有：①确定按传票规定量发货，既不多发，也不少发。对于相冲突的库存发货，一定要认真权衡发货量。②确认应发货的对象。③确认发货的品种，即对发货的商品进行核对。④检查所发商品及商品的质量。⑤确定发货时间和发货顺序。⑥核对运货车与发放商品。

## 7.1.2 库存管理方法和技术

库存是指处于存储状态的物品或商品。库存的目的是为了销售，要做到购销流畅必须讲究效率。商品库存量不能过多也不能过少。库存量过少就有可能脱销，因此就要经常检查商品是否齐备，要多采购畅销的商品，并加快这种商品的库存周转；但是，也要防止因商品库存量过多而影响资金的周转，必须经常对商品的库存量合理进行调整。由于存货的类型不同，要求采用不同的方法对库存进行管理，常用的库存管理方法有因果图分析法、ABC分析法、价值分析法、季节分析法和确定合理订货方式和订货量的方法等。

1. 因果图在库存管理中的应用

为了确定合理库存量，应考虑以下几个问题：有多少库存量是合理的；怎样控制合理的库存量；如何调整库存与订货、采购之间的关系。库存管理系统中存在的问题，可以采用因果图进行分析，找出影响库存的因素，以便改进工作。

因果图是在质量管理中用来分析问题的一种方法。采用该方法，可以分析产品质量与其影响因素之间的关系，其目的是找出影响质量的主要因素。该方法还可用来分析价格、交货期等问题，并能找出其中的主要原因。因果图在库存管理中的应用如图7.1所示。

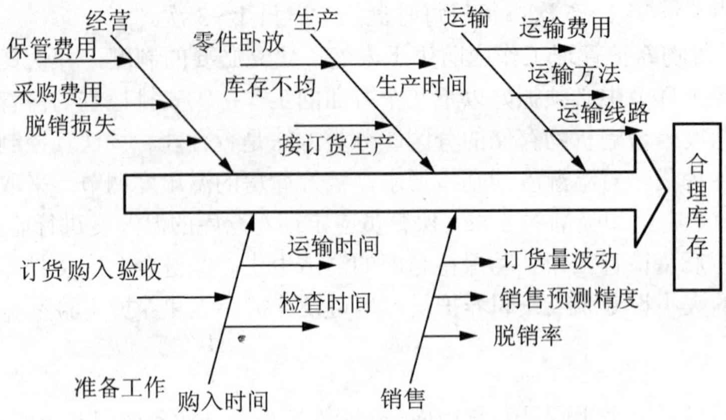


图 7.1　因果图分析法在库存管理中的应用

在绘制因果图时应集思广益，改善业务工作，解决关键问题，降低成本。如图 7.1 所示，把决定合理库存量的因素归纳为经营、生产、运输、购入时间和销售五个方面。

(1) 经营方面：降低购入物资的费用，降低生产、保管费用，就要维持合理的库存量。要避免脱销，起决定作用的是建立安全库存。因此，有必要对这些因素进行研究。

(2) 生产方面：按照订货组织生产时，或预测组织生产时，为了缩短生产周期，使工序间的库存量(在制品库存)均衡，应防止过多的库存。同时，要调整供需关系，做到库存合理。

(3) 运输方面：为了节约运输费用，改进运输方法，采取合理的运输线路，提高运输效率。

(4) 购入时间：以检查时间、运输时间、验收后到可使用为止的时间，以及订货、购入、验收方法等作为主要问题进行研究，详细分析各个要素，以便能迅速改进工作。

(5) 销售方面：研究销售途径，减少流通环节，减少中间库存，同时使缺品率达到零，库存量就要增大，这就有可能出现库存过多的现象。因此，产品或商品应分别保管，并应经常调整库存，同时提高销售预测的准确性，使库存系统保持稳定状态。另外还要研究订货数量多少的变动规律。

2. ABC 分析法在库存管理中的应用

在实际经营活动中，有体积大的物品，也有体积小的物品，有金额大的物品，也有金额小的物品。尽管商品种类很多，但对经营活动起主导作用的也只是其中的少部分产品，因此要对商品进行 ABC 重点管理。

ABC 分析法(ABC Analysis)又称帕累托分析法或柏拉图分析法、主次因分析法 、ABC 分类法等。平常人们也称之为“80 对 20”规则。它是根据物品在经济方面的主要特征，进行分类排队，分清重点和一般，从而有区别地确定管理方式的一种分析方法。由于它把被分析的对象分成 A、B、C 三类，所以又称为 ABC 分析法。

在库存管理中，ABC 分析法是将库存商品按当年的消费(销售)额的多少顺次排列，再按照高、中、低三档价格分别将各种商品累计金额和累计品种按照顺序排列出来，每档品种的销售量占全部价值的比例可以用图表示。根据ABC分析图，可以对不同等级的商品进行不同的管理方法：

A类商品：库存品种数占总数的10%～20%，价值占70%～85%。对A类商品应投入最多的精力和资源进行重点控制，可以采取以下管理措施：采取定期订货方式，定期调整库存；实行严格盘存制度，减少不必要的库存；预备库存要尽量减少；必须保证不拖延交货期等。

B类商品：库存品总数占总数的20%～30%，价值占10%～20%。可以采用比A类商品简单的管理方法，进行适当控制，对B类商品中销售额比较高的品种要采用定期订货方式或定期定量混合方式。

C类商品：库存品总数占总数的50%～70%，价值仅占5%～10%，只需进行简单控制，可采用多货架管理，简化管理手续；减少订货次数以降低费用；为防止缺货，安全库存要多些。

下面举例说明ABC分析法的具体应用。假设现需要对库存商品进行年销售额分析，运用ABC分析法的步骤如下：

第一，收集各个品目商品的年销售量，商品单价等数据。

第二，对原始数据进行整理并按要求进行计算，如计算销售额、品目数、累计品目数、累计品目百分数、累计销售额、累计销售额百分数等。

第三，做ABC分类表。在总品目数不太多的情况下，可以用大排队的方法将全部品目逐个列表。按销售额的大小，由高到低对所有品目顺序排列；将必要的原始数据和经过统计汇总的数据，如销售量、销售额、销售额百分数填入；计算累计品目数、累计品目百分数、累计销售额、累计销售额百分数；将累计销售额为60%～80%的前若干品目定为A类；将销售额为20%～30%左右的若干品目定为B类；将其余的品目定为C类。如果品目数很多，无法全部排列在表中或没有必要全部排列出来，可以采用分层的方法，即先按销售额进行分层，以减少品目栏内的项数，再根据分层的结果将关键的A类品目逐个列出来进行重点管理。

第四，以累计品目百分数为横坐标，累计销售额百分数为纵坐标，根据ABC分类表中的相关数据，绘制ABC分析图，如图7.2所示。

第五，根据ABC分析的结果，对ABC三类商品采取不同的管理策略。

ABC分析法操作简单，能够对库存控制做到重点与一般相结合，有利于降低库存，节约保管费用，减少节约费用，加速资金周转。

3. 确定订货方式和订货量的方法

(1) 经济订货批量(Economic Order Quality，EOQ)。经济订货批量是指库存总成本最小时的订货量。库存成本一般考虑以下主要因素：

库存保管费用：是指为保管储存物资而发生的费用，包括存储设施的成本、搬运费、保险费、折旧费、税金以及资金的机会成本等。

订货成本：是指每进行一次订货时所发生的费用，主要包括差旅费、通信费、运输费以及有关跟踪订单系统的成本。

缺货成本：指由于缺货不能为提供顾客服务而发生的费用，或由于紧急订货而支付的特别费用。

研究经济订货量的方法，用年库存管理的总费用和订货量的公式来表示，根据该公式确定最佳订货量。模型假设：每次订货的订货量相同，订货提前期固定，需求率固定。通过使某项库存年物资的年费用达到最小来确定相应的订货批量。

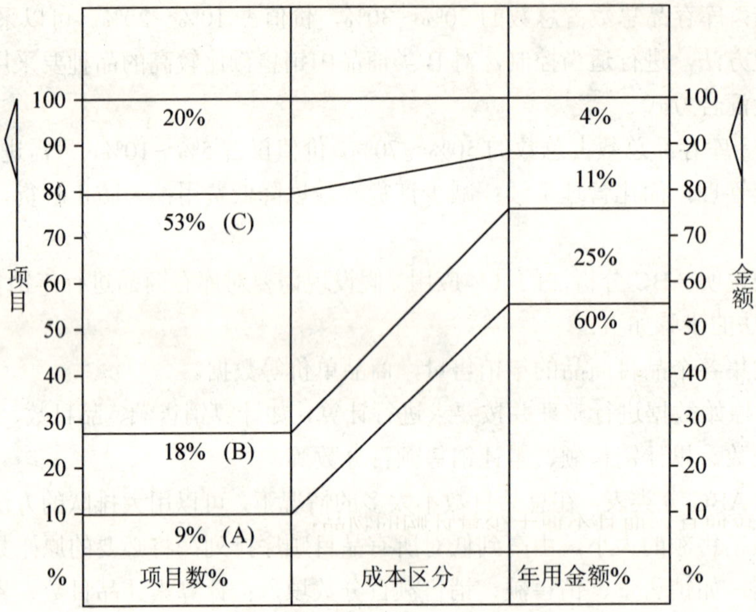


图 7.2 库存管理中的 ABC 分析图

① 理想的经济订货批量。指不考虑缺货，也不考虑数量折扣以及其他问题的经济订货批量。在不允许缺货，也不考虑数量折扣的情况下，库存物品的年度总费用(TC)=采购成本+订货成本+库存保管费用，即

$$TC = DP + \frac{DC}{Q} + \frac{QK}{2}$$

若使 TC 最小，将上式对 Q 求导后令其等于 0，得到经济订货批量 EOQ 的计算公式为

$$EOQ = \sqrt{\frac{2CD}{K}} \text{ 或 } \sqrt{\frac{2CD}{PF}}$$

公式中，$D$——某库存物品的年需求量(件/年)；

$P$——单位采购成本(元/件)；

$C$——单位订货成本(元/件)；

$Q$——每次订货批量(件)；

$K$，$PF$——单件库存平均年库存保管费用(元/件年)；

$F$——单件库存保管费用与单件库存采购成本之比。

② 允许缺货的经济订货批量。在实际生产活动中，订货到达时间或每日消耗量不可能稳定不变，因此有时不免出现缺货。允许缺货经济批量是指订货费、保管费和缺货费总费

用最小时订货批量，计算公式为

$$EOQ=\sqrt{\frac{2C_3D}{C_1}}\cdot\sqrt{\frac{C_1+C_2}{C_2}}$$

公式中，$C_1$——保管费用；

$C_2$——缺货费；

$C_3$——订货费；

$D$——需求量。

(2) 定量订货方式(订货点法)。定量订货方式在制造业已经得到普遍应用，其代表性方法是订货点法。所谓订货点法即库存降到一定水平(订货点)时，按固定的订货数量进行订货的方式。该方法的关键在于计算出订货点的储备量，即在库存物品的库存量降到必须再次订货时点时，仓库所具有的库存量。对于某种物品来说，当订货点和订货量确定后，就可以实现库存的自动管理。

订货点的计算公式：订货点=平均消费速度×平均到货期间+保险储备量

公式中“平均消费速度”是根据过去的实际消费值计算出平均值后，通过修正后得到的。“平均到货期间”是指库存下降到订货点以后开始，经过订货、送货、接货、检验以及入库为止的全部时间。这里，不仅指送货时间，而且包括送货之前的订货事务以及货物送达后的检验等时间。订货量一般根据经济订货批量来计算。

定量订货方式(订货点法)主要适用于下列物品的订货：

- 单价比较便宜，而且不便于少量订购的物品；
- 需求预测比较困难的维修物料；
- 品种数量繁多，库存管理事务量大的物品；
- 消费量计算复杂的物品；
- 通用性强，需求总量比较稳定的物品等。

(3) 定期订货方式。定期订货方式又称定期盘点法订货方式，是指每隔一段时间即进行订货，订货时间固定，每次订货量不定。该方法的关键在于确定订货周期。订货周期是指从提出订货，发出订货通知到收到货物为止的时间间隔。采用定期订货方式，其订购量的大小主要取决于各个时期的使用率。它比一般的定量订货方式要求更高的安全库存。它有可能在刚订完货时由于大量的需求而使库存降至零。这种情况只有在下一个盘点期才被发现。而新的订货需要一段时间才能到达。这样，又可能在整个盘点期T和提前期L会发生缺货。所以安全库存应当保证在盘点期和提前期内不发生缺货。

在定期订货方式下，假设T为两次订货间隔时间(也可称为两次盘点的间隔期)，Q为订货量，L为提前期，I为现有库存，$\overline{d}$为日平均需求(可以通过年平均需求预算出来，假定需求服从正态分布)，则安全库存S为

$$S=z\delta_d\sqrt{T+L}$$

公式中，$\delta_d$为盘点期和提前期内的需求量的标准差，z为一定顾客服务水平下需求量变化的安全系数，它可根据预定的服务水平，由正态分布表查出。

则定期订货方式下的订货量为

$$Q=\overline{d}(T+L)+S-I$$

定期订货方式主要适用于下列物品的订货：

- 消费金额高，需要实施严密管理的重要物品，如 A 类物品；
- 根据市场的状况和经营方针，需要经常调整生产或采购数量的物品；
- 需求量变动幅度大，而且变动具有周期性，可以正确判断的物品；
- 受交易习惯的影响，需要定期采购的物品；
- 多种商品一起采购可以节省运输费用的情况下；
- 同一品种物品分散保管、统一品种物品向多家供货商订货、批量订货分期入库、保管和入库不规则的物品；
- 物品取得时间很长的物品，定期生产的物品。

(4) 安全库存(Safety stock)。安全库存，又称保险库存，是为防止由于不确定性因素引起的缺货而设置的一定数量的库存。

如果某一期间的需求是一定的，不会出现变动，则没有设置安全库存的必要。但是，市场需求和生产现场的消费大多数情况下是要发生波动的，补充库存的交货期也会出现提前或延迟现象。此外，生产过程中出现的破损，仓库台账上出现的记账误差以及物料计算差错等都会导致库存与需求发生偏差。安全库存正是为了避免出现库存不足和过剩，对库存进行适当管理的需要而设置的。

对于安全库存的计算，可以根据顾客需求量发生变化、提前期固定，顾客需求量固定、提前期发生变化以及两者同时发生变化三种情况，分别求安全库存量。

① 需求量变化，提前期固定。假设需求的变化情况服从正态分布，由于提前期是固定的数值，因而可以根据正态分布图，直接求出在提前期内的需求分布的均值和标准差，或通过直接的期望预测，以过去提前期内的需求情况为依据，确定需求的期望值或标准差。在这种情况下，安全库存量的计算公式为

$$S = z\delta_d\sqrt{L}$$

公式中，$\delta_d$——提前期内的需求量的标准差；

$L$——提前期的长度；

$z$——一定顾客服务水平下需求量变化的安全系数，它可根据预定的服务水平，由正态分布表查出。

② 需求量固定，提前期发生变化。当提前期内的顾客需求情况固定不变，提前期的长短随机变化时，安全库存量的计算类似于需求量变化、提前期固定的情况，不同的是提前期内的需求量与提前期的频数(提前期的标准差)相乘求出的。此时，安全库存量的计算公式为

$$S = z\delta_L\sqrt{d}$$

公式中，$\delta_L$——提前期的标准差；

$d$——提前期内的日需求量；

$z$——一定顾客服务水平下的安全系数。

③ 需求量和提前期都发生变化。在现实中，多数情况下提前期和需求量都是随机变化的，此时，要通过建立联合概率分布来求出需求量水准和提前期延时的不同组合的概率，

然后把联合概率分布同上面导出的两个公式结合起来运用。因此，在这种情况下，如果假设顾客的需求和提前期是相互独立的，那么安全库存量的计算公式为

$$S = z\sqrt{\delta_d^2 \overline{L} + \overline{d^2}\delta_L^2}$$

公式中，$\delta_d$、$\delta_L$ 定义同上；

$z$——一定顾客服务水平下的安全系数；

$d$——提前期内平均日需求量；

$L$——平均提前期的长度。

# 7.2 仓储管理系统

仓储管理系统(Warehouse Management System，WMS)是用来管理仓库内部的人员、库存、工作时间、订单和设备的软件系统。这里的“仓库”包括生产和供应领域中各种类型的储存仓库和配送中心。一般来说，一个仓库管理系统应具备以下基本功能：入库作业、出库作业、库存查询、盘点作业和统计作业等。

## 7.2.1 仓储管理系统的作用

WMS 系统的效益(System Efficiency)主要体现在：

- 无纸化的操作，减少纸张的开销；
- 条码识别的正确性高，减少人为的错误输入；
- 增加库存的准确率；
- 快速、高效的物流环节；
- 有效的库存空间利用，降低营运成本；
- 各种当前和历史事务的统计报表为决策者提供准确、有用的信息；
- 数据交换接口的连通，增强企业现有应用系统的管理；
- 有效的库存管理和控制(Just-in-time，JIT)，减少额外的采购，同时保证库存量满足客户订货或生产计划的需要；
- 记录工作人员完成工作所花费的时间，掌握员工工作效率，增强对员工的管理；
- 建成后的仓库管理系统，将使企业仓库的管理工作跨上一个新的台阶，将为生产部门的指挥决策提供更有价值、更具时效性的分析数据；
- 将单据所需的大量纸张文字信息转换成电子数据，简化了日后的查询步骤，工作人员不用再手工翻阅查找各种登记册和单据本，只需输入查询条件，计算机在很短的时间内就会查到所需记录，并将内容显示在屏幕上，大大加快了查询速度。提高生产数据统计的速度和准确性，减轻汇总统计人员的工作难度。

对上海博科股份有限公司的仓储管理系统 WMS 应用实际效果分析(如图 7.2 所示)，WMS 系统给企业带来直接效益：

- 减少库存货物寻找时间 50%～90%；
- 减少发运错误 50%～90%；

- 减少安全库存量 25%～60%；
- 减少加班时间 20%～50%；
- 减少运费花销 5%～25%。

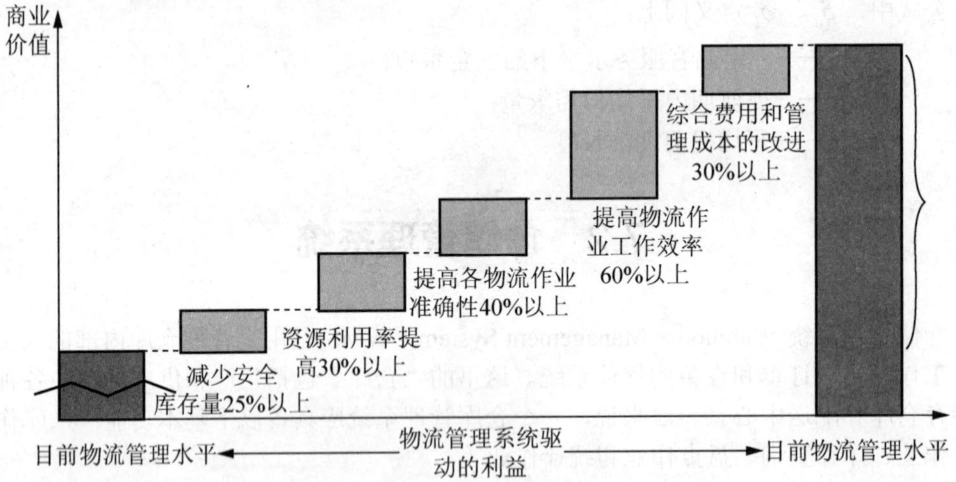


图 7.2　WMS 应用实际效果分析

这些效果无疑会给仓库带来明显的效益，据统计，采用 WMS 后，仓库的配送能力一般能提高 20%～30%，库存和发货正确率超过 99%；仓库利用率提高，减少数据输入误差；库存和短缺损耗减少；劳动、设备、消耗等费用降低。这些最终都为仓库带来巨大的经济效益。另外。WMS 的应用需要许多电子技术相配合，如条码、射频识别等。

### 7.2.2　仓储管理系统的功能

仓储管理系统(WMS)按照常规和用户自行确定的优先原则，来优化仓库的空间利用和全部仓储作业。对上，它通过电子数据交换(EDI)等电子媒介，与企业的计算机主机联网，由主机下达收货和订单的原始数据；对下，它通过无线网络、手提终端、条码系统和射频数据通信(BFDC)等信息技术与仓库的员工联系。上下相互作用，传达指令，反馈信息，更新数据库，并生成所需的条码标签和单据文件。

一个包含有射频终端(RF Terminal)的 WMS 的基本软件包支持仓储作业中从进货到发货的全部过程，其功能概括如下：

(1) 收货。货到站台，收货员将到货数据由射频终端(RF Terminal)传到 WMS，WMS 随即生成相应的条码标签，粘贴(或喷印)在收货托盘(或货箱)，经扫描，这批货物即被确认收到，WMS 指挥进库储存。

系统可以处理多种不同的收货情况，可以与已有的生产资源计划系统(Manufacturing Resource Planning，MRP)、配送资源计划系统(Distribution Resource Planning，DRP)，以及订单系统(Sales Order System)高度整合，由以上系统产生的入库任务可以直接导入系统，系统同时支持网上下单、纸质凭证、电话传真等形式。系统的收货方式分为：根据采购单产生发货通知单/验收单以及无采购单或无发货通知单收货。

采购单和发货通知单/验收单可以经由人工输入、EDI 或者专有的媒介传入系统。收货资料进入系统后，系统以 EDI 或(并)以其专有的界面反馈给相关处理模块。同时，系统由验收单可以查询到箱或托盘编号的资料。收货过程包括所有收取货品入库的必要活动。如由产生入库单、卸货、验货至货品经流通加工移入货架上的储位等。同时，系统通过储位管理模块提供建议性的储位以实现仓库存放空间的最大利用。

(2) 储存。WMS 按最佳的储存方式，选择空货位，通过叉车上的射频终端，通知叉车司机，并指引最佳途径。抵达空货位，扫描货位条码，以确保正确无误。货物就位后，再扫描货物条码，WMS 即确认货物已储存在这一货位，可供以后订单发货。

(3) 订单处理。订单到达仓库，WMS 按预定规则分组，区分先后，合理安排。例如：交由 UPS 公司快运的，要下午 2 时前发货；需由公路长途运输的，要 5 时前发货，有些货物需特别护送，等等。WMS 按这些需要，确定安排如何最佳、及时地交付订单的货物。

(4) 盘点。盘点处理模块主要通过条码数据采集器下载盘点作业信息，并根据作业要求进行盘点操作。盘点完成后将盘点实际情况反馈至系统，系统将自动生成盘点报表。

盘点可能发现储位错误，也可以出现盈亏；对于储位错误，可以通过移库作业完成，对于数量的盈亏，可以通过单据冲销完成。

系统能够根据货品情况，提出每排存放货品建议，通过组排作业，可以提高托盘的使用效率，实现托盘、货品、储位的对应。

(5) 拣选。WMS 确定最佳的拣选方案，安排订单拣选任务。拣选人可由射频终端指引到货位，显示拣选数量。经扫描货物和货位的条码，WMS 确认拣选正确，货物的库存量也同时减除。

(6) 发货。WMS 制作包装清单和发货单，交付发运。称重设备和其他发货系统也能同时与 WMS 联合工作。

发货与收货是相反的两个作业流程。客户的订单录入系统，系统产生拣货单，客户订单的货品经拣取过程后配送出库。出货程序管理能够加速客户订单的履行与仓库货品的管理。系统能够对配送进行管理，根据路线选择货品配载，车辆调度，等等。

(7) 调度管理。系统能够实现自动调度、人为调度、自动与人为调度结合等调度形式。系统可以自动进行储位分配、人员设备调度，也可以完全人为进行控制，同时还支持系统调度之后的人为干预。多种调度形式能够最大程度满足不同客户的运作现状。

(8) RF 支持。先进的 WMS 系统支持 RF 无线射频终端，可以有效地搜集有关货品、储位以及作业状态，信息可以由无线传输方式送到系统的数据库中。同时，系统可以将调度或自动分配给操作人员的任务传输给 RF 持有人。

(9) 预警及账表管理。预警是系统对货品保质期、仓库使用率、任务执行状态、合约到期、应收应付逾期等的报警。

系统提供物资类账表、管理类指标报表、财务类台账账表，系统定义了近 40 种账表，还可以根据客户需求进行报表定制。

除此之外，WMS 还能提供更多的附加支持，包括：库存补充，循环盘存，班组工作实时监管等。更先进的 WMS 还能连接自动导向车(AGV)、输送带、回转货架和高架自动储存系统(AS/RS)等，而最近的新趋势则是与企业的其他管理系统相结合，例如，运输管理系统(TMS)、订单管理系统(OMS)和企业资源规划系统(ERP)等，使之融入企业的整体管理系统之内，从而提高对客户的服务水平和降低总成本。

### 7.2.3 仓储管理系统业务流程

仓储管理系统业务流程是仓储管理最重要也是最基本的内容。不同的企业，业务流程也往往差异很大。从一定程度来说，实现企业信息化的过程实际上也就是优化产业结构的一个过程，因此企业应用软件系统常常可以为企业带来管理质量上的变化。在本书的软件实例中，根据仓储管理系统业态的不同，可以有散货入库业务流程、散货出库业务流程等，如图 7.3 和 7.4 所示。

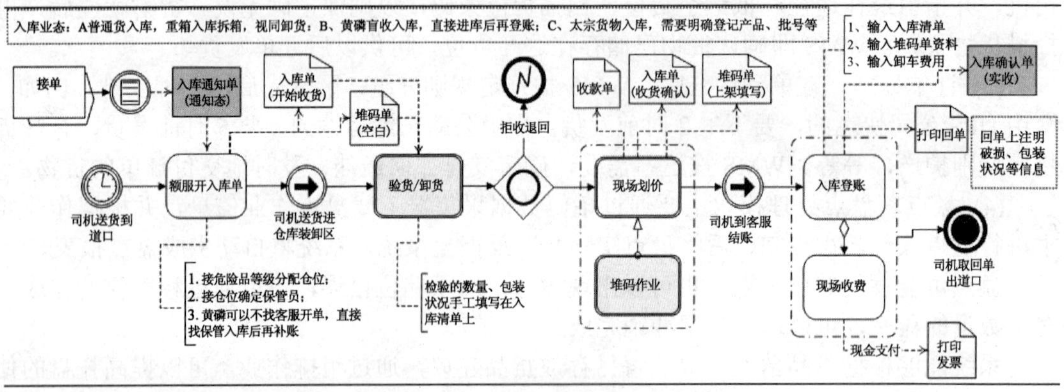


图 7.3　散货入库业务流程

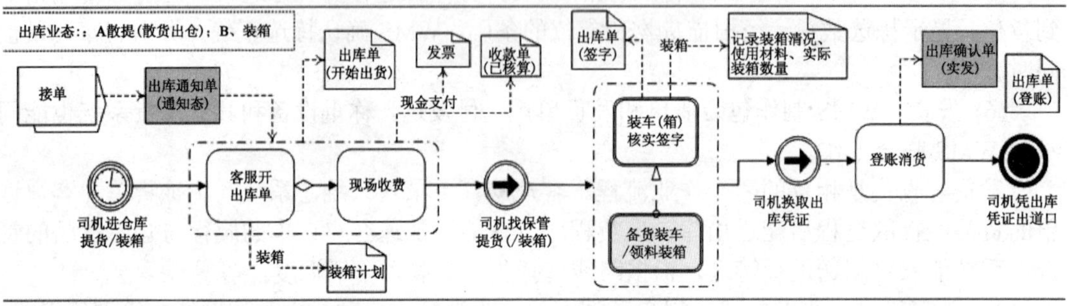


图 7.4　散货出库业务流程

## 7.2.4　仓储管理系统基础资料

1. 仓库

仓库通常被看做是储备存货的地方。

(1) 支持多地区、多个点的多仓库模式。

(2) 可以为不同目的创建不同的仓库。例如，如果您的企业在某地做代售商品的贸易，就可为该地点建立一个代售仓库。也可以创建一个虚拟仓库。

(3) 仓库的结构如图 7.5 所示，可以设置有库区、库位二个层级，也可以只设置库区一个层级。仓库的设置决定了将来仓库的管理模式。

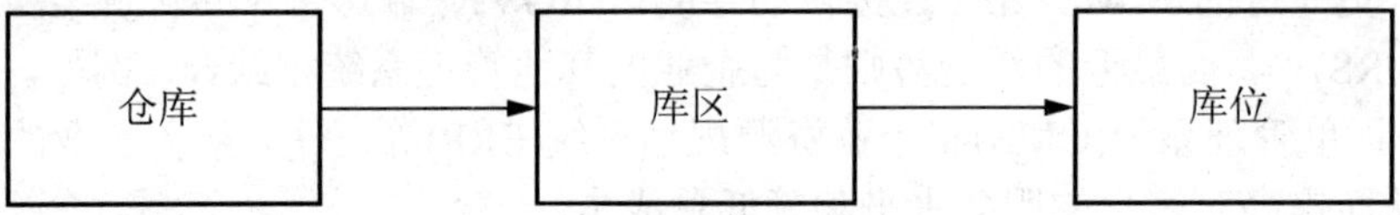


图 7.5　仓库的结构

(4) 仓库的属性：节点状态：表示未启用；表示已启用；表示已使用；表示

已使用后被删除。

仓库录入界面如图7.6所示。

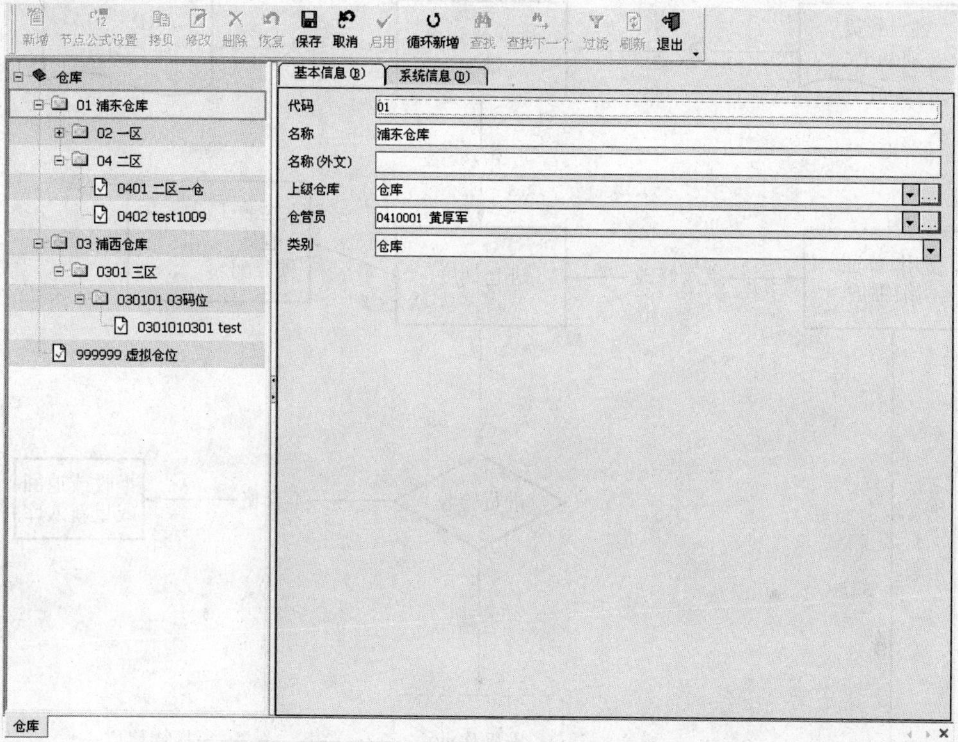


图7.6 仓库录入界面

2. 库区

库区用于定义仓库内的区域。一个库区是多个地点的集合，每个地点只在一个库区中。库区也是按照仓库中实际的划分而定义的，例如：卸货区、理货区、拣选区、存储区等；生产型的企业也可以定义为原材料区、成品区、半成品区、辅料区等；第三方物流库区可以以客户或者产品为区进行划分，如发动机区、电子元器件区、纸箱区等。

3. 库位

收到货物后，它就被储存在仓库的某个库位。每个库位在物理上都有唯一的标识号。

(1) 库位可以根据货架的摆放方式，按走廊、箱柜、层数三个维度的方式编码。

(2) 库位也可以根据需要只设置到仓区一层，不设置货位。

(3) 仓库中的库位设置可以按照仓库人员的实际操作而进行配置。

## 7.3 进仓作业

进仓作业描述了仓储入库业务中的各个步骤和单据流转过程，主要包括收货调度、收货与检验、保管员划价、上架或堆码、收货入库确认等作业。在本书使用到的仓储管理系统中，整个进仓流程分成预入库通知单维护、收货调度、收货确认、盲收、堆码五个部分，进仓流程如图 7.7 所示。

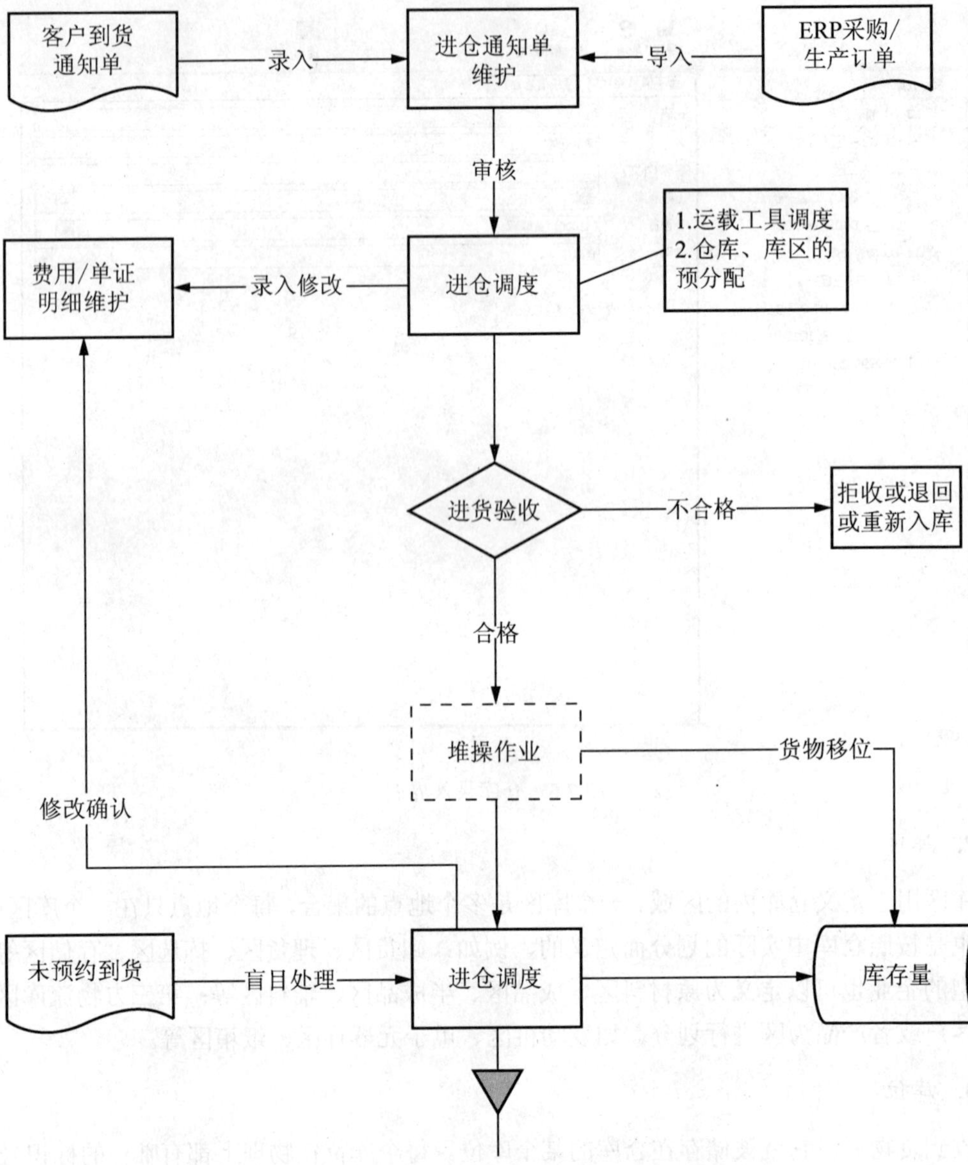


图 7.7　进仓流程

进仓作业模块中各业务表单之间的关系如图 7.8 所示(图中的虚线表示非必要表单)：

进仓作业中各模块之间的关系如图 7.9 所示(图中的虚线表示非必要模块)：

一般而言，一个完整的入库作业流程是在获取了入库通知单后，仓库人员需要进行收货调度，准备和安排收货。待入库车辆到达后，开始实际收货作业，进行卸货并检验(检验操作不是必需的)，仓库收货人员清点实际收货数量，可进行单次或多次收货。在收货或检验后可以打印收货单，让送货方签字。

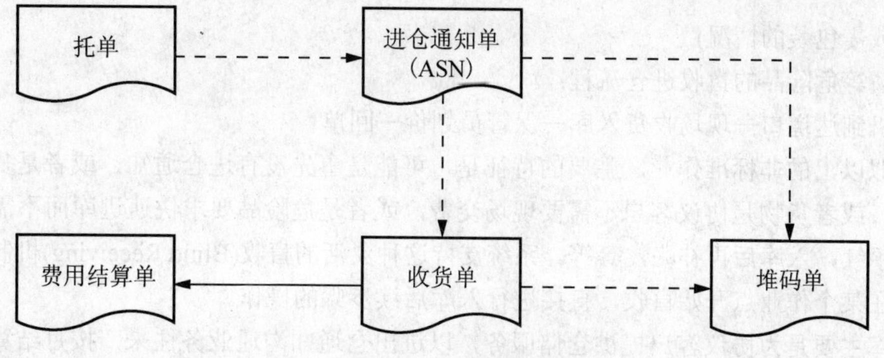


图 7.8 进仓流程中各业务表单的关系

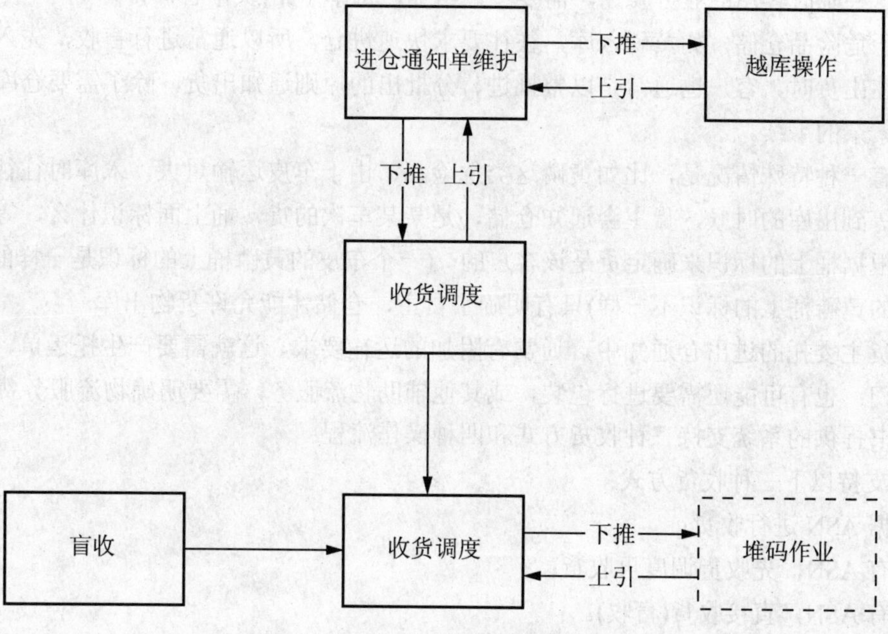


图 7.9 进仓作业各模块间的关系

然后，保管员根据收货作业情况进行划价，送货司机需要到财务进行费用结算。与此同时，由仓库人员把收到的货物进行堆码或上货架作业，并把堆码或上架情况输入系统，即上架输入。

收货作业完成，需要进行入库确认，实现收货的库存登账。入库确认，需要以打印的收货单和费用结算凭据为前提。收货单需要保管员和送货司机的双方签字确认，待费用结算和登账后，在收货单上进行回单签字，作为司机出门凭证。

需要说明的是，堆码或上架输入可以在入库确认之前，也可以在入库确认之后。但如果出现二者之间，货物账不平的情况，需要查明原因，报主管审批后，方可进行库存调整。

由于危险品的特殊情况，许多情况下，并不总是能够按照标准流程操作。因此，仓储系统需要具有灵活性，支持各种非规范的作业方式。比如临时客户进仓，还有对黄磷等危险品的盲收入库等。

临时客户的进仓流程：

司机申请进仓—收货调度—现场收货入库—保管员划价—司机到财务交费—回单(如

有破损或需包装的情况)

黄磷等危险品的盲收进仓流程：

司机到达道口—现场收货入库—保管员划价—回单

类似以上的非标准作业，主要的特征是，可能是事先没有进仓通知，或者是货物不需要检验，或者货物是协议客户不需要现场交费，或者是危险品要求快速进库而不需要调度的各种手续，入库后再补账，等等。系统支持这种灵活的盲收(Blind Receiving)机制，可以随机地在某个作业点开始盲收，直接进行入库后续步骤的操作。

仓库主要是为协议客户提供仓储服务，以进出仓通知沟通业务往来，按月结算费用。但也有临时业务，客户事先与仓储没有明确的协议关系，货物到达仓库门口要求进仓。仓储接受这种临时客户的业务委托，需要按单结算，每单一结(买单客户)。

对于危险品仓储，如黄磷入库，往往要求快速进仓。所以通常进行盲收，先入库，再补账。在出货时，客户也通常是以整批进、分批出的原则通知出货，除了需要仓库验货，不能有繁杂的手续。

还有一种特殊情况是，比如黄磷这类危险品，由于车皮运输量大，入库时往往不明确货主。等到出库的时候，货主会通知仓储，是某某车次的货，桶上面标识什么，等等，这样仓库根据桶上的标识来确定货是该客户的。(一个车皮的黄磷桶上的标识是一样的，不同的车皮的黄磷桶上的标识不一样)只有明确了货主，仓储才能允许货物出库。

在货主委托的进出仓通知中，通常有附加的运输要求，这就需要产生托运单，下达给承运部门；也有可能还需要进行包装，或其他辅助物流服务，需要明确物流服务费用。

本书提供的系统支持三种收货方式和四种操作流程：

● 支持以下三种收货方式：

根据 ASN 进行收货；

没有 ASN，先收货调度再收货；

没有 ASN，直接收货(盲收)。

● 支持以下四种操作流程：

标准流程：ASN—收货调度—收货确认—(堆码)；

简化流程：收货调度—收货确认—(堆码)；

简便流程：收货确认—(堆码)；

快速流程：盲收。

● 可以选择的流程环节：

堆码作业不是必要流程，如果仓库是立体库，那么需要做堆码处理，如果客户为了操作上的方便也可以不进行堆码作业。

堆码作业可以放在收货确认前一步操作，也可以放在收货确认后操作，完全由用户的业务模式而定。

### 7.3.1 入库通知

入库通知单作为仓储业务的客户委托，是仓储业务流程的主线，主要有新增、查询、确认(或作废)等状态。

一般而言，一个完整的进仓作业流程从入库通知单(ASN)输入开始。在获取了入库通知单后，仓库人员需要确认其有效性，使其可进行后续操作。入库通知功能主要包括：通知单录入、通知单确认、通知单作废、通知单关闭。一个仓库一张进仓通知单；入库通知单明细中的仓单号和批号两者，至少要输入其中的一个；入库通知单关闭是指对于调度后通知单，在该通知单对应的所有收货作业都完成并确认后才可进行关闭，也可以在没有收货完成的情况下人工进行中止关闭，关闭后的通知单只能查看。

1. 入库通知单(ASN)创建方法

(1) 没有托单的情况下，直接新增一个ASN。

(2) 有托单的情况下，由分单模块生成新的ASN。

2. 入库通知单(ASN)注意点

(1) 一个仓库一张进仓通知单。

(2) 进仓通知单明细中的仓单号和批号两者，至少要输入其中一个。

(3) 进仓通知单关闭：一般来说，对于调度后的通知单，在该通知单对应的所有收货作业都完成并确认后才可进行关闭，也可以在没有收货完成的情况下人工进行中止关闭，关闭后的通知单只能查看。

3. 入库通知单(ASN)的输入资料

(1) 主信息：货主信息、进仓类型、结算方式、预收货时间段、托单编号等相关信息。

(2) 货物明细：仓单号、批号、货物代码、品名、数量、单位、货品性质及要求等。

(3) 单证明细：记录货主提供的附属单证的相关信息，如单证类型、编号、数量等。

4. 客户自定义字段的备注说明

(1) 主信息：提运单号、进货车号、靠泊点、来源、船名船次、船期等信息，主要是为了提供集装箱的运输服务。

(2) 货物明细信息：毛重、净重、体积、价格等，这些资料主要方便提供仓储收费；联合国编码(UNNo.)、危险品等级、商检批号、唛头等信息是提供危险品仓储服务的。

5. 入库通知单系统操作流程

(1) 入库通知单查询。在仓储管理模块中，进入进仓作业子模块，打开入库通知单维护界面，单击查询按钮，弹出入库通知单查询界面，如图7.10所示。

可输入单据日期、货主、仓单号和货物等信息查找入库通知单，单击“确定”按钮出现查询结果界面(如图7.11所示)，从中了解入库通知单明细。

(2) 新增入库通知单。单击“新增”按钮，新建一个入库通知单，如图7.12所示。

在入库通知单新增界面中，输入货主等信息，并根据货物入库情况，在货物明细中和单证明细中输入货物信息和单证信息之后，单击“保存”按钮，并单击“确认”按钮，在确认界面的审批意见中填入意见，单击“通过”按钮(如图7.13所示)，则新增一个入库通知单。

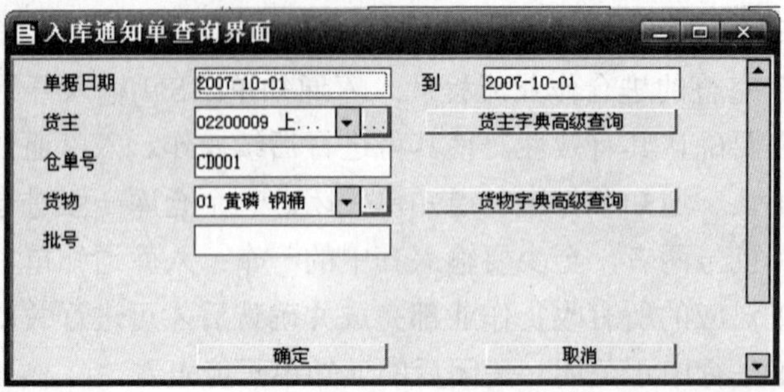


图 7.10　入库通知单查询

图 7.11　入库通知单查询结果

图 7.12　新增入库通知单

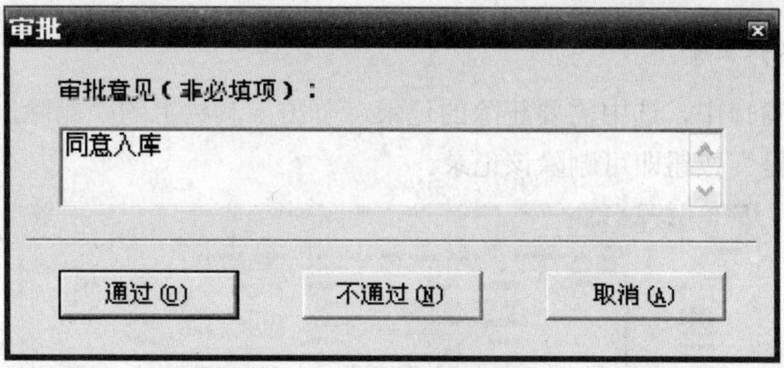


图 7.13 新增入库通知单审批

需要注意的是当新增一条 ASN 时，系统会自动给出 ASN 编号，并且不能修改。编码的规则由客户定义；入库通知单状态分为系统提供预录入、已确认、作废、作业中、已关闭等五个状态；入库通知单确认(或作废)是在预录入后，调度之前进行确认(或作废)，确认后的通知单不能作废。

### 7.3.2 盲收处理

当收货是没有入库通知单而进行盲收(盲收流程和检验盲收流程模式)时，执行“仓储管理”→“进仓作业”→“盲收”菜单，打开盲收列表，该列表显示为当前条件下查询出来的已进行盲收的列表单据。

1. 新增盲收的收货单

盲收流程中，在没有入库通知单的情况下直接收货，操作如下：

(1) 选择“仓储管理”→“盲收”，打开“盲收”窗口，如图 7.14 所示。

单击工具栏上“新增”按钮，输入“收货日期”(默认的是当天，可进行修改)和“仓区”继续输入其他需要字段。

(2)“收货单号”由系统自动生成，作为收货单的唯一标识，不可修改。

(3) 在“费用明细”标签页中，增加货物的详细信息及“仓单号”。

(4) 打开“单证明细”标签页，增加一条空白记录行，输入“单证类型”、“单证号”、“数量”。可输入多条记录。

(5) 打开“费用明细”标签页，增加一条记录行，输入“业务编号”、“费用类别”。可输入多条记录。

(6) 单击“保存”按钮，保存收货单。如果需要继续新增收货单，则单击窗口上的“新增”按钮，重复步骤(2)～(6)。

2. 浏览/修改盲收收货单

(1) 单击“查询”按钮，输入查询条件，在所示的列表窗口中会显示符合条件的记录，单击“收货单号”可以查看收货单的详细信息。

(2) 如果需要修改部分信息，单击“修改”，完成后单击“保存”按钮进行保存。在此窗口中单击“新增”按钮，也可以继续新增收货单。

3. 删除盲收收货单

在盲收列表窗口中，选中需要删除的记录，单击工具栏上的“删除”按钮，在出现的提示框中单击“是”按钮即可删除该记录。

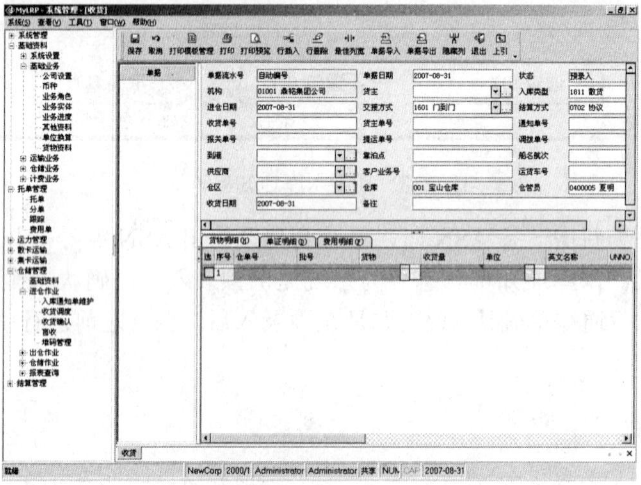

图 7.14 盲收处理界面

### 7.3.3 收货调度

当入库车辆到达仓库后，首先找调度员开收货通知，仓库作业人员根据收货通知进行收货作业。如果事先没有入库通知，则需要找客服协商，在同意进仓的前提下等调度新增一张调度单；如果是危险品或其他急需物品则进行盲收处理，不需要开收货通知。

在收货通知单中，需要按危险品等级给货品分配一个指定的仓位，但不具体到某个仓位，明细仓位由堆码或上架时确定。

系统对危险品在选择仓位的时候，如果仓位不符合危险品等级则系统不允许选择。

系统基本资料里面维护仓位和保管员的对应关系(仓位和保管员是多对一的关系)，通过仓位可以确定一个保管员。

收货通知单需要打印，作为收货作业指令。在打印出收货通知单的同时打印一份堆码单(作为一式至少 3 份，上面包括：仓位、货名、数量、托盘数。此时的堆码单上有对应的进仓通知单号、收货通知单号、货名、危险等级等，其他内容为空)。

通常，一个入库通知单，可能会分批送货过来，因此会产生多个收货通知。只有相应的收货通知单作业全部完成，入库通知单方可关闭。

收货调度的界面比进仓通知单的界面多一个费用明细，费用明细也可以在收货确认中输入。在没有通知单的情况下，盲收调度单据的界面与之基本一致。

1. 收货调度功能

- 对一张入库通知单可以按单进行收货，也可以分批进行收货。
- 对于送货频率频繁的公司，调度统一协调送货车队的作业顺序、具体时间段和到指定地点。

- 预分配某个仓库和卸货区或月台。
- 安排卸载工具。
- 指定某个仓管员进行收货处理。
- 可以修改进仓通知单上的部分资料，包括入库数量、结算方式等。

2. 收货调度单创建

- 没有进仓通知单的情况下，新增一个收货调度单。
- 有进仓通知单的情况下，直接对它进行调度。

3. 收货调度操作

(1) 新增按入库通知单收货的收货单。在执行入库通知单确认后，待物料卸货后就需要进行收货的操作。可以对一张入库通知单进行多次收货，生成多张收货单。

- 单击工具栏上“新增”按钮，在界面中单击“上引”，选择“上引入库通知单”，打开查找入库通知单的窗口，在查询结果中选择一条入库通知单记录，单击“下推”按钮，选择“下推收货调度”将选中的记录带到“收货调度”窗口。
- 输入“收货日期”(默认的是当天，可进行修改)和“仓区”继续输入其他需要的字段。
- “收货单号”由系统自动生成，作为收货单的唯一标识，不可修改。
- “入库通知单号”是在入库通知单输入界面中由系统产生的单号，在此处也不可修改。收货单是根据通知单产生的，即每一张收货单都对应一张入库通知单，但是每一张入库通知单可以产生多张收货单。
- “状态”是由系统自动设置的，输入保存之后状态为“已确认”，在进行检验或上架后该收货单不能再进行修改或删除。
- 从上引的通知单中带出货物详细信息会显示在“货物明细”标签页中。
- 在货物明细中输入物料的“收货量”，可以一次收货完成，也允许多次收货。
- 打开“单证明细”标签页，增加一条空白记录行，输入“单证类型”、“单证号”、“数量”。可输入多条记录。
- 单击“费用明细”标签面，增加一条空白记录行，输入“费率”、“费用类别”必须。可输入多条记录。
- 单击“保存”按钮，保存收货单。
- 如果需要继续新增收货单，则单击窗口上的“新增”按钮，重复上述步骤2－7。

(2) 浏览/修改收货单。

- 单击“查询”按钮，输入查询条件，在图7.15所示的列表窗口中会显示符合条件的记录，单击“收货单号”可以查看收货单的详细信息。
- 如果需要修改部分信息，单击“修改”，完成后单击“保存”按钮进行保存。
- 在此窗口中单击“新增”按钮，也可以继续新增收货单。

(3) 删除收货单。

- 在相应窗口中，选中需要删除的记录。
- 单击工具栏上的“删除”按钮，在出现的提示框中单击“是”按钮即可删除该记录。

概括来说，当查询到或新增了一个入库单后，单击“下推”按钮，则可进行收货调度作业。在收货调度界面，输入仓区、收货量和其他相应信息，单击“保存”，并单击“确认”后，完成收货作业，如图 7.15 所示。

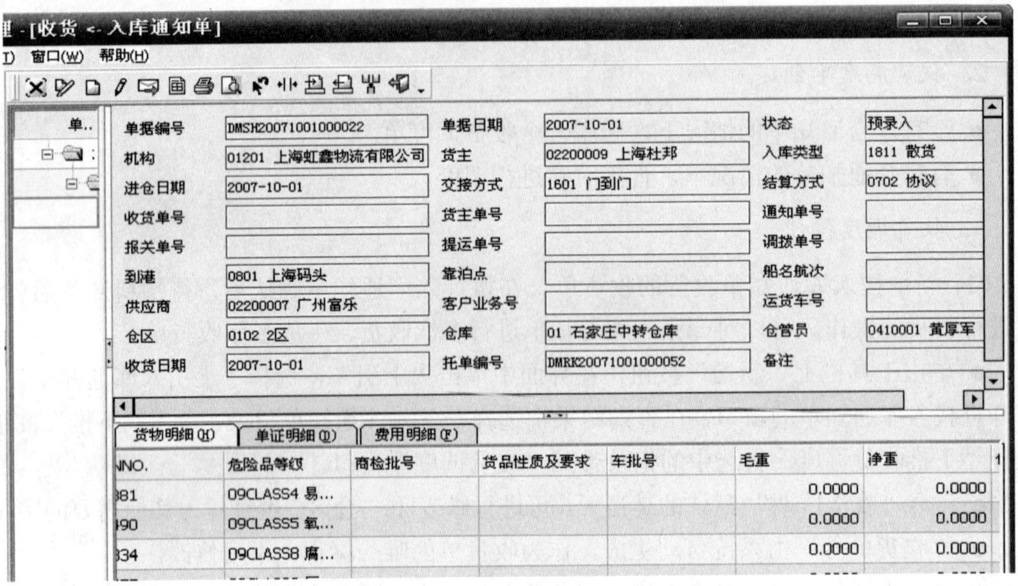


图 7.15　入库收货调度

### 7.3.4　收货确认作业

收货确认作业也可称为回单处理。当入库车辆到达并卸货后，仓库收货人员需要清点实际收货数量。这时，一些明显有质量问题的货物就可能被直接退回而不计入收货量。收货量通常小于等于通知量，如果标志允许，则可以大于通知量。此步骤可能通过一些手持式终端设备(如 RF 等)实现。

货物收货后，可能需要检验后才能正式入库。经过检验，同一桶号的货物可能被分为不同的状态。如验货通过，保管员分配具体的仓位，同时把实际的货品信息填写在堆码单上，然后保管员把堆码单的一份贴在货物上，一份交给仓库管理员，一份随入库通知单交给客服。如验货不通过，对有安全隐患(如外包装严重破损)的货品仓库不能接收，客服会要求客户把货提走(但客户不一定是马上就把这些货提走，可以暂时落入残损仓存放)。

收货确认标志对客户收货作业的完成，通过这个过程，收货入库的货物正式进入库存账。因此，即使进行盲收入库，收货确认也是最后一个必需的作业。

为了确保这个过程及时执行，对司机送货的回单管理，也作为收货确认作业的一部分。只有在进行了收货确认和费用结算以后，方可开回单给司机。

在本系统中收货确认流程是入库作业的必要流程，只有经过此操作，货物正式进入库存账，从而拥有对货物的控制权，其界面和收货调度界面基本一致。

1. 收货确认的功能

- 对货品名称、实际接收数量、包装情况、费用明细进行确认。
- 对于收货确认后、货物，系统自动做虚拟上架的处理，默认为货物存在对应库区的虚拟库位，这样在出仓作业的时候省略了拣货环节。

● 收货量通常小于等于通知量，如果根据客户的预设置为允许大于通知量，则可以实际收货大于通知量。

● 对于有明显的质量情况的货物不予进仓或做其他处理。

2. 收货确认操作需要注意的问题

对于某些货物在进仓时做了上架，而在出仓的时候没有做拣货而直接确认，会导致库存明细表中对应虚拟区的数量可能为负数的情况。这是因为省略拣货环节，系统在出仓的时候一般扣除相应的虚拟库位的数量，这时总的库存量不变，如果客户要消除这个问题，只要做个货位移位的操作，将物理货位上的货物移到虚拟库位上就可以了。

3. 收货确认操作流程

正常收货或者盲收完成后，需要对收货进行确认。单击“仓储管理”→“进仓作业”→“收货确认”菜单，打开收货单列表，该列表显示为当前条件下查询出来的已收货的列表。单击“查询”，按条件检索出收货单，选择收货单进行确认，单击“确认”按钮，则保存。

### 7.3.5 堆码管理

按照正常操作流程，收货结束后进行堆码上架操作，若不进行此操作，系统将货物统一算入虚拟仓位。上架可能是有入库通知单和收货单的标准入库流程中，按收货单上架，输入仓位。执行“仓储管理”→“进仓作业”→“堆码管理”菜单，打开上架单列表，进入堆码管理界面，如图 7.16 所示。

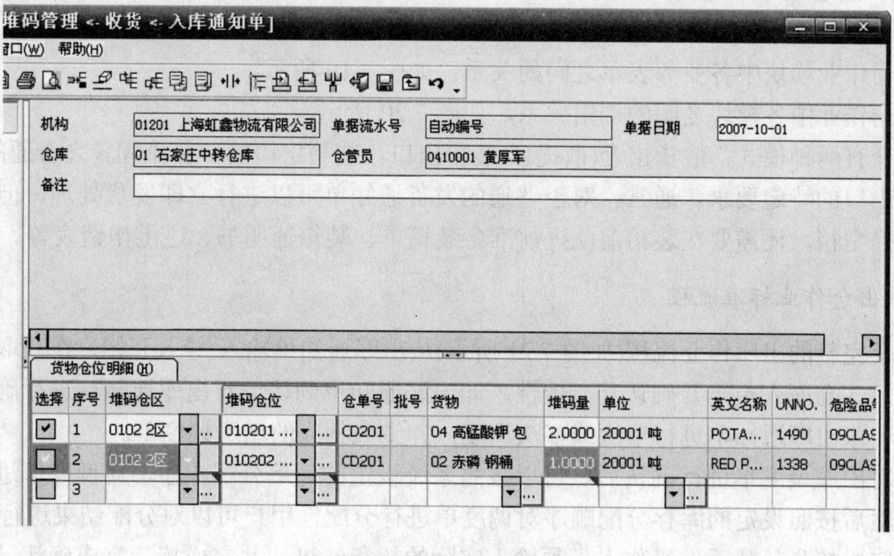


图 7.16　堆码管理

操作步骤：选择“仓储管理”→“进仓作业”→“堆码管理”，打开“堆码管理”窗口，单击工具栏上“新增“按钮之后，选择“上引”上引收货确认好的单据，如图 7.17 所示。上引后，出现查询界面，可根据各种条件进行查询，选中已经查询的结果，单击“下推”进入堆码管理界面。在堆码管理界面中，对上引过来的收货确认单据进行仓位的补充，从下拉框中进行选择。输入完成后，单击“保存”，继续新增堆码管理单，则单击窗口上的“新增”按钮，重复上述步骤。

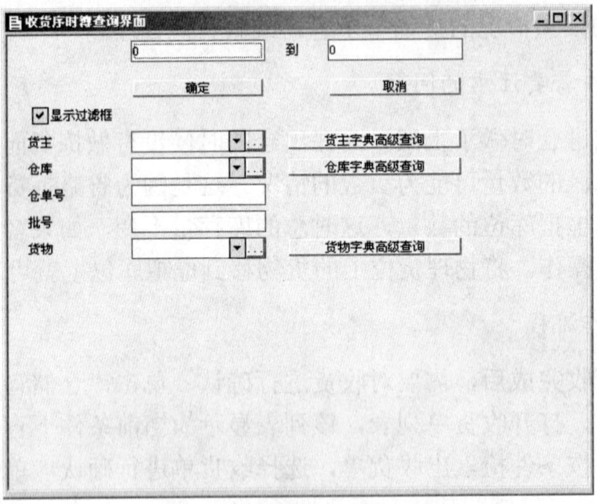


图 7.17　新增堆码管理单

## 7.4 出仓作业

出仓作业描述了仓储出库业务中的各个步骤和单据流转过程，主要包括出仓通知单输入/导入、出仓通知单确认、发货单输入、拣货单输入、发货确认、盲出等。出仓流程，如图 7.18 所示。

出仓作业模块中各业务表单之间的关系，如图 7.19 所示。

出仓作业中各模块之间的调用关系，如图 7.20 所示。

出仓有两种模式：散货出仓(散提)、装箱出口。装箱出口的业务流程较之普通的散货，有关联出口的特定要求。通常，对于普通的发货通知单可以进行立即发货处理。但装箱需要事先提空箱，还需要在装箱前就提前准备装箱单、装箱证明书、进港申请表等。

### 1. 出仓作业标准流程

一个完整的出库作业流程(如图 7.21 所示)从出库通知单输入/导入开始，在获取了出库通知单后，仓库人员需要确认其有效性，即出库通知单确认。对出库通知单进行确认后，允许对一张出库通知单进行单次或多次调度，并生成相应的出库调度单。

在对出库调度单进行确认后，可以按照系统设定的订单分配顺序，对调度单进行排队处理，然后按照设定的库存分配顺序对调度单进行分配，用户可以对分配结果进行调整。

在完成拣货任务后，操作人员须输入实际的拣货结果，并完成拣货完成确认。拣选完成后须创建发货单，待物料装车完毕后，在系统中进行发货确认。

### 2. 盲出货流程

本系统支持盲出货，即在没有出库通知单和调度单的情况下，直接进行出库操作。盲出货的起点是盲出处理，然后发货确认，流程如图 7.22 所示。

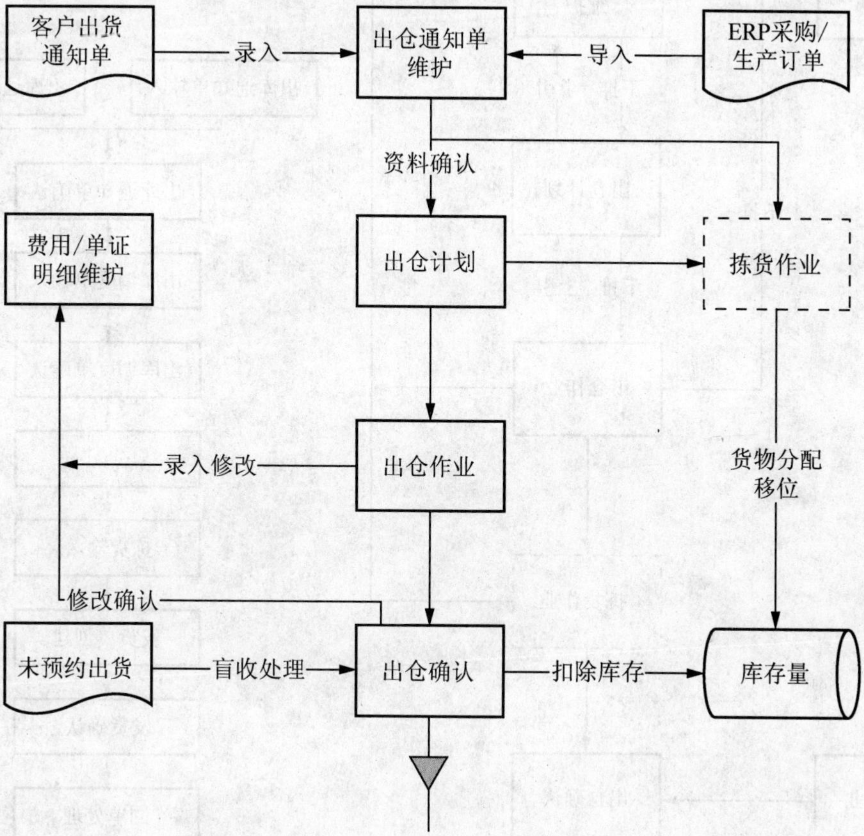


图 7.18　出仓流程

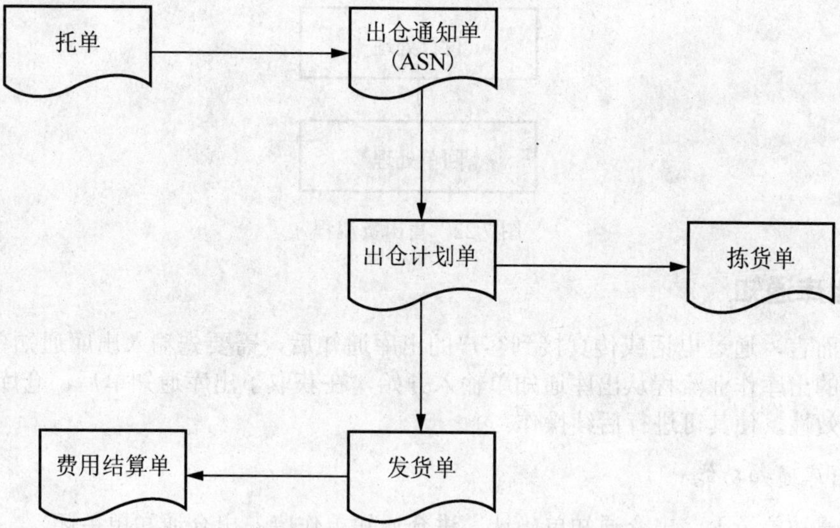


图 7.19　出仓作业模块中各业务表单之间的关系

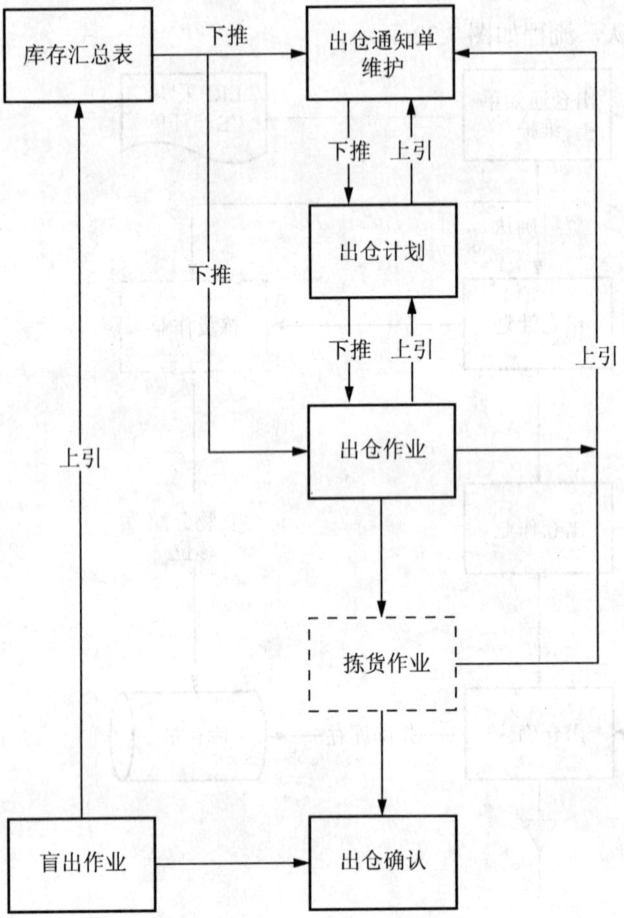


图 7.20　出仓作业中各模块之间的调用关系

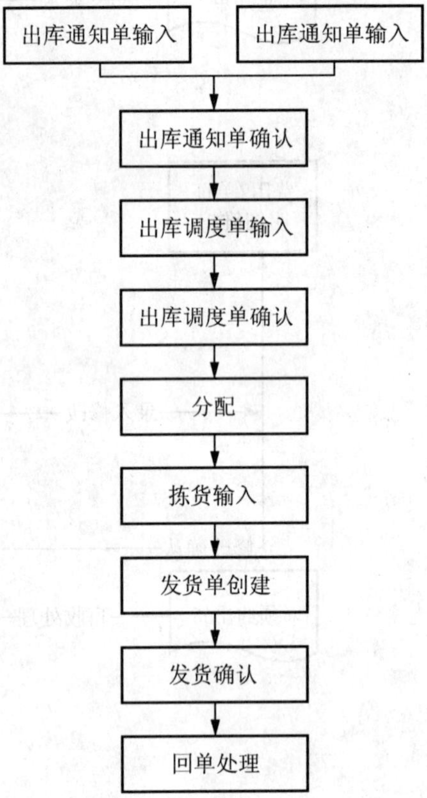


图 7.21　出仓作业标准流程

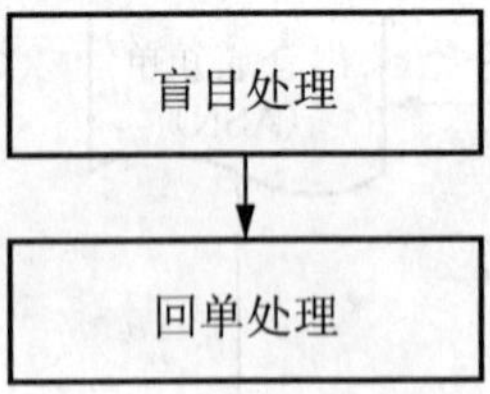


图 7.22　盲出货流程

### 7.4.1 出库通知

一般而言，通过电话或传真接到客户的出库通知后，需要先输入出库通知单(ASN)。一个完整的出库作业流程从出库通知单输入开始，在获取了出库通知单后，仓库人员需要确认其有效性，使其可进行后续操作。

1. 出库通知功能

出仓通知单录入、出仓通知单确认、进仓通知单作废、出仓通知单关闭。

2. 出仓通知单创建

(1) 没有托单的情况下，直接新增一个 ASN。

(2) 有托单的情况下，由分单模块生成新的 ASN。

3. 出仓通知单的输入资料

(1) 主信息：货主信息、进仓类型、结算方式、预收货时间段、托单编号等相关信息。

(2) 货物明细：仓单号、批号、货物代码、品名、数量、单位、货品性质及要求等。

(3) 单证明细：主要记录货主提供的附属单证的相关信息，如单证类型、编号、数量等。

4. 出仓通知单说明

(1) 出仓通知单编号：新增一条 ASN 时，系统会自动给出 ASN 编号，并且不能修改。编码的规则由客户定义。

(2) 出仓通知单状态：系统提供预录入、已确认(或作废)、已调度、执行中、已关闭五个状态。

(3) 出仓通知单确认(或作废)：一般在预录入后，调度之前进行确认(或作废)，确认后的通知单不能作废；如果已经对出仓通知单进行调度操作，则不允许撤销确认。

(4) 出仓通知单关闭：一般来说，对于调度后的通知单，在该通知单对应的所有出货作业都完成并确认后才可进行关闭，也可以在没有出货完成的情况下人工进行中止关闭，关闭后的通知单只能查看。

5. 出库通知单操作流程

在出库界面，按订单需求，查询或新增加一个出库通知单，当查询的一个出库通知单被查到后，确定、审核通过，完成出库通知作业；若是新增加一个出库通知单，则在相应界面，输入出库量，确定、审核通过后，完成出库通知作业，如图 7.23 所示。

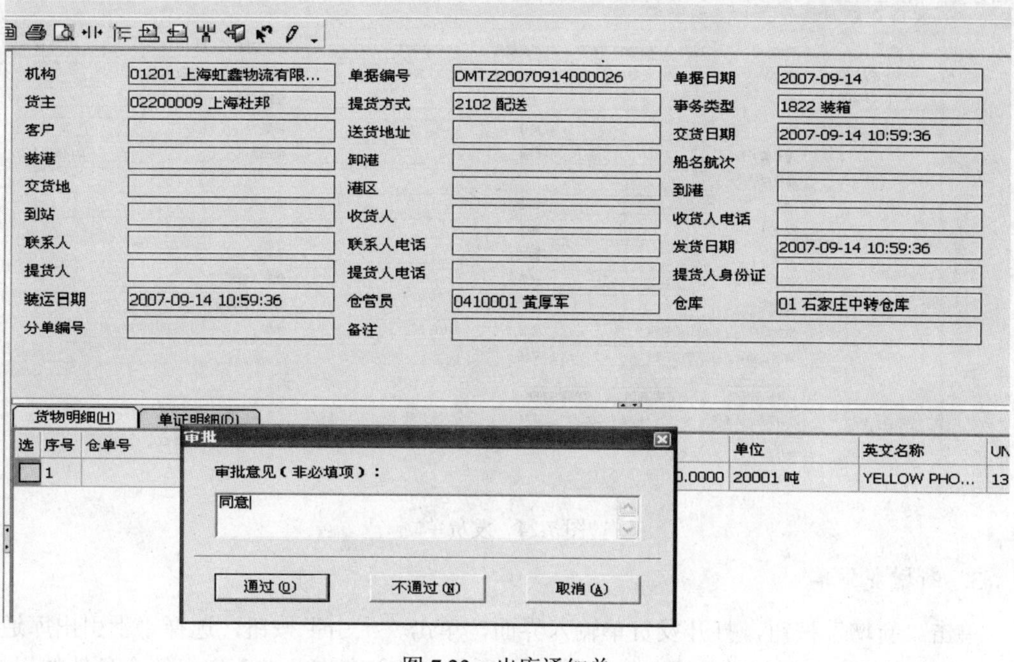


图 7.23 出库通知单

### 7.4.2 发货调度作业

发货调度由发货通知列表生成开始，按照系统设定的分配顺序，对发货通知列表进行排队处理。本书的实例系统支持按照设定的库存分配顺序(FIFO、FEFO 等)对发货通知进行分配。

1. 发货安排

发货安排指的是根据出仓计划进行具体的发货作业安排。一般情况下，系统会检查该发货通知单中的货品库存量是否满足发货要求，如果存在缺货情况，则系统不允许立即发货。

对于半自动化仓库，打印作业单据是发货安排重要的工作。通常需要打印发货通知单列表和空白堆码单。仓储作业人员接收到这两个清单后开始进行发货作业。

对于装箱出口，还需要提前打印装箱单、集装箱装运危险货物装箱证明书(标准套打)、危险品进港申请表等。

对于已经进行发货安排的发货单，其状态从“出货建议”变为“已调度”。

2. 发货单操作流程

标准出库流程中，执行出库通知单确认后，将进行出库发货单输入即调度的操作。可以对一张出库通知单进行多次调度，生成多张调度单。

执行“仓储管理”→“出仓作业”→“发货单”菜单，打开出库调度单输入列表，该列表仅显示已生成的发货单。单击“下推出库通知单”进入发货单界面，生成与该出库通知单一致的发货单。另外，可根据条件查询一个发货单，或新增加一个发货单，输入发货量，保存为一个发货单，如图 7.24 所示。

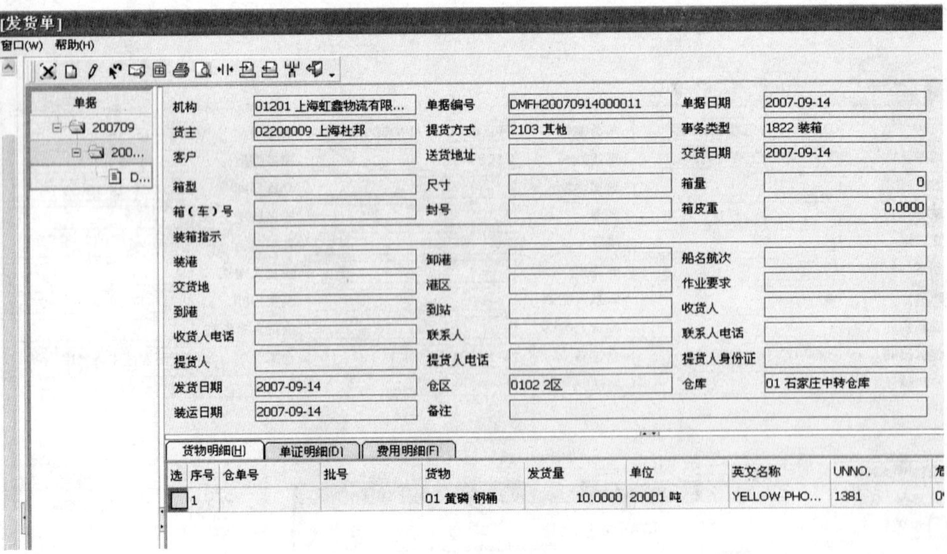


图 7.24 发货单

3. 新增发货单

单击“新增”按钮，打开发货单输入界面，单击“上引”按钮，选择“上引出库通知单”，弹出查找出库通知单的窗口，如图 7.25 所示，输入查询条件查询出符合条件的记录。

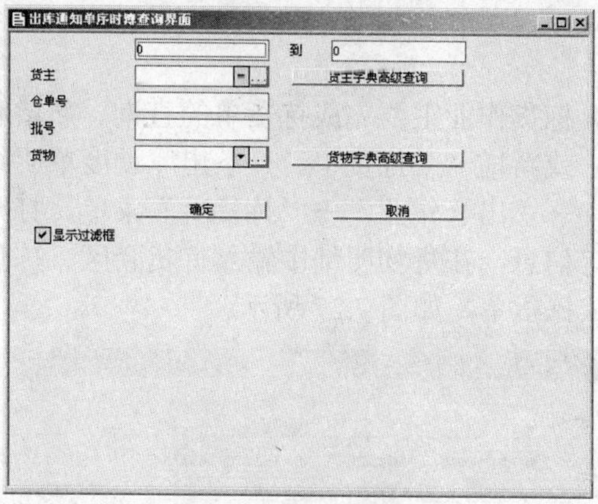


图 7.25 新增发货单查询

选中一出库通知单，下推到发货单，下推之后，修改货物明细中的调度数量。

如果调度数量小于出库通知单中的数量，则以后可继续增加出库调度单，即一张出库通知单对应多张出库调度单；如果调度数量等于出库通知单中的数量，则将选定的出库通知单中的物料可调度量全部产生到一张出库调度单中，即一张出库通知单对应一张出库调度单。

“单据编号”由系统自动生成，作为出库调度单的唯一标识，不可修改。“通知单号”是在出库通知单输入界面中由系统产生的单号，在此处也不可修改。发货单是根据通知单产生的，即每一张发货单都对应一张出库通知单，但是每一张出库通知单可以产生多张发货单。单击“保存”按钮，保存发货单。单击“查询”按钮，输入查询条件，窗口中会显示符合条件的记录，单击“单据编号”可以查看发货单的详细信息。

4. 浏览、修改、删除发货单

如果需要修改部分信息，单击“修改”按钮，进入界面修改，完成后单击“保存”按钮进行保存。在图 7.26 所示的列表窗口中，选中需要删除的记录。单击工具栏上的“删除”按钮，在出现的提示框中单击“是”按钮即可删除该记录。

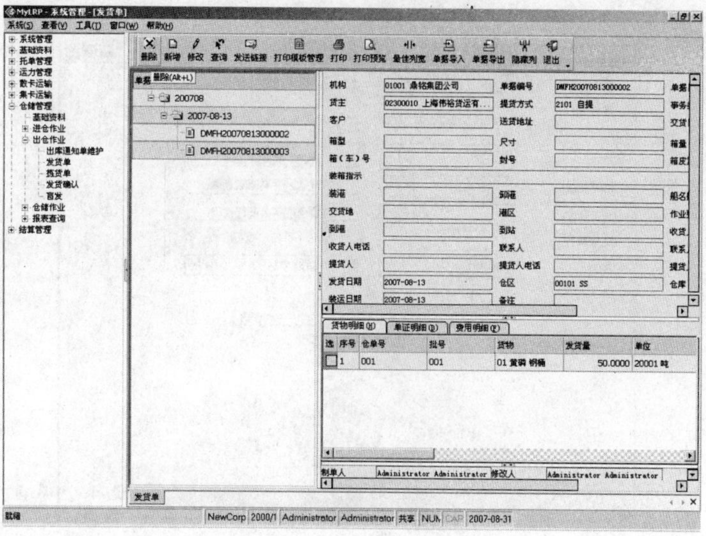


图 7.26 发货单修改、删除界面

### 7.4.3 拣货作业

在仓储管理系统中，拣货作业主要完成拣货单的查询、新增和取消等功能。根据发货单，查询相应的拣货单，或新增一个拣货单。一条出库调度单明细可能对应多条拣货结果明细。执行“仓储管理”→“出仓作业”→“拣货单”菜单，打开拣货输入列表，在新增拣货单界面，输入货主等信息，在货物明细中输入拣货仓区、拣货仓位、货物及拣货量等数据，保存、确定后生成拣货单，如图 7.27 所示。

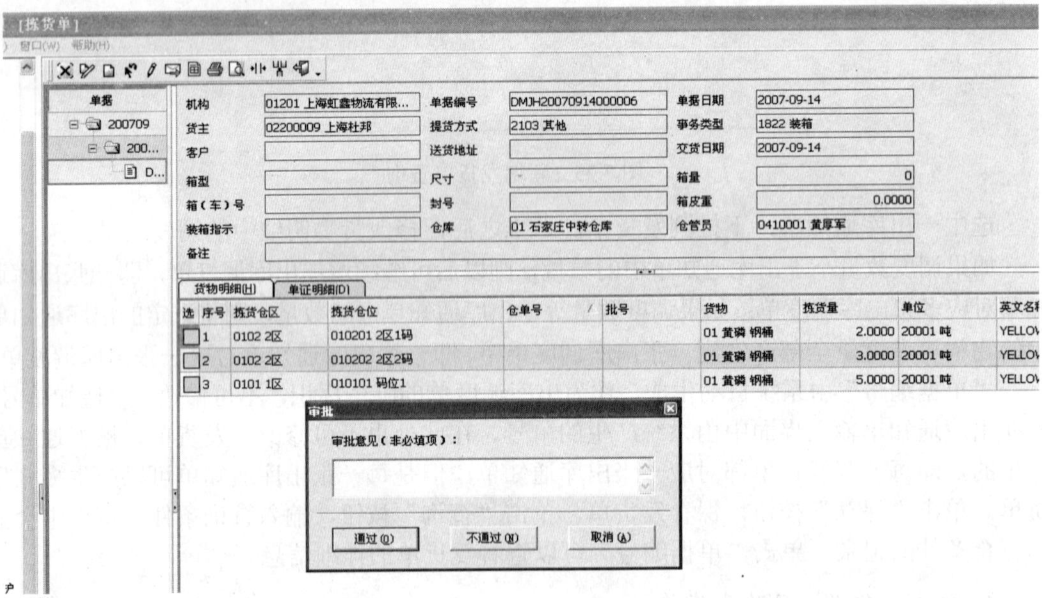


图 7.27 拣货单

输入拣货单。单击“新增”按钮，打开拣货单输入界面，单击“上引”按钮，选择“上引拣货明细”，弹出查找发货单明细的窗口，如图 7.28 所示，输入查询条件查询出符合条件的记录。

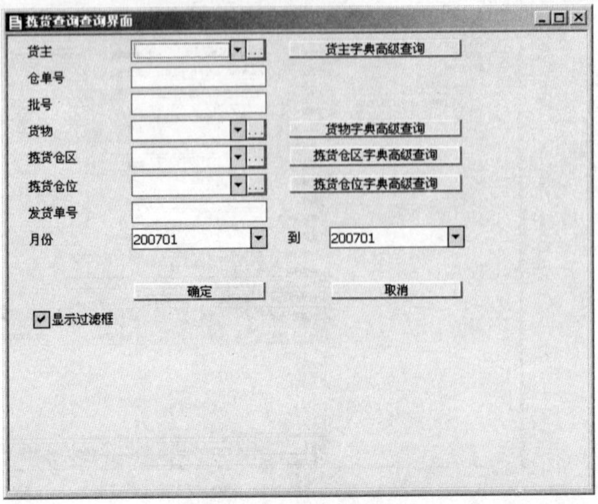


图 7.28 拣货单查询

查询结果中，选项中一出库通知单，下推到拣货单。下推之后，可看到生成的拣货单页面，确认无误之后，单击“保存”。在拣货单输入列表中选中一拣货单，单击“确认”按钮，这时记录的状态转为“拣货完成”同时库存自动进行调整。执行拣货完成后，如果发现拣货明细有输入错误的地方，可以通过撤销拣货完成来进行修改。在拣货输入列表中，通过查找功能找到需要撤销拣货完成的记录。在拣货单输入列表中选中一拣货单，单击“取消确认”按钮，这时出库调度单的状态转为确认前。

### 7.4.4 发货确认

1. 发货确认业务流程

拣选完成后的货物在集货区(临时储存区域)集货完毕后，在出库月台或码头进行装车，装车完毕后，须打印发货清单，并在系统中进行发货确认。

在实际出库作业中，如果发货单的明细皆已经确认装车(或装箱)，则标志该笔发货作业完成。通常，收货人一般需要在发货单(或者同等效力的单据)上签收，以确认该次发货的实际执行情况，主要登记内容包括：签收日期、签收人、签收数量、拒收原因、单证种类、单证号码。在系统中，需要根据这类回单信息，进行发货确认。发货确认后，系统自动进行库存消账。

2. 发货确认操作流程

发货单创建后，完成了拣货，确认之后进行发货操作。在确认过程中发现有错误的信息时，需要返回发货单创建窗口进行修改。执行“仓储管理”→“出仓作业”→“发货确认”菜单，打开出库通知单列表，通过查找功能找到需要确认的记录，单击“发货单号”可以查看该发货单的详细资料。然后，选中发货单，“确认”，并选择“通过”后，生成拣货后的发货确认单，如图 7.29 所示。

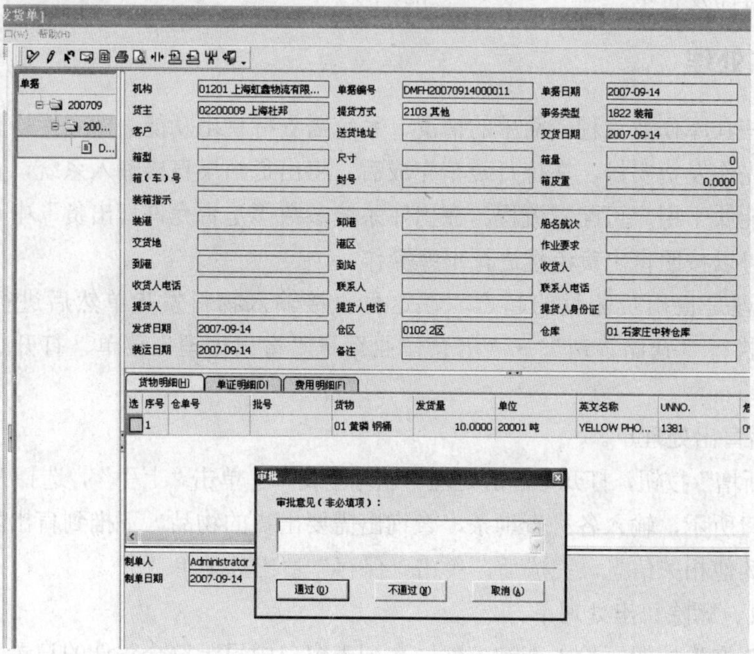


图 7.29 发货确认单

3. 发货出仓单据打印

由于发货清单需要随车(或随箱)携带，因此需要打印。

(1) 打印装箱单(Print Packing List)：根据装箱作业—出库单或者装箱作业—盲出单仓及对应的基本资料情况，获取单个集装箱对应的装箱详细资料，打印固定格式的装箱单。包括：

单头：冷藏温度、危险品等级、危规页码、联合国编号、闪点、船名航次、箱型箱号、封号、装箱单位名称、地址、电话、装箱日期、装货港、卸货港、交货地点、备注、总件数、总重量、总尺码、集装箱皮重、货箱总重、收箱人、收箱日期、驾驶员、车号。

明细提单号、件数、包装、毛重、尺码、货名、唛头。

(2) 集装箱装运危险货物装箱证明书：根据装箱作业—出库单或者装箱作业—盲出单仓及对应的基本资料情况，获取单个集装箱内对应危险品的详细资料，打印固定格式的集装箱装运危险货物装箱证明书。包括：

单头：船名航次、目的港、箱号、检查员、备案编号、检查地点、装箱日期、装箱单位、签发日期、联系人。

明细：正确运输名称、货物类别、危规编号、包装类、件数、箱数、总重。

(3) 危险品进港申请表：根据装箱作业—出库单或者装箱作业—盲出单仓及对应的基本资料情况，获取单个集装箱内对应危险品的详细资料，打印危险进港申请表。包括：

单头：船名航次、船期、级别、联合国编号、品名、卸货港、箱型箱量、温度、持箱人。明细一：提单号；明细二：箱号、件数、毛重、体积。

(4) 打印发货单：在出货调度单上指定的货物分拣完成，并在临时储存区域集货完毕装车前，可打印发货单。

### 7.4.5 盲出处理

对于某些仓库作业流程较简单的情况，系统需支持盲出功能。即仓库操作人员不需要在系统中预先作发货安排，在拣货装车完成后，将出货结果直接输入系统，直接进行发货确认。该功能属于用户可配置流程。在出库系统参数“是否允许盲出货”中设置了“是”的货主，才可以按照盲出货流程进行出库操作。

盲出处理是盲出货流程的起点，在这里直接输入物料发货单然后进行拣货、发货确认即可。执行“仓储管理”→“出仓作业”→“盲出处理”菜单，打开“盲出处理”列表。

(1) 新增盲出处理单。

单击“新增”按钮，打开“盲出处理→新增”窗口。单击“上引”，选择“库存汇总”，弹出查询窗口所示，输入各种查询条，查询出需要出货的物品，下推到盲出新增，同时修改发货量及其他相关信息。完成后，单击“保存”盲出处理单。

(2) 修改、删除盲出处理单。

单击“查询”按钮，输入查询条件，在列表窗口中显示符合条件的记录，单击“单据编号”可以查看盲出处理单的详细信息。如果需要修改部分信息，单击“修改”，修改之后，单击“保存”按钮进行保存。如果需要删除记录，在列表窗口中，选中需要删除的记录，单击工具栏上的“删除”按钮，在出现的提示框中单击“是”按钮即可删除该记录。

# 7.5 仓储作业

## 7.5.1 货物移位

1. 移位描述

移位指将库存中商品位置的任何移动，包括在收货区到储存区的移动，也包括拣货之后商品从原有储存位置被移动到装箱区或者发货区。但是一般这两种类型的移动在上架指示和拣货指示中已经完成，不需要额外的移位作业。这里的移位指商品在不同的储存区域之间的移动管理。

该模块主要涉及的字段有：单据编号、货主、仓库、货物编号、原仓区、原仓位、目标仓区、目标仓位、仓单号、批号、移位量、单位等。

货物移位单可以通过以下两种途径来创建：

直接新增一个货物移位单；

上引库存明细表，输入相应的查询条件，选中需要移位的明细记录，下推到货物移位单，输入新仓区、仓位，修改完成后保存。

货物移位支持的主要功能有：

从一个仓区的仓位移到另一个仓区的仓位；

从一个仓区的仓位移到另一个仓区；

从一个仓区移到另一个仓区的仓位。

操作上：新增、修改、确认、取消确认、删除五种；要删除确认后的移位单需要先取消确认，然后再进行删除操作。

货物移位需要注意：不同仓库之间需要调拨单来完成；移位确定后，在报表《库存异动明细》中可以全部查询出来；报表《库存明细表》中按照月份、货主、仓单号、入库日期、批号、货物不同具体统计不同仓库、仓区、仓位的货物明细情况。

2. 移位操作

选中需要移位的单据，输入原仓区、原仓位、新仓区、新仓位、货物、移物量等信息，单击“保存”，并“确认”通过，则移位操作完成，如图 7.30 所示。

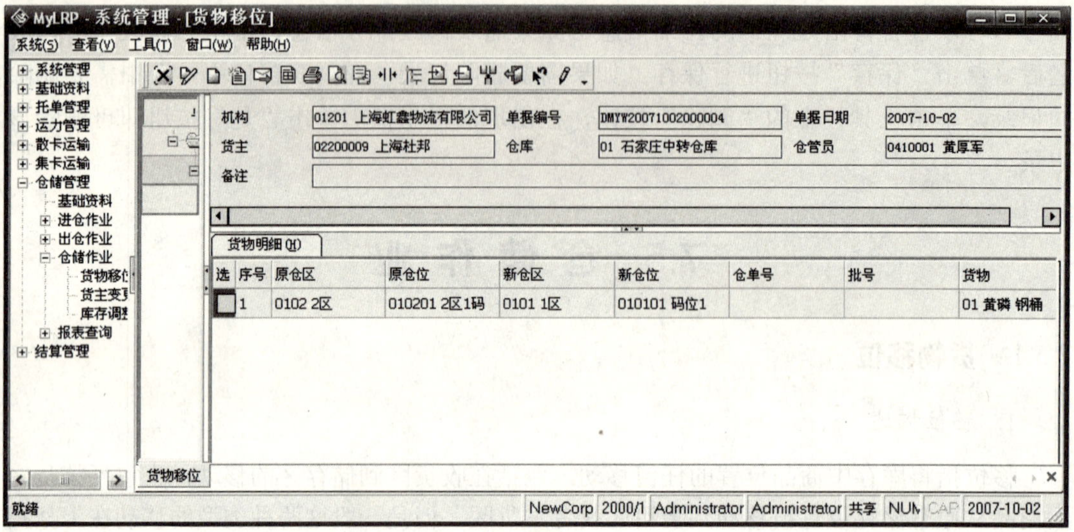


图 7.30 移位操作

## 7.5.2 货主变更

货主变更主要是货权发生了转移，由原货主转移到了新货主。当货物在不知道货主的情况下进行了盲收操作或者客户要求变更货主时，执行此功能，货权会发生相应的转移。

在此模块中显示的字段包括：机构单据编号、原货主、新货主，以及货物明细中的仓单号、货物、变更量、仓区和仓位等。

货主变更单可以通过以下两种途径来创建：

(1) 直接新增一个货主变更单。上引库存明细表，输入相应的查询条件，选中需要变更的明细记录，下推到货主变更单，输入新货主，修改完成后保存。

(2) 货主变更支持的主要功能有新增、修改、确认、取消确认、删除五种。

若确认后，需要取消确认，通过查询功能找到需要撤销确认的记录，单击“取消确认”按钮，这时变更单的状态转为“输入完成”状态。

在货主变更界面，有“当前新增”和“新增”两种方式，生成货主变更单据。当使用“当前新增”时，可对当前货主进行货主变更操作；当使用“新增”时，可对所有货主进行货主变更操作。两者的使用方法是一样的。其操作过程是：在货主变更界面，单击“上引”中的“库存明细”，根据原货主库存状态，在库存明细表(如图 7.31 所示)中选择需要的信息，单击“下推”，则将库存信息自动输入到变更货主的货物明细中，然后选择原货主和新货主，如果货物变更后的信息(如货物、变更量等)与库存明细表中的信息不一致，则可修改相关信息，最后单击“保存”并单击“确认”，则可完成货主变更操作，如图 7.32 所示。

单据保存后，若需要修改原货主、新货主等信息，可重复使用“当前新增”功能，修改相关的信息；若使用“删除”功能，则删除该单据。

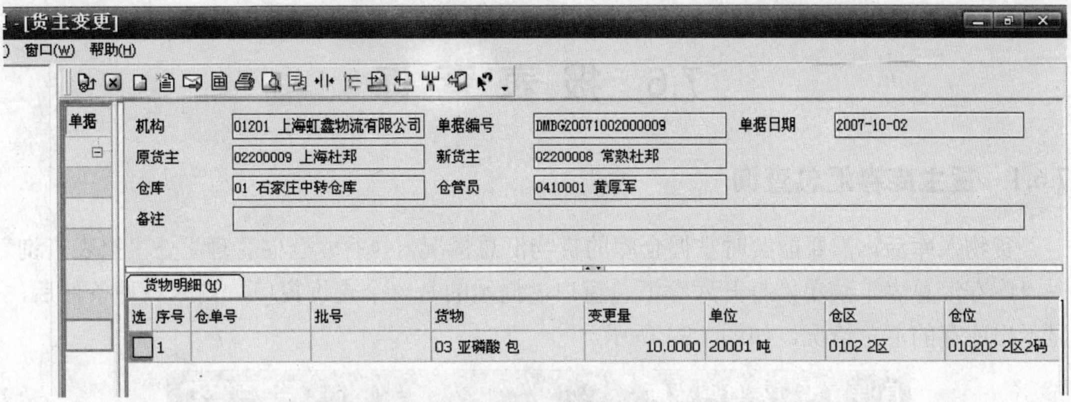


图 7.31 货主变更

库存明细表

| 选 | 月份 | 货主 | 仓单号 | 批号 | 货物 | 仓库 | 仓区 | 仓位 | 库存量 |
|---|---|---|---|---|---|---|---|---|---|
| ☑ | 200710 | 02200009 上... | | | 01 黄磷 钢桶 | 01 石家庄中转... | | | 9.0000 |
| ☐ | 200710 | 02200009 上... | | | 01 黄磷 钢桶 | 01 石家庄中转... | 0101 1区 | 010101 码位1 | -3.0000 |
| ☐ | 200710 | 02200009 上... | | | 01 黄磷 钢桶 | 01 石家庄中转... | 0102 2区 | 999999 虚拟... | 3.0000 |
| ☐ | 200710 | 02200009 上... | | | 01 黄磷 钢桶 | 01 石家庄中转... | 0102 2区 | 010201 2区1码 | -12.0000 |
| ☐ | 200710 | 02200009 上... | | | 01 黄磷 钢桶 | 01 石家庄中转... | 0102 2区 | 010202 2区2码 | -3.0000 |
| ☐ | 200710 | 02200009 上... | CD201 | | 02 赤磷 钢桶 | 01 石家庄中转... | 0102 2区 | 999999 虚拟... | 0.0000 |
| ☐ | 200710 | 02200009 上... | CD201 | | 02 赤磷 钢桶 | 01 石家庄中转... | 0102 2区 | 010202 2区2码 | 1.0000 |
| ☐ | 200710 | 02200009 上... | | | 03 亚磷酸 包 | 01 石家庄中转... | 0102 2区 | 010202 2区2码 | -10.0000 |
| ☐ | 200710 | 02200009 上... | CD201 | | 04 高锰酸钾 包 | 01 石家庄中转... | 0102 2区 | 999999 虚拟... | 0.0000 |

图 7.32 货主变更中上引库存明细表

### 7.5.3 库存调整

库存调整功能可以对系统中的货物、调整量、单位、货主、仓区、仓位等信息按实际需求进行调整。操作方法是在库存调整模块中，单击“当前新增”或“新增”，则进入库存调整界面，在货物明细中输入相关信息，或使用“上引”及“下推”中的“库存明细”，调入相关信息，然后单击“保存”并单击“确认”，则完成库存调整操作，如图 7.33 所示。

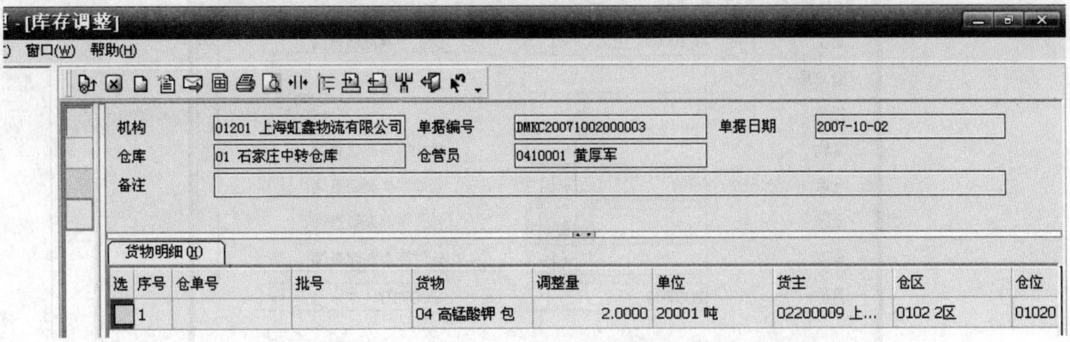


图 7.33 库存调整

# 7.6 报表查询

## 7.6.1 货主库存汇总查询

货物入库后，需要能实时掌握仓库的货物汇总情况。执行“仓储管理”→“报表查询”→“库存汇总表”菜单，打开库存汇总窗口，提示的是一个查询窗口，输入各种条件后，显示出库存的汇总情况，如图 7.34 所示。

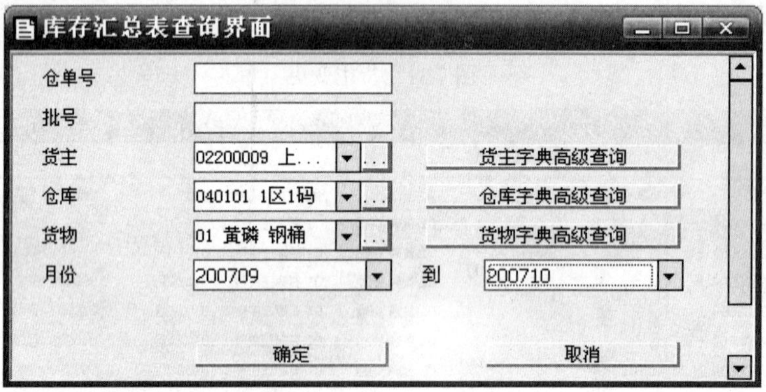


图 7.34 货主库存汇总查询

## 7.6.2 货主库存明细查询

货主库存明细查询可按货主、仓单号、批号、货物、仓库、仓区、仓位及月份等条件进行库存明细的查询，其中货物、仓库、仓区、仓位及月份等条件项可单一条件查询，也可两个条件或多个条件组合查询，其查询界面如图 7.35 所示。例如，在该界面中，输入条件为：货主=上海杜邦，月份是 200709 到 200710，货物=黄磷钢桶。则查询结果如图 7.36 所示。在该界面中，还可进行货物移位、库存调整、货主变量等操作。在菜单栏中，单击“下推”如图 7.37 所示，选择拟进行的操作，按上述相关的操作步骤即可完成相应的作业。

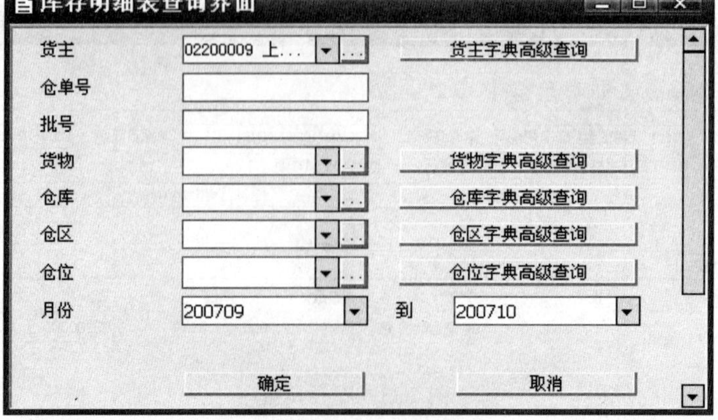


图 7.35 货主库存明细查询

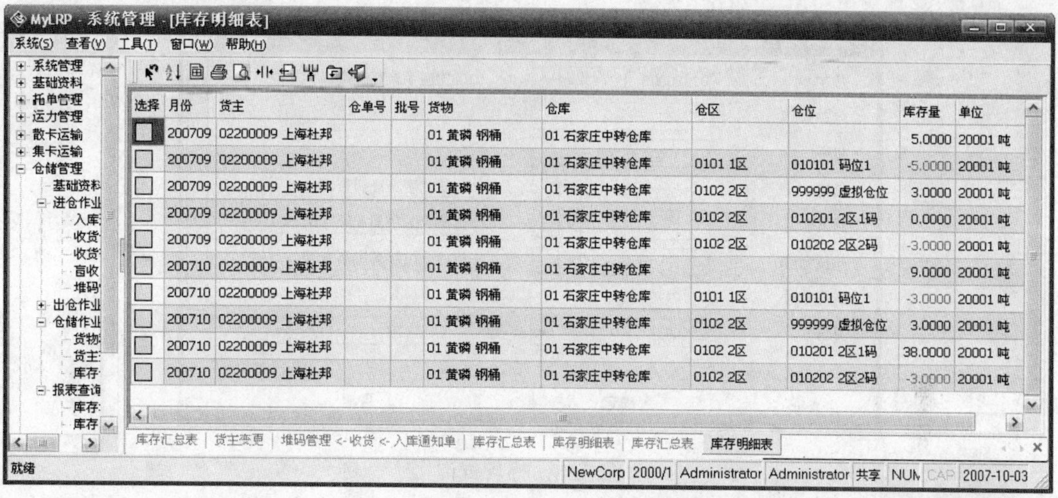


图 7.36 货主库存明细查询结果

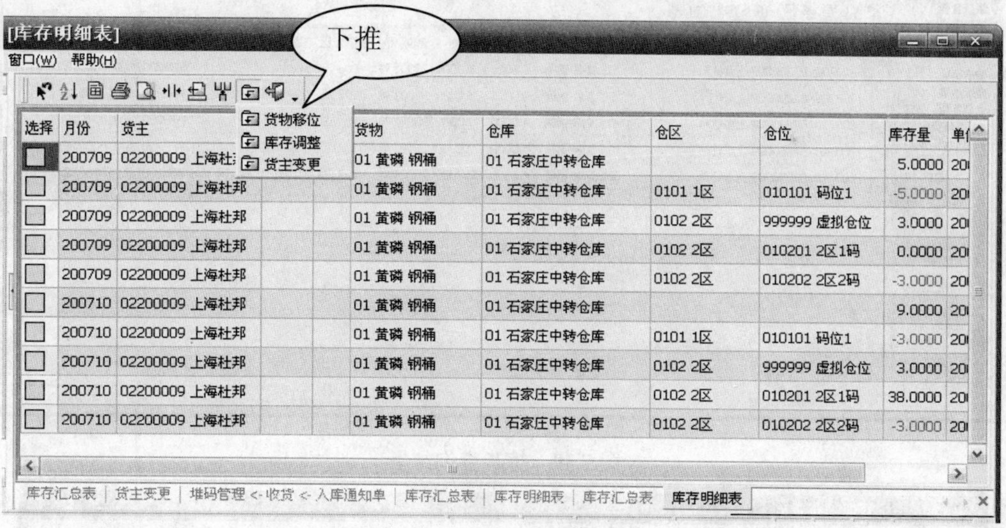


图 7.37 按货主库存明细查询结果进行货物移位

## 7.6.3 拣货查询

拣货查询是对已发生的拣货作业情况进行查询。可按货主、仓单号、批号、货物、拣货仓区、拣货仓位及月份等条件进行拣货查询，其中货物、拣货仓区、拣货仓位及月份等条件项可单一条件查询，也可两个条件或多个条件组合查询，其查询界面如图 7.38 所示。例如，在该界面中，输入条件为：货主=上海杜邦，月份是 200709 到 200710，则查询结果如图 7.39 所示。在该界面中，还可生成一个拣货物单，其操作是：在菜单栏中，单击“下推”及“下推拣货单”，在该拣货单界面中，输入拣货相关的信息，然后单击“保存”并单击“确认”，则可生成拣货单，如图 7.40 所示。

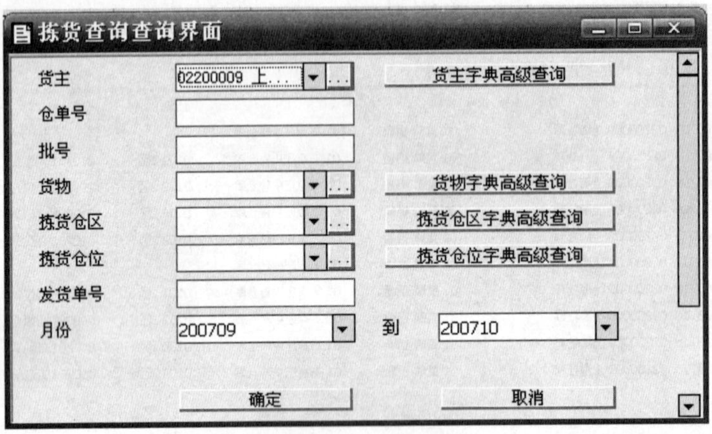


图 7.38　拣货查询

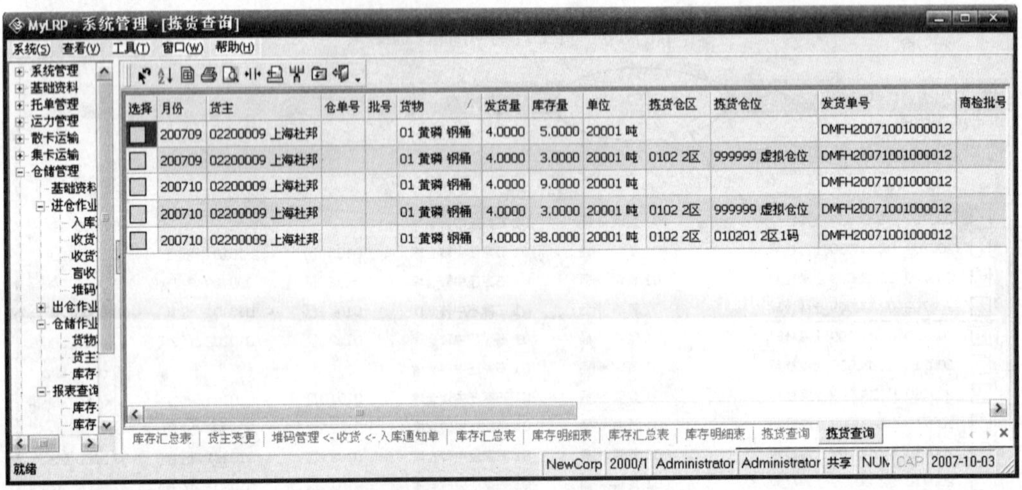


图 7.39　拣货查询结果

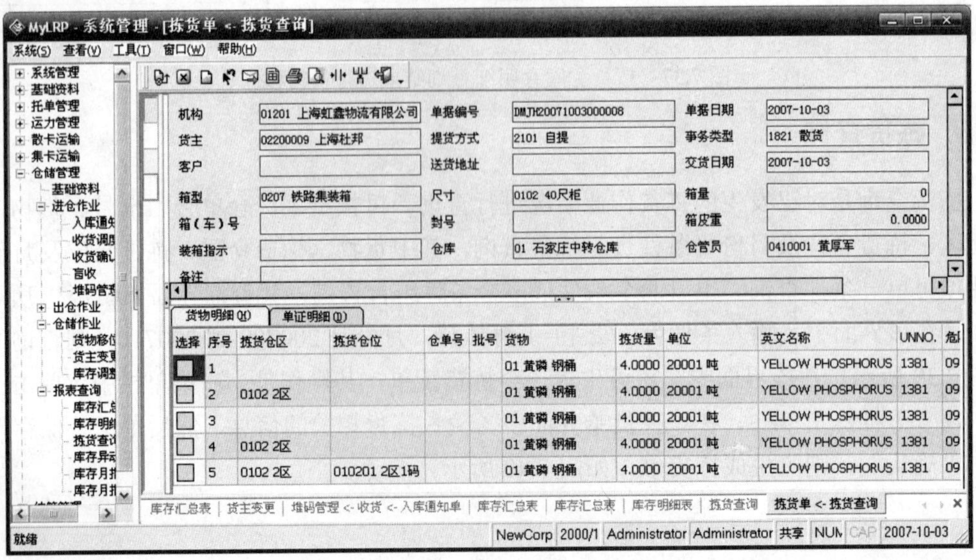


图 7.40　由拣货查询生成的拣货单

## 7.6.4 库存异动明细查询

库存异动明细查询是对已发生的库存变动情况进行查询。可按月份、货主、仓单号、批号、货物、仓库、仓区、仓位等条件进行库存异动明细查询，其中货物、仓库、仓区、仓位等条件项可单一条件查询，也可两个条件或多个条件组合查询，其查询界面如图 7.41 所示。例如，在该界面中，输入条件为：月份是 200709 到 200710，货主＝上海杜邦，则查询结果如图 7.42 所示。

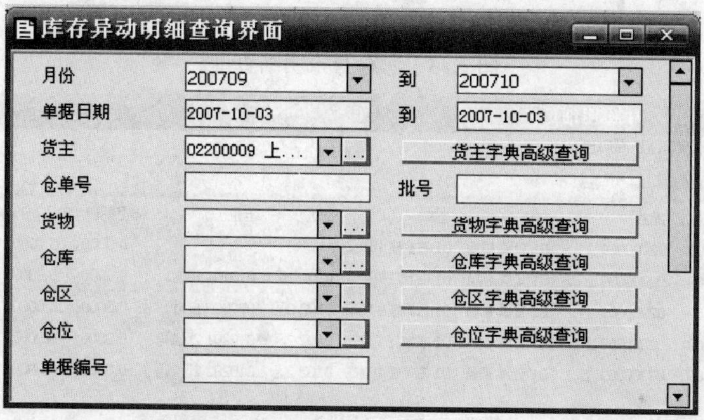


图 7.41 库存异动明细查询

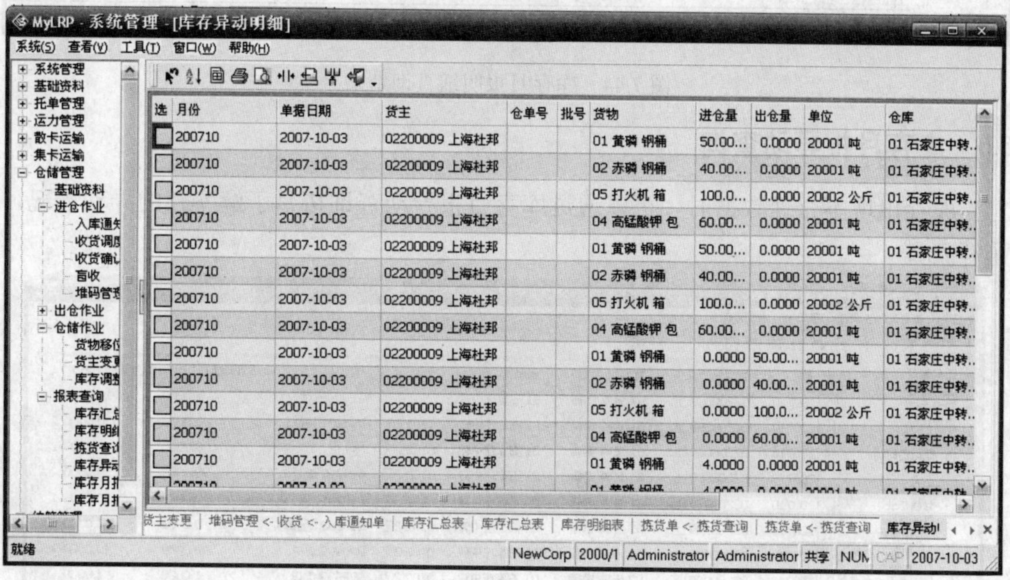


图 7.42 库存异动明细查询结果

## 7.6.5 库存月报明细查询

库存月报明细查询可按货主、仓单号、批号、货物、仓库、仓区、仓位、月份进行单项条件查询或多项组合条件查询如图 7.43 所示，其功能是根据仓储作业，查询和打印月报。例如，若需要查询上海杜邦公司 9 月份的库存明细，则选定货主和月份，查询结果即显示出来，如图 7.44 所示。

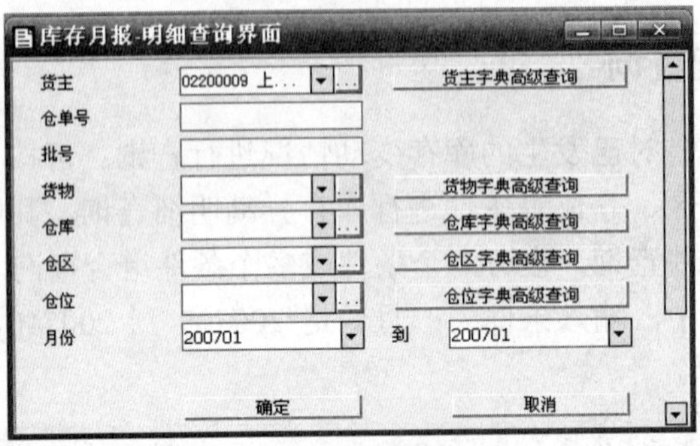


图 7.43　库存月报明细查询

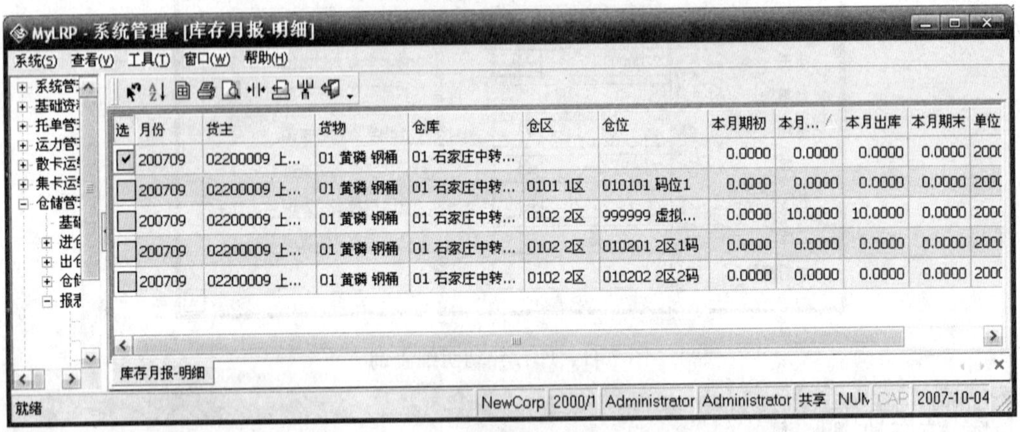


图 7.44　库存月报明细查询结果

## 7.6.6　库存月报异动查询

当库存出现不合理数据时，可以通过库存月报异动查询按月了解库存的异动情况，如图 7.45 所示。

图 7.45　库存月报异动查询结果

# 本章小结

本章首先对仓储管理的相关概念进行简单介绍，分别对仓库的定义、人员设备信息进行说明，接着引入因果图法、ABC 分类法以及经济订货批量等相关技术。最后引入库存管理系统并对其操作进行系统说明。在完成仓储业务流程中，对于如何进行入库、检验、办理手续、堆码、盘点、出库等相关过程的操作进行了系统的归纳演示。

## 关键术语

仓储管理、入库通知单、盲收、收货调度单、堆码管理、出库通知

## 思考题及实际操作训练

1．简述因果图法在库存管理中的运用。

2．简述 ABC 库存分类法的具体操作办法。

3．在仓储管理系统中定义库区，包括理货区、拣选区、存储区。

4．在已有托单的情况下，生成一个新的 ASN。

5．在“盲收”的情况下建立盲收收货单直接收货。

6．新增一个收货调度单并进行相应信息的填写。

7．在建立收货单的过程中，打开“单证明细”标签页，增加一条空白记录行，输入“单证类型”、“单证号”、“数量”。

8．新增堆码管理单。

9．建立出库通知单，并进行确认、关闭等一系列操作。

# 第8章 结算管理

【本章教学要点】

| 知识要点 | 掌握程度 | 相关知识 |
| --- | --- | --- |
| 结算管理 | 了解 | 包括与结算相关的财务知识及管理要求 |
| 结算业务流程 | 掌握 | 包括费用补录、报销单、结算单等 |
| 报表查询 | 熟悉 | 包括报销明细、结算明细、费用明细等 |
| 配合物流过程结算 | 掌握 | 建立完善的物流费用项目并进行管理 |
| 有效地进行相关查询 | 掌握 | 对费用明细及汇总进行分析和管理 |

引言

在本书第 3 章的上海杜邦委托虹鑫物流进行承运的实例中，从沈阳到石家庄的运输为散卡运输，而从石家庄到上海的运输为集卡运输。王师傅被安排承担从沈阳到石家庄的散卡运输，一路上王师傅垫付了一些过路费，还加了好几次油。刚过某收费站，卡车抛锚了，王师傅马上联系了附近的维修站，还好处理及时，没有耽误运输任务，但是也花了一些钱。王师傅回到公司以后，把相关的票据提交给了相关负责人，等待财务处的进一步报销通知。

在某一个物流过程中，哪些环节发生了什么费用，如何有效地对这些费用明细进行管理，是第三方物流中物流与资金同步协作的主要内容。

本章要讨论的重点就是如何配合物流业务流程，进行结算和报表查询等业务。

# 8.1 结算管理概述

## 8.1.1 结算及结算原则

随着商品经济的产生和发展，货币作为商品交换的尺度也相应产生，这种货币的支付行为即为结算。国民经济各部门、各单位及上下级之间，由于商品交易、劳务供应和资金调拨等经济往来所发生的货币收付行为，统称为结算。结算业务按货币收支方式的不同，分为现金结算和转账结算两种。所谓现金结算，是指以货币作为流通手段，直接以现金办理结算的货币收支行为。所以转账结算是指款项的收付不使用现金，而是通过银行以划拨清算方式进行的结算。

为充分发挥转账结算的作用，加速社会资金周转，维护结算工作的正常秩序，在办理转账结算中必须坚持以下基本原则：

1. 恪守信用，履约付款

转账结算是以信用支付工具完成的货币给付行为，收款单位、付款单位以及银行各方，都是在信用基础上才能接受票据进行结算。因此，各方必须讲信誉，严格遵守结算制度。销货方应根据经济合同按质按量及时组织发货，不能任意发出对方不需要的货物，或强制对方接受搭配商品、呆滞积压次品，不能任意预收货款和长时间占用购货方资金，杜绝由此而引起的结算纠纷；购货方应在银行存款账户中保留足够的余额，以保持支付能力，商品交易等经济活动发生后，应按照经济合同及票据内容履行付款义务，同时必须在其存款余额内签发支票等付费凭证，承兑汇票到期前应备足款项，到期无条件支付票款，不能任意拖欠或无理拒付货款；银行应严格按照结算制度办理结算业务，凡当天受理的结算业务，需向外寄发的结算凭证必须当天发出，最迟不得超过次日上午，汇入银行收到结算凭证，必须及时将款项支付给确定的收款人。银行对外签发的汇票、本票等，必须见票付款给收款人，银行承兑的商业汇票到期，不论申请承兑人有无资金，银行都应将票款无条件支付给收款人。总之，恪守信用、履约付款是银行结算原则的核心，是转账结算顺利运行的基础。

2. 谁的钱进谁的账，由谁支配

在我国，单位以及个人在银行的存款，受国家法律保护，其所有权属于存款单位或个人。银行在办理结算业务时，应根据结算制度的规定，站在公正的立场，根据客观的商品交易、劳动供应，资金调拨等经济往来所形成的债权债务关系或经济合同、协议来办理结算，坚持谁的钱进谁的账，由谁支配的原则，保证把收款人应收的款项及时准确无误的划入收款人的账户。银行在从单位存款账户中支付款项时，都要根据存款人的委托办理。如根据存款人签发的支票，已承兑的汇票，以及表示同意付款的委托收款凭证等从账户中支付款项给收款人。银行要为客户的存款保密，维护客户存款的自主支配权。除国家法律规定和国务院授权人民银行总行的监督项目外，其他部门和地方委托监督的事项，各银行均不能受理。银行不代任何单位查询、扣款，也不得停止单位、个人存款的正常支付。

3. 银行不垫款

银行办理转账结算，只是从付款单位账户将货款划转到收款单位账户，不负垫款的责任。坚持这一原则，实质是不准企业、单位在计划外占用银行的信贷资金，以免打乱国家资金和物资的分配。因此，第一，各单位委托银行代收的款项，必须实行“先付后收，收妥抵用”，只有在银行收妥后才能使用。第二，各单位委托银行支付的款项，不能超过自己的存款余额，不得签发空头支票。第三，各单位要求银行签发票据，必须交足保证金。

银行结算的三项原则，是互相促进、互相制约，不可分割的统一体。其中，恪守信用、履约付款是最基本的原则。只有坚持恪守信用，履约付款，才能做到谁的钱进谁的账，由谁支配和银行不垫款；而谁的钱进谁的账由谁支配和银行不垫款，又是坚持恪守信用，履约付款的前提条件。因此，在推行以票据为主体的结算改革进程中，我们必须全面贯彻上述结算原则。

### 8.1.2 结算纪律

结算纪律是国家财经纪律的组成部分，它是国家为正确处理各单位之间在结算过程中所发生的经济关系而制定的一种行为规范，各单位办理结算都必须严格遵守。根据新的《银行结算办法》，单位和个人应严格遵守的结算纪律是：

1. 不准出租、出借账户

凡事具备开户条件的单位都可以在银行开立自己的账户，各单位在银行开立的账户，是办理收付结算的工具，每一笔正当的收入或正当的支付通过账户划转，都能得到银行的协助和支持。因此，账户作为结算工具的设计和使用，是以开户单位与开户银行之间的信用契约关系为基础的，双方都必须信守约束、履行义务。银行为建立信用关系的开户单位提供结算服务，并负责保护其账户存款的安全，维护开户单位的合法权益。开户单位使用账户，自觉遵守结算纪律，维护正常的结算秩序，做到专户专用，合法使用，不出租、出借给其他单位或个人使用。如果将账户出借给外单位或个人使用，就是一种套取银行信用、欺骗银行的行为，同时也不利于银行保护存款安全，必须严加禁止。必须指出，任何单位出租、出借账户是一种支持违法，违背国家政策活动的行为，不仅会给国家造成损失，而且自己也有可能被牵扯进违法犯罪活动中，被追究法律责任。因此，每一个在银行开立账户的单位，都不要出租、出借自己的账户。

2. 不准签发空头支票和远期支票

空头支票和远期支票，都是没有现实支付能力的支票。支票作为支款凭证，具有较强的法律约束力。付款单位必须在其存款余额内签发，才能保证在一票付款期内(5天)履行无条件支付票款的义务。否则，超过其存款余额签发支票就会欺骗坑害收款单位，占用收款单位资金，影响收款单位的资金周转，并且还会引起经济纠纷，造成结算混乱。空头支票的危害性在于导致信用秩序和结算秩序的混乱，进而恶化经济环境。所以，银行对空头支票不仅拒绝支付票款，且对签发单位处以罚款，并对屡次签发的单位，银行视情节给予警告、通报批评，直至停止其使用支票的资格，以维护支票的信誉。付款单位在支票的签发日期处签上一个未来的日期，这种支票就是远期支票。远期支票实质上也是一种没有现实支付能力的票据。我国同城交易结算中，支票结算占有极大比重，加之“支票法”尚未健全，如果允许使用远期支票，就会造成支票结算的混乱状态，所以，我国禁止签发远期支票。“先货后款”的交易，规定一律签发汇票结清债权债务，这有利于保障支票的支付能力，维护收款单位的合法权益和支票的信誉。

3. 不准套取银行信用

转账结算是建立在银行信用的基础上的，结算中的支付工具同时也发挥信用工具的功能，因此，维护银行信用的稳定和信用支付工具的信誉，是保证结算得以正常进行的前提条件。套取银行信用的行为，不仅会给国家，而且也会给收款单位造成经济损失，影响金融稳定，这就要求各单位办理结算中，自觉抵制一切套取银行信用、破坏银行的信誉、破坏信用支付工具的信誉、扰乱金融秩序的行为。一切套取银行信用的行为都应受到严格禁止，严厉打击，以稳定金融，保障银行信用和结算的有序运行。

4. 银行办理结算要坚决做到“五不准”

银行办理结算中，必须严格执行结算办法的规定。不准延误、积压结算凭证，不准挪用、截留客户和他行的结算资金，未收妥款项，不准签发银行汇票、本票；不准向外签发未办汇款的汇款回单，不准拒绝受理客户和他行的正常结算业务。

5. 不准套取银行信用

转账结算是建立在银行信用的基础上的，结算中的支付工具同时也发挥信用工具的功能，因此，维护银行信用的稳定和信用支付工具的信誉，是保证结算得以正常进行的前提条件。套取银行信用的行为，不仅会给国家，而且也会给收款单位造成经济损失，影响金融稳定，这就要求各单位办理结算中，自觉抵制一切套取银行信用、破坏银行的信誉、破坏信用支付工具的信誉、扰乱金融秩序的行为。一切套取银行信用的行为都应受到严格禁止，严厉打击，以稳定金融，保障银行信用和结算的有序运行。

6. 银行办理结算要坚决做到“五不准”

银行办理结算中，必须严格执行结算办法的规定。不准延误、积压结算凭证；不准挪用、截留客户和他行的结算资金；未收妥款项，不准签发银行汇票、本票；不准向外签发未办汇款的汇款回单；不准拒绝受理客户和他行的正常结算业务。

### 8.1.3 结算支付工具

目前我国人民币结算的支付工具分为三类，即票据类、结算方式类和信用卡类。票据包括银行汇票、商业汇票、银行本票和支票，其中商业汇票又分为商业承兑汇票和银行承兑汇票两种。信用卡包括工、农、中、建、交五家银行发行的信用卡。结算方式包括汇兑、委托收款、托收承付。另外，还有信用证结算，分为国际跟单信用证和国内信用证。但信用证结算不受支付结算办法的调整，结算工具如图 8.1 所示。

- 支付工具
  - 票据类
    - 银行汇票
    - 商业汇票
      - 商业承兑汇票
      - 银行承兑汇票
    - 银行本票
    - 支票
      - 转账支票
      - 现金支票
  - 信用卡
  - 结算方式
    - 汇兑
    - 托收承付
    - 委托收款
  - 信用证
    - 国际跟单信用证
    - 国内信用证

图 8.1　结算支付工具

### 8.1.4 往来结算的概念

1. 往来款项产生的原因

物流管理系统中涉及的结算管理主要针对往来款项进行结算。有经济活动，就必然发生经济往来，存在往来款项。往来款项是物流企业与其他单位或个人在经济往来中所发生的、不能及时清算的款项。尤其是随着物流企业间横向经济联系的日益发展，企业与各方面业务交往中发生的债权债务也日益增多，因此，在经济活动中，任何物流企业都会发生应收、应付款等往来款项。

第一，在行政经费收支、物流商品交易和劳务供应时，有的由于划拨转账和款项结算需要一定时间，因而会出现经费已经拨出、商品已经发出、物流劳务已经提供，但尚未收到款项，或已经收到，但尚未支付款项。

第二，在行政收支经费中，由于存在经费不足，但又需要支出时，必然借款产生预收贷款、商品赊销、委托代销和提前付货、分期收款等多种物流商品服务购销形式，因而购销双方都会产生应收应付款。

第三，在经济收支、商品交易和劳务供应时，会发生一些正常的相互垫付费用等款项。

第四，日常业务经营中发生除贷款以外的暂收款项和专项应收应付款项。

第五，款项结算过程中，因发生纠纷尚待解决的应收应付款。

这些处在应收应付过程中的款项就是结算资金。以上各项费用在一般企业中都会有发生。在物流企业中，由于物流服务的特殊化，可能只涉及其中的一部分。LRP 物流管理系统中主要涉及费用单管理、应收应付款管理、发票管理、收付核销等内容的结算。

2. 往来结算的概念

根据往来结算款项的产生原因，往来结算概念可以从以下三方面进行定义：

(1) 往来结算的主体是独立核算单位，是法人而不是自然人，往来结算是管理和核算的一项重要工作和内容，它反映着经济活动的一个重要方面，并为管理提供必要的信息。会计管理和核算是生产力的发展、社会化分工的产物，是社会群体经济活动的需要。独立核算单位正是社会群体进行经济活动的集合表现形式。因此，往来结算的主体是具有法人资格的独立核算单位。

(2) 往来结算的对象是欠人或人欠经济款项。在生产经营或执行预算过程中，任何单位都将与国家、外部单位或个人发生何种应收或应付的经济行为，如资产转移、商品交换、劳务供应、上下级预算缴拨，都会形成欠人或人欠的内容。这里的欠人、人欠的“人”，可以是法人，也可以是自然人。

(3) 往来结算是一种清算行为。单位在经济互动中，对于欠人应付的款项要积极的给对方付款交清；对于人欠应收的款项要想办法尽早收回。往来结算就是这种应收应付、清算资金的行为。

简而言之，往来结算就是独立核算单位在生产经营或执行预算的过程中，与国家、外部单位或个人之间所发生的各种欠人或人欠的经济款项，并通过货币价值形式对其进行清算的行为。

3. 往来结算的特点

往来结算概念及其经济意义，具有以下几个特点：

(1) 社会性。社会化的大生产，使每个单位或个人在经济活动中，都会同其他单位或个人发生各种各样的经济关系(生产关系、交换关系、分配关系和消费关系)，不可避免的存在着往来关系。相互间必须进行往来结算，因此，往来结算具有广泛的社会性。

(2) 经济性。往来结算的内容是欠人或人欠的经济款项，是单位与国家、外部单位或个人之间的经济关系。往来结算是经济管理和会计核算的重要内容，直接涉及本单位、个人的经济利益。

(3) 货币性。往来结算都是以货币为价值尺度，对人欠、欠人的往来款项进行清算。

(4) 及时性。任何单位的经济业务一旦发生，就要求按有关结算制度的规定及时办理往来结算，结清手续，应收就收，应付就付。

(5) 法律性。结算资金是根据具有公证的经济合同而发生的，因此可以依法结算，按章办事，维护债权方的收款权利。

4. 往来结算的内容

由于单位性质不同，核算内容不同，往来结算内容也有差异。在本书中，我们主要讨论物流企业在日常经营中存在的往来结算内容。物流企业单位的往来结算主要表现在以下六个方面：

(1) 应收、应付票据结算。物流企业根据购销合同进行延期付款的物流服务或商品交易而签发、承兑的商业汇票和物流企业因销售服务或产品等取得以签发承兑未到期兑现的商业汇票。

(2) 应收、应付账款结算。应收应付账款是指应收应付的货款、委托银行收款、预收预付货款。应收应付货款时结算企业因购进或销售商品、材料、接受和提供物流劳务而应付、应收的款项。委托银行收款是企业采用异地托收承付和委托收款结算方式委托银行向购货单位或接受物流劳务供应单位收取的款项。预收预付货款是结算企业按照合同或协议规定向购货单位或个人预收的货款和企业预付给供货单位的货款。

(3) 应上交款项结算。该项结算是结算企业单位上交上级主管部门的各种款项，如上交管理费、上交承包利润等。各主管部门、各行业，因实际情况不同，管理方式不同，上交的项目、金额多少也有不同的规定。

(4) 专项应收应付款结算。专项应收应付款是结算企业的专用基金对外发生的各种应付、暂收款项和应收、暂付款项。如调出或购入的专项物资、承包工程款、能源交通建设资金、预算调节基金等专项往来款项。

(5) 应付债券结算。应付债券是企业经批准而发行债券的应付款项。随着改革的深入，越来越多的企业将发行债券，补充自己流动资金的不足。应付债券(包括本息)必须到期结算。

(6) 其他应收、应付款的结算。该项结算是结算企业除应收应付货款以外的其他各项应收应付款项。如已提未交的税金、利息、应付工资、备用金、出差费、押金、财产损失赔偿以及房屋水电费等其他往来款项。

5. 往来结算的作用

(1) 做好往来结算，有利于加速资金周转。单位及时办理往来结算，尽早收回各种应收款项，可以缩短结算时间，减少不合理的资金占用，加速资金周转，提高资金使用效益。

(2) 做好往来结算，有利于保证资金安全。各种往来款项做到及时清算，可以防止或减少不必要的呆账或坏账的损失，特别是《破产法》的实施，如果不及时清算，单位破产了，往来款项就无法收回。

(3) 做好往来结算，有利于防止经济领域内的不正之风和违法活动。如职工个人长期借用或擅自挪用公款，用于个人做生意，从中牟取私利，使国家或单位蒙受损失。

(4) 做好往来结算，有利于国家预算正常执行，为实现政府职能服务。

(5) 做好往来结算，有利于对“企业三角债”的清理，防止企业间相互拖欠，挤占流动资金的非正常行为。企业不仅要对该收回的债权款项做到及时清收，而且对各种债务款项也应及时主动归还对方，以妥善处理经济关系和维护本单位的信誉。

### 8.1.5 结算管理的意义及内容

往来款项是一个企业资金的重要组成部分，也是结算资金的主要方面。加强往来结算管理实际上就是加强结算资金管理。往来结算管理，就是根据国家方针政策、法律、法规、财务会计制度的规定，结合各单位的实际情况，运用一定的方法，检查分析往来核算的总分类账户和明细账户，借以掌握往来结算动态，揭露往来结算过程中存在的问题，总结经验教训，进而提出改进核算管理的措施。改进往来结算的管理工作，促进各种往来结算的正常运行，加速资金周转，最终达到提高经济效益的目的。

尽管各行业在具体的结算资金管理内容上存在着差别，但由于我国在往来结算方式上有着统一的规定，加之经济活动中往来的主体、范围、方法也相对稳定，所以，从结算资金管理内容的总体上看，存在着很多共性。结算管理主要包括对应收款、应付款的管理，上缴下拨款项的管理，委托银行收款的管理，业务周转金的管理，现金的管理，银行存款的管理，其他往来结算的管理，“三角债”的管理，等等。

在物流企业中，物流管理系统主要涉及相关物流服务款项的应收应付款以及报销、核销款项等，所以不会涉及以上诸多款项，但应对以上款项的管理有大致的了解。

### 8.1.6 结算管理在物流业务流程中的作用

结算管理在物流业务流程中占有十分重要的地位，只有做好结算管理工作，才能确保物流企业的业务正常进行。

结算管理可以确保物流企业依据与客户签订的合同协议，强化结算流程的控制、规范结算的标准、完善结算的管理平台、维护结算的严肃性、杜绝不合理费用的结算，严谨、高效地完成物流结算工作。

### 8.1.7 物流企业结算标准

物流企业的相关业务结算主要包括原始凭证、仓库费用、特殊配送运费、装卸费用、其他对外业务费用，具体操作标准如下：

1. 结算原始凭证的管理

(1) 物流企业的仓库在对客户进行物流服务中发生的所有费用，须按企业规定提供的原始凭证或客户提供的票据统一使用，并按凭证中规定的项目认真填写，必填项不得为空项，即单价、金额、配送地区、承运车号、接收单位、实收数量、收货人、签收时间、接收单位公章必须清楚。

(2) 票据核算员按客户相关部门的规定，定时、定期地对原始凭证进行统计、审核，同时制作结算明细表。

(3) 在装订原始凭证、制作结算明细表时，按客户相关部门的规定进行装订和制作，严禁出现在有明细无凭证、有凭证无明细或将结算明细原始凭证混在一起装订结算。

(4) 作废单据须注明作废原件，丢弃按正常单据丢弃处理。

(5) 公司配送承运单按其规定的项目认真填写，必填项不得为空项，即托运单位、承运车型、承运车号、驾驶员、始发地点、到达地点、发车时间、配载货票号、车辆调度员、接收单位、实收数量、收货人、签收时间、接收单位公章必须清楚。

2. 仓储费用结算操作标准

(1) 仓储费用的结算按照与客户签订的合同协议中所约定的仓储面积、费用标准、结算时间、结算方式等条款执行。

(2) 若客户临时增加仓储面积，则按照双方商定或所签订的补充协议执行。

(3) 仓储费用收取后，按公司财务管理规定登记做账。

3. 正常配送运费结算操作标准

(1) 正常配送运费结算需按照与客户签订的合同协议中所约定的费用标准、结算时间、结算方式等条款执行。

(2) 按客户的具体要求制作配送运费结算明细表、提供相关的原始凭证，并按客户规定的时间寄至其指定的地点。

(3) 在接到客户有关部门的通知后，企业财务部按双方所确认的金额开具发票，并交至客户相关部门签收。

(4) 物流企业在收到客户的配送运费后，将其汇款单据复印，并在复印件上注明结算日期、到款日期、实收金额、经办人签字、加盖公章后返回客户相关部门。

4. 特殊配送运费结算操作标准

(1) 若客户临时提出特殊配送用车申请(活动用车、售后特殊情况用车、应急用车、区间调货用车)，在确认配送费用后，按双方商定的工作业务流程办理一切手续。

(2) 其运费结算按配送运费结算的操作流程执行，同时，企业向客户提供特殊配送用车的凭证和票据。

5. 装卸费用结算操作标准

(1) 装卸费用结算需按照与客户签订的合同协议中所约定的费用标准、结算时间、结算方式等条款执行。

(2) 按照客户相关部门的有关规定，物流企业向其提供统一格式的结算通知单，同时附有详细的产品型号、产品规格、出入库数量(实出实入)、期初期末数(按月统计)、装卸单价等数据。

(3) 由企业财务部派专人到客户相关部门对上述数据进行核对，确认无误后，开具发票，收取装卸费用。

(4) 装卸费用收取后，按企业财务管理规定登记做账。

6. 其他对外业务费用结算操作标准

(1) 其他对外业务费用结算操作标准原则上按物流企业与客户签订的合同协议条款中所约定的费用标准、结算时间、结算方式等条款执行。

(2) 零散的对外业务费用结算原则上按一般配送流程结算或按双方临时商定的价格执行；结算的计量单位必须与结算标准中计量单位相符，如结算标准中按吨位结算，配送承运单及结算明细中也必须以吨位为准；结算标准中按车型或车次结算的，配送承运单及结算明细中也必须以车型或车次为准。

(3) 在结算票据凭证签收时，须注明货物均按数量、型号、规格安全送达，并已收货确认、签字盖章。

(4) 企业财务部门以此为依据，向客户收取费用；在收到该费用后，按公司财务管理规定登记做账。

### 8.1.8 结算管理功能

完成某个业务流程中，在整个业务流程中所产生的费用，将会进入结算业务数据模块，等待结算，完成报销、核销、结算等功能，如图 8.2 所示。

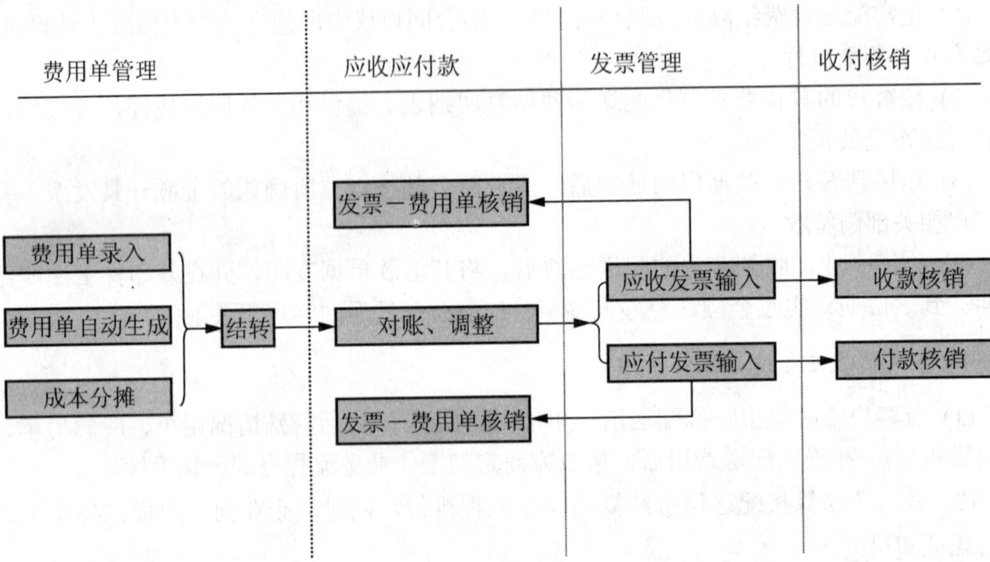


图 8.2 结算业务流程图

报销单有两个功能：一是企业与内部员工结算对账，二是核销功能，费用有据可查。核销单用于业务流程中的费用对应到相应的发票，这主要来源于财务要求。结算单用于业务流程中的费用与客户确认。

因此，报销、核销、结算三者之间并不存在先后关系，只是处理对象及应用范围有区别。

### 8.1.9 结算管理业务流程

在托单生成、散卡、集卡运输、仓储等业务流程中，都会产生相应的费用。系统的操作人员会在相应的模块里完成其费用录入。托单生效的时候，就会产生可预见的应收费用；托单跟踪与监控过程及所有业务完成后，会产生可预见的应收费用、作业中产生的应收费用、外包项目的应付费用、司机要报销的一些代付费用以及一些非正常成本所产生的应付费用，如图 8.3 所示。

所有业务完成并进行费用提交后，在业务过程中产生的各种费用单就会进入结算管理系统，通过费用补录(补录在业务流程中没有及时录入的费用项目)，并在结算系统中完成报销、核销、结算等过程，达到对整个业务流程的资金及财务平衡的要求，如图 8.4 所示。

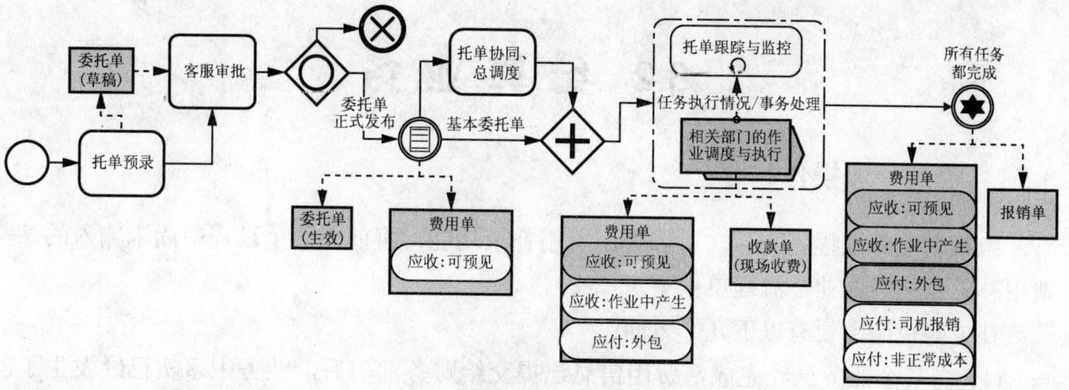


图 8.3 业务流程的费用录入

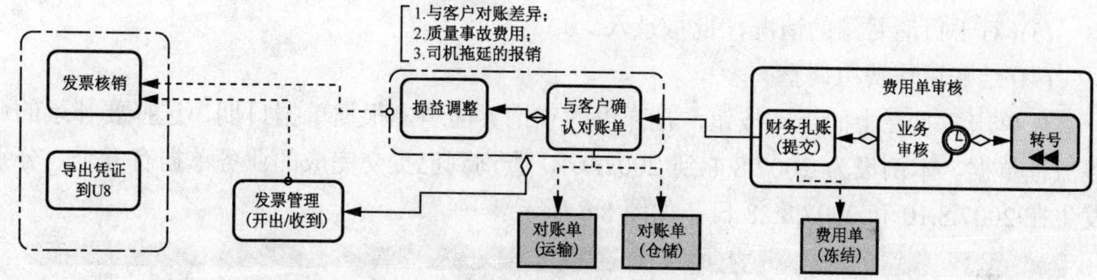


图 8.4 结算业务流程

## 8.1.10 结算管理系统模块设计

结算管理模块设置如图 8.5 所示，包括结算业务及报表查询两大模块，其中结算业务包括费用补录、报销单、结算单、核销单等功能。报表查询包括报销明细、结算明细、费用明细等功能。

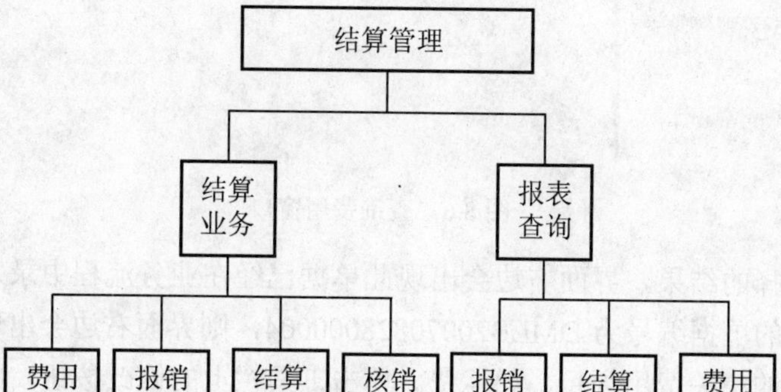


图 8.5 结算模块设置

# 8.2 结算业务

## 8.2.1 费用补录操作

当某个业务流程完成后，可以使用费用补录功能，将前面某个过程中尚未输入的某些费用补录到相应的业务流程单据中。

补录的费用主要有以下几个方面：

(1) 当某个业务已经完成，费用信息已提交给财务部门后，业务中事实已经发生了的但是前面没有录入的。

(2) 对于一些无单费用，主要是附加费，如水电费、折旧费等。

(3) 对于日清月结的情况，批量录入。

(4) 结账后作费用调整。

先单击工具栏上的查询按钮，在弹出的查询界面中，根据单据日期，选择要补录的业务流程单据。本例设为 2007.8.4 到 2007.9.4，查询到已提交完成的业务单据有五个，分别发生在 2007.8.10 和 2007.8.28 日，如图 8.6 所示。

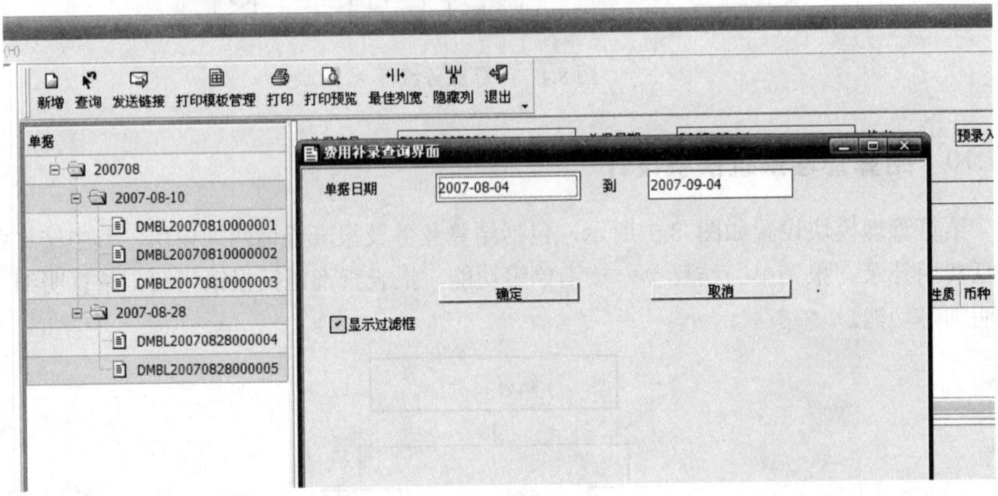


图 8.6　查询费用窗口

根据查询选择的结果，界面右边会出现此单据已经在业务流程中录入过的相关费用项目，选中待补录的单据编号为 DMLB20070828000004，则界面右边会出现此单据已经在业务流程中录入过的相关费用项目，如运费。单击工具栏上的修改按钮，则可以在界面右边的费用项目列表中进行费用补录，包括业务流程中发生的运费、仓储费等，以保证业务流程中发生的所有费用项目都进入结算模块，如图 8.7 所示。

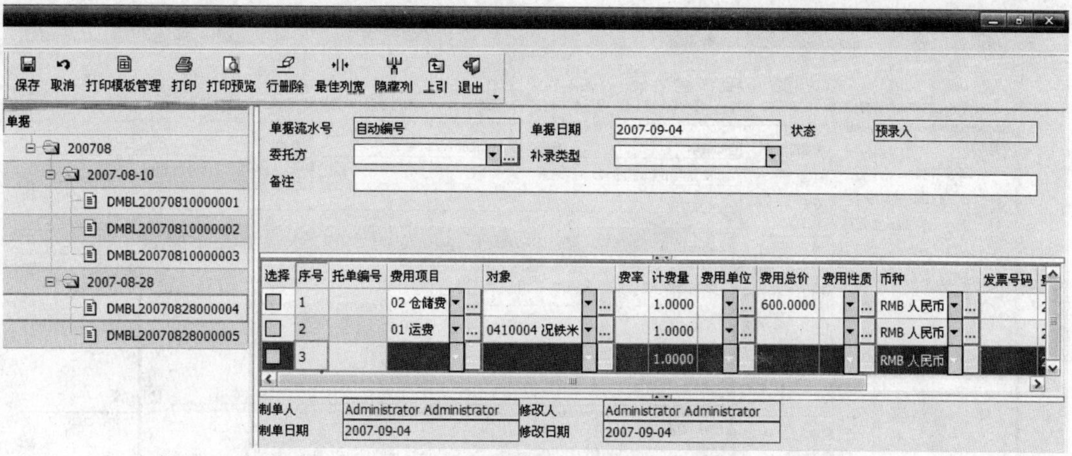


图 8.7　费用补录

## 8.2.2　报销单操作

报销单功能用于某些业务过程中发生的代付费用进行报销，比如司机代付的运输过路费，以及公司内部人员所有为公务所做的代付等(仅与业务相关)。报销明细无法手工录入细节，只能从业务流程中已录入的费用项目中上引报销明细。如下图所示，通过日期查询出报销单列表后，从左边的树形图中，可以选中某报销单，进行修改，也可以新增一张报销单。

增加新的要报销的费用项目时，单击工具栏上的上引按钮，如图 8.8 所示。

如图 8.9 所示，在弹出的列表中选择可以下推的报销单，从而生成相应的可报销项目，完成代付发票和费用项目的报销。

对于已经建立的报销单，也可以进行确认和取消确认的操作，从而完成对报销单状态的改变。

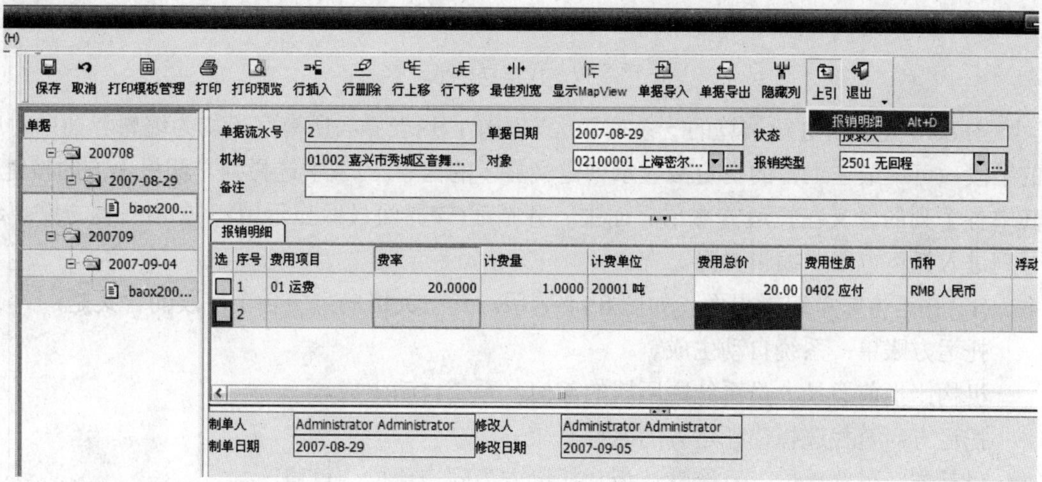


图 8.8　报销明细

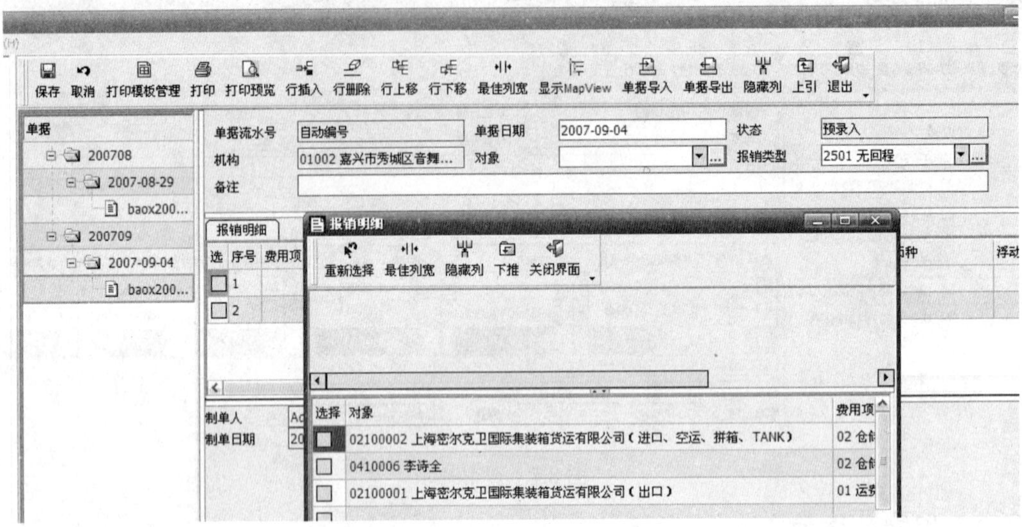


图 8.9　选择报销单

## 8.2.3　结算单操作

结算单，又名对账单，是公司把各项费用与客户进行确认的过程。主要是对费用项目进行显示、查询和打印，便于确认。对于对不上账的费用进行补录。

结算单生成界面的功能是将上游公司的托运单进行分组汇总生成应收结算单，如图 8.10 所示，并计算出汇总结算金额，以便于后面的发票开具、客户对账以及费用的核销。

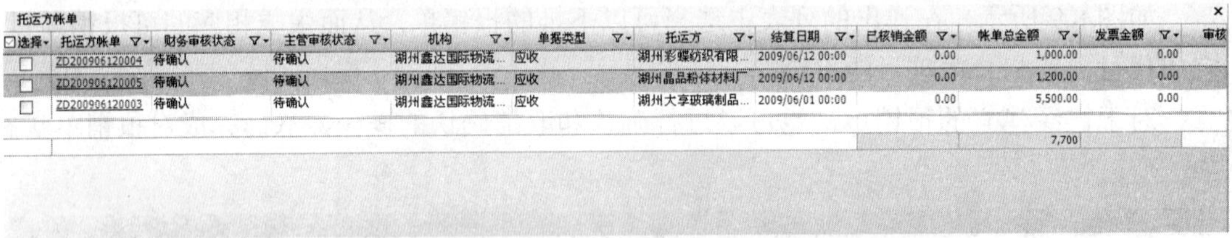


图 8.10　托运方账单列表

图 8.10 是需要进行结算的一系列托运方账单，列表界面所有字段均为编辑界面中对应的字段，可用最左上角的自定义显示列定义显示的内容(列表中选择列左侧最上方的按键)，其中各个列的含义在托运方账单界面中一并阐述(该界面只做显示用)，单击托运方账单编号列进入托运方账单编辑界面。

(1) 托运方账单编辑界面，如图 8.11 所示，其中头档信息中各个字段的含义是：

托运方账单：系统自动生成。

机构：当前登录人员系统中所属的部门，系统自动生成。

托运方：查找选择，托运方的名称。

付款方：付款单位，系统默认为和托运方为同一单位，可修改。

单据类型：应收结算单中系统默认保存为应收。

发票匹配状态：结算单是否已经与发票匹配。如果结算单下运单全部匹配发票(“是否匹配”选是)则结算单状态为“完全开具”；如果结算单下运单全部没有与发票匹配(“是否匹配”选否)则结算单状态为“待开具”；如果结算单下运单只有部分与发票匹配则结算单状态为“部分开具”。匹配状态在结算单核销时与相应的发票组匹配后自动修改。

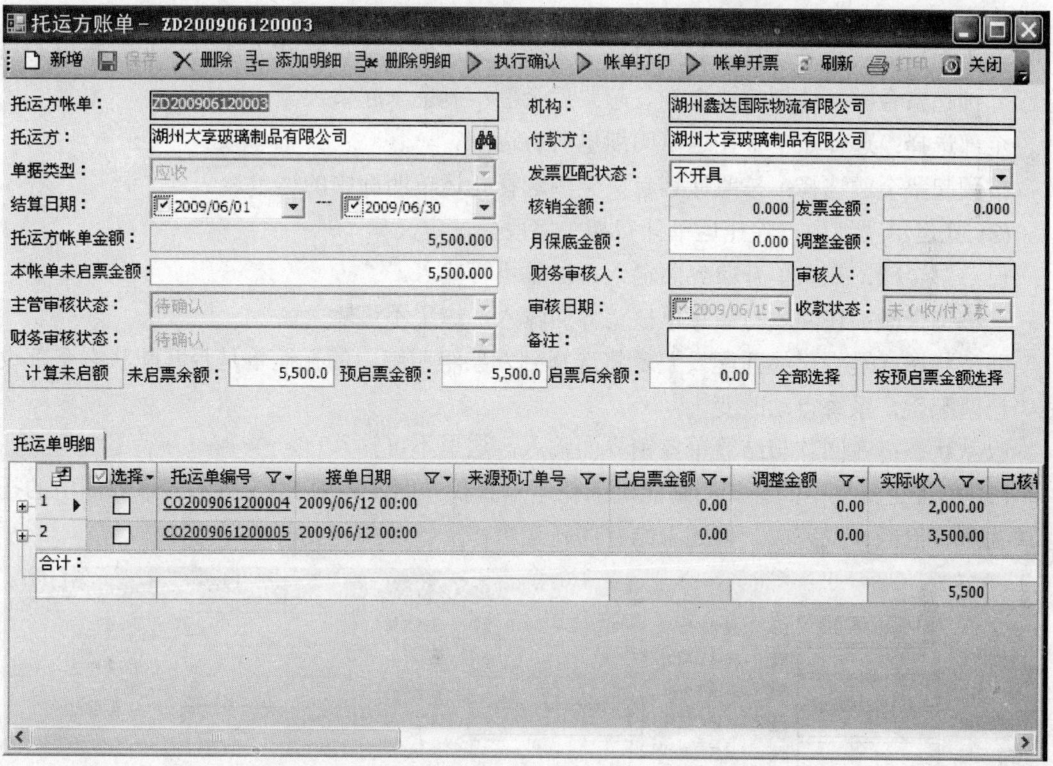


图 8.11　托运方账单编辑界面

结算单不开发票时，选“不开具”。

结算日期：下拉选择日期。

核销金额：账单已核销金额，回款核销后系统自动修改为核销的金额。

发票金额：账单已开票金额，账单开票后系统自动修改为开票的金额。

托运账单金额：明细中所有托运单的总额。

本账单未启票金额：账单未开票的金额。

财务审核人：财务审核人信息。

审核人：账单审核人信息。

收款状态：说明该结算单的收款状态。如果该结算单下的运单状态全部为“已收款”则结算单状态为“已收款”；如果结算单下的运单状态全部为“未收款”则结算单状态为“未收款”；如果结算单下的运单状态既有“已收款”又有“未收款”(或者“部分收款”)则结算单状态为“部分收款”。结算单回款核销时可以由系统根据收款情况对收款状态自动进行修改，也可根据实际情况进行手动修改。

主管审核状态：主管审核确认，主管确认后该状态从待确认变为已确认。

审核日期：审核确认的时间，系统自动生成。

财务审核状态：财务审核确认，财务确认后该状态从待确认变为已确认(只有主管审核和财务审核都确认后，才能在结算单与发票核销和回款与结算单核销界面能看到该结算单)。

(备注：附加信息输入。)

计算未启额：系统计算未起票总账单金额。未起票金额：托运方所有未起票账单的总金额。预起票金额：计划起票金额。起票后余额：剩余未起票金额。

全部选择：选择账单中托运单明细里所有运单。

按预起票金额选择：按照计划起票金额选择托运单明细中的运单。

(2) 托运单明细中，除托运单计费相关字段外，定义如下：

已启票金额：在账单开票界面输入，这里不可输入。

已核销金额：在回款与结算单核销界面输入，这里不可输入。

匹配状态：是否已经匹配发票。将选择到发票组明细中的托运单是否匹配状态全部设成“已匹配”，系统自动改变。

收款状态：在回款与结算单核销界面输入，这里不可输入。

(3) 单击工具栏中的添加明细能进入托运单查找界面，如图 8.12 所示，该界面中的托运单为所有已经计费完成，但还未结算的托运单。

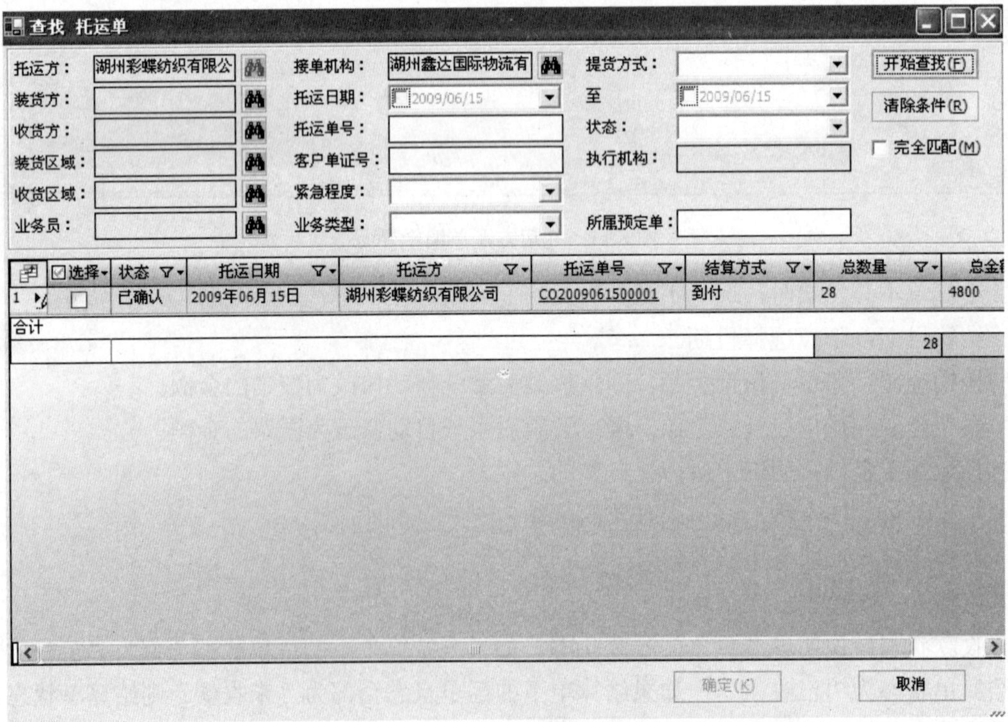


图 8.12　托运单的查找界面

(4) 结算单的生成。

生成结算单：单击列表中的新增按钮，选择托运方客户和结算日期，通过添加明细选择该客户已经“计费完成”但是还没有结算的托运单(如图 8.10 所示)，填写到结算单明细中。并可以对“未确认”的结算单进行继续添加(单击工具栏中的添加明细按钮)、删除(单击工具栏中的删除按钮)、修改操作。明细中的托运单都是“已计费”状态的托运单，在结算单保存后这些托运单的状态修改为“已结算”，结算单的发票匹配状态为“待开具”。

结算单发票匹配状态：结算单是否已经与发票匹配。如果结算单下运单全部匹配发票(“是否匹配”选是)则结算单状态为“完全开具”；如果结算单下运单全部没有与发票匹配(“是否匹配”选否)则结算单状态为“待开具”；如果结算单下运单只有部分与发票匹配则结算单状态为“部分开具”。匹配状态在结算单核销时与相应的发票组匹配后自动修改。结算单不开发票时，选“不开具”。

结算单收款状态：说明该结算单的收款状态。如果该结算单下运单状态全部为“已收款”则结算单状态为“已收款”；如果结算单下运单状态全部为“未收款”则结算单状态为“未收款”；如果结算单下运单状态既有“已收款”又有“未收款”(或者“部分收款”)则结算单状态为“部分收款”。结算单回款核销时可以由系统根据回款金额对收款状态自动进行修改，也可根据实际情况手动修改。

(5) 结算单的确认。

在结算单保存之后，可以在同一界面直接确认结算单。已确认的结算单不能再被编辑，如需再编辑，则需要取消确认，已确认的结算单将在发票组匹配界面以及回款核销界面显示。

结算单生成好了以后，主管岗位进行审核操作。可以在结算单输入界面直接确认执行跳过此审核。主管确认后，结算单由财务岗位进行审核操作，同样也可以在结算单输入界面直接确认执行跳过此审核。

如图8.13所示，可以对已有的结算单进行查找。通过托单、费用项目、对象、费用性质等项目进行查找。先从弹出的查询窗口中通过查询条件，查找待对账的费用项目，本例中查询贸易所有运费的项目。

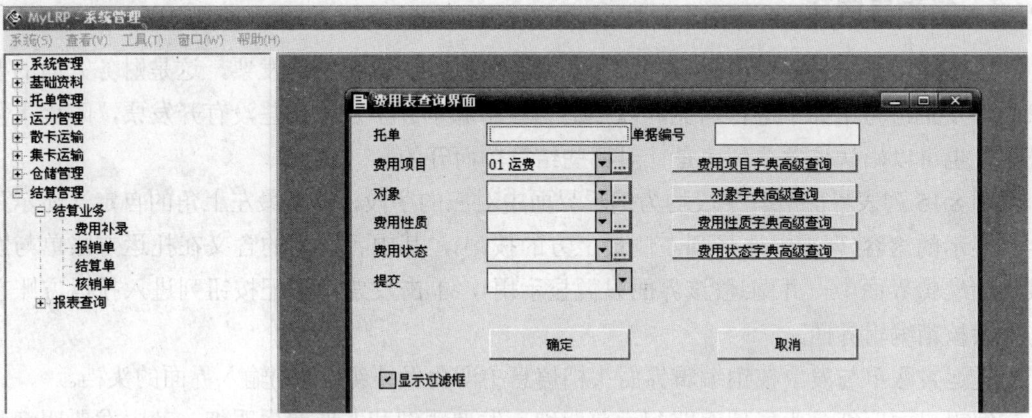


图8.13 查询结算单

如图 8.14 所示，能够方便查询出所有运费项目。在这个界面中，可以直观的反映出各个单据的整体情况，对其运费项目进行管理。

| S... | 行号 | 单据编号 | 单据类型 | 费用项目 | 对象 | 费率 | 计费量 | 计费单位 | 费用总价 | 费用性质 | 币种 |
|---|---|---|---|---|---|---|---|---|---|---|---|
| ☐ | 1 | DMTD200708... | 托单 | 01 运费 | 02100001 上... | 10.0000 | 200.0000 | 20001 吨 | 2000.0000 | 0401 应收 | RMB 人民i |
| ☐ | 2 | DMTD200708... | 托单 | 01 运费 | | 10.0000 | 1.0000 | 20001 吨 | 10.0000 | 0401 应收 | RMB 人民i |
| ☐ | 3 | DMTD200708... | 托单 | 01 运费 | | 10.0000 | 1.0000 | 20001 吨 | 10.0000 | 0401 应收 | RMB 人民i |
| ☐ | 4 | DMTD200708... | 托单 | 01 运费 | | 10.0000 | 1.0000 | 20001 吨 | 10.0000 | 0401 应收 | RMB 人民i |
| ☐ | 5 | DMTD200708... | 托单 | 01 运费 | | 10.0000 | 1.0000 | 20001 吨 | 10.0000 | 0401 应收 | RMB 人民i |
| ☐ | 6 | DMTD200708... | 托单 | 01 运费 | | 10.0000 | 1.0000 | 20001 吨 | 10.0000 | 0401 应收 | RMB 人民i |
| ☐ | 7 | DMTD200708... | 托单 | 01 运费 | 02100001 上... | 10.0000 | 1.0000 | 20001 吨 | 10.0000 | 0401 应收 | RMB 人民i |
| ☐ | 8 | DMTD200708... | 托单 | 01 运费 | 02300001 UT... | 20.0000 | 3.0000 | 20001 吨 | 60.0000 | 0401 应收 | RMB 人民i |
| ☐ | 9 | DMTY200708... | 托运单 | 01 运费 | 02100001 上... | 20.0000 | 1.0000 | 20001 吨 | 20.0000 | 0402 应付 | RMB 人民i |
| ☐ | 10 | DMTY200708... | 托运单 | 01 运费 | 02100001 上... | 100.0000 | 1.0000 | | 100.0000 | 0402 应付 | RMB 人民i |
| ☐ | 11 | DMTY200708... | 托运单 | 01 运费 | | 0.0000 | 1.0000 | | 0.0000 | | RMB 人民i |
| ☐ | 12 | DMTY200708... | 托运单 | 01 运费 | | 1.0000 | 1.0000 | | 1.0000 | | RMB 人民i |
| ☐ | 13 | DMTY200708... | 托运单 | 01 运费 | | 0.0000 | 1.0000 | | 0.0000 | | RMB 人民i |
| ☐ | 14 | DMTY200708... | 托运单 | 01 运费 | | 12.0000 | 1.0000 | | 12.0000 | | RMB 人民i |
| ☐ | 15 | DMTY200708... | 托运单 | 01 运费 | 02100001 上... | 200.0000 | 1.0000 | | 200.0000 | 0402 应付 | RMB 人民i |
| ☐ | 16 | DMTY200708... | 托运单 | 01 运费 | 0410001 黄厚军 | 50.0000 | 1.0000 | | 50.0000 | | RMB 人民i |
| ☐ | 17 | DMPZ2007082... | 配载计划 | 01 运费 | 0420003 唐伟林 | 10.0000 | 1.0000 | 20001 吨 | 10.0000 | 0401 应收 | RMB 人民i |
| ☐ | 18 | DMPZ2007082... | 配载计划 | 01 运费 | | 10.0000 | 1.0000 | 20001 吨 | 10.0000 | 0401 应收 | RMB 人民i |
| ☐ | 19 | DMPZ2007082... | 配载计划 | 01 运费 | 0420003 唐伟林 | 500.0000 | 1.0000 | 20001 吨 | 500.0000 | 0402 应付 | RMB 人民i |
| ☐ | 20 | DMPZ2007082... | 配载计划 | 01 运费 | 0420006 王怀帮 | 10.0000 | 1.0000 | 20001 吨 | 10.0000 | 0401 应收 | RMB 人民i |
| ☐ | 21 | DMSH2007082... | 收货 | 01 运费 | | 10.0000 | 1.0000 | 20001 吨 | 10.0000 | 0401 应收 | RMB 人民i |
| ☐ | 22 | DMBL2007082... | 费用补录 | 01 运费 | | 0.0000 | 1.0000 | | 0.0000 | | RMB 人民i |

图 8.14　结算单列表

## 8.2.4　核销单操作

核销是用于把前面业务过程中产生的费用项目对应到相应的发票，这是财务方面的要求。将发票组与结算单进行勾兑，以知道哪些结算单开了发票哪些没有开发票，防止重复开票。也可以确认该发票到底是针对哪些结算单而开的。

图 8.15 列表界面所有字段均为编辑界面中对应的字段，可用最左上角的自定义显示列定义显示的内容(列表中选择列左侧最上方的按键)，其中各个列的含义在托运方账单与发票核销编辑界面中一并阐述(该界面只做显示用)，单击发票组匹配按钮列进入托运方账单与发票核销编辑界面。

托运方账单与发票核销编辑界面头档信息中即为发票组(应收)输入界面的头档。

编辑界面明细分为发票组匹配运单明细、发票明细和发票费用明细，其中发票明细和发票费用明细即为发票组(应收)输入编辑界面的明细。

发票组匹配运单明细，该界面显示的是结算单下状态为未匹配的托运单，选择出来的托运单其匹配状态自动变为勾选。

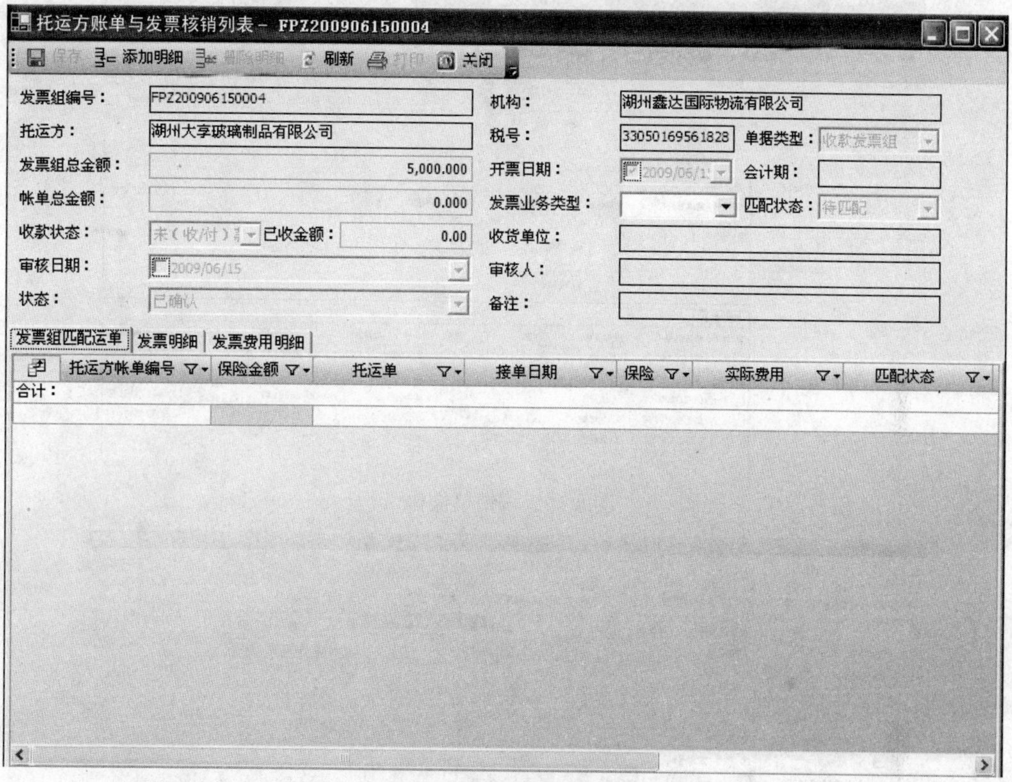


图 8.15　发票核销列表

操作时，在列表界面中单击匹配按钮进入匹配界面，匹配时使用编辑界面工具栏的添加明细按钮打开结算单的查找窗口，此选择窗口可以将结算单状态为“未匹配”“部分匹配”的结算单选择出来，并将结算单明细下托运单状态为“未匹配”的选择出来添入明细与发票组匹配。匹配之后发票组的匹配状态修改为“部分匹配”。结算单托运单明细的状态修改为“已匹配”，结算单匹配状态根据明细的状态而改变。单击工具栏中的保存可以保存已经添加的匹配情况，并可修改发票组状态，如果发票组明细中已经有匹配的托运单，则发票组的匹配状态修改为“部分匹配”否则仍然为“未匹配”。如果需要删除已匹配的托运单，则需单击编辑界面工具栏中的删除明细按钮，即可删除已匹配的托运单。

除此之外，如图 8.16 所示，可以从左边树形图里面选中某单据后双击，右边界面会出现相应的发票明细和已有的费用明细。可根据返回的发票以及已有的费用明细，在发票明细里面增加相应的发票项目，从而与费用对账。

如图 8.17 所示，单击“新增”按钮后，可上引发票余额表或费用表。通过上引功能，可以方便用户直接得到发票余额表，不需要进行手工录入。达到方便快捷的目的，同时也避免了手工输入可能发生的错误。

如图 8.18 所示，在弹出的列表中，选择待对账的项目。从而完成核销。

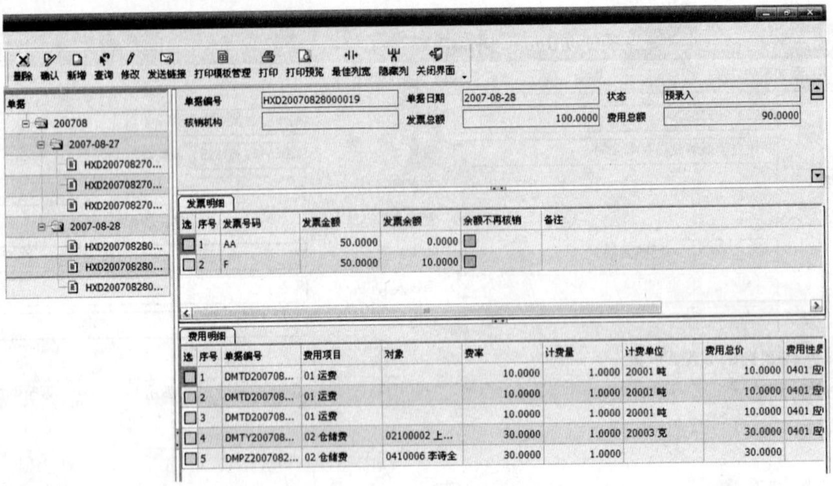

图 8.16　核销单操作

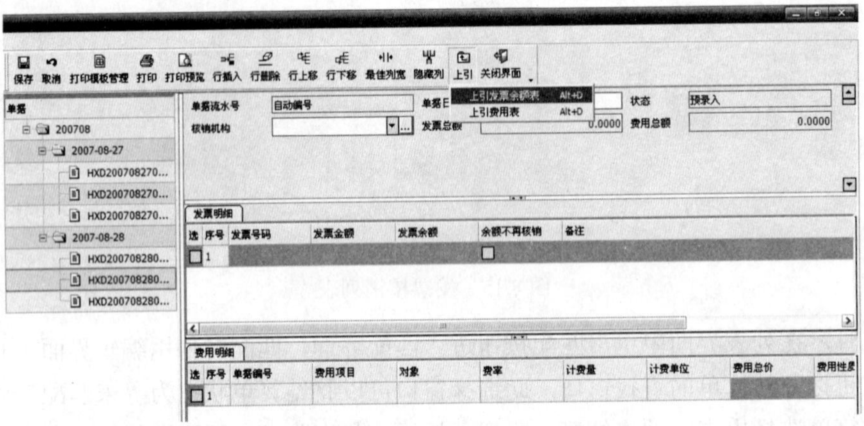

图 8.17　发票余额表

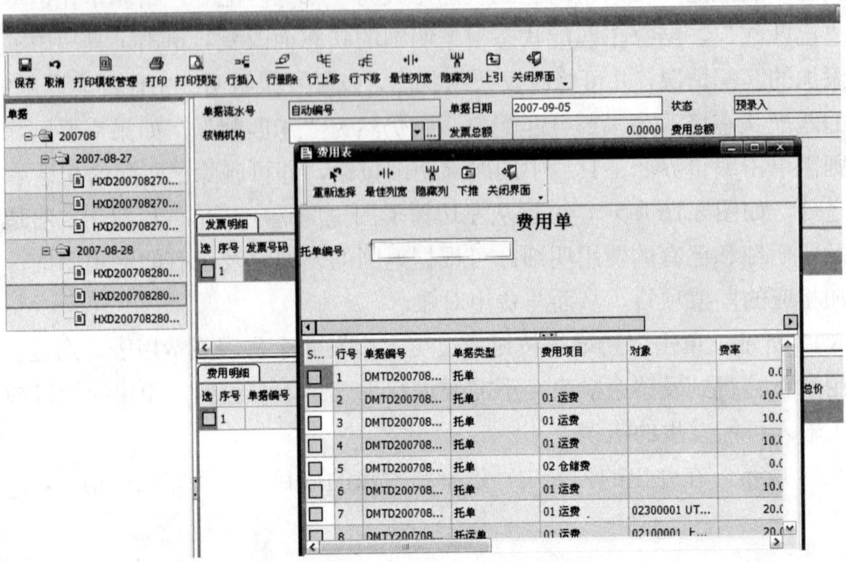

图 8.18　费用单列表

# 8.3 报 表 查 询

报表查询主要是对结算业务中的报销明细、结算明细、费用明细进行查询和确认的操作。

## 8.3.1 报销明细操作

如图 8.19 所示，可查询已经完成的报销操作明细。

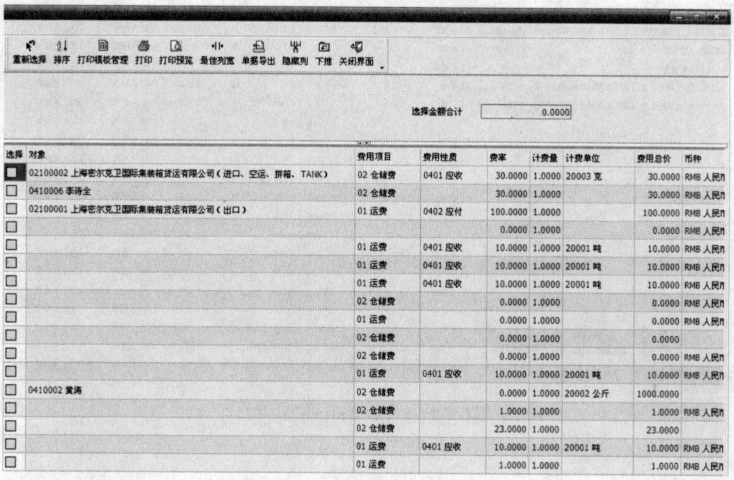


| 选择 | 对象 | 费用项目 | 费用性质 | 费率 | 计费量 | 计费单位 | 费用总价 | 币种 |
|---|---|---|---|---|---|---|---|---|
| □ | 02100002 上海密尔克卫国际集装箱货运有限公司（进口、空运、拼箱、TANK） | 02 仓储费 | 0401 应收 | 30.0000 | 1.0000 | 20003 克 | 30.0000 | RMB 人民币 |
| □ | 0410006 李诗全 | 02 仓储费 | | 30.0000 | 1.0000 | | 30.0000 | RMB 人民币 |
| □ | 02100001 上海密尔克卫国际集装箱货运有限公司（出口） | 01 运费 | 0402 应付 | 100.0000 | 1.0000 | | 100.0000 | RMB 人民币 |
| □ | | | | 0.0000 | 1.0000 | | 0.0000 | RMB 人民币 |
| □ | | 01 运费 | 0401 应收 | 10.0000 | 1.0000 | 20001 吨 | 10.0000 | RMB 人民币 |
| □ | | 01 运费 | 0401 应收 | 10.0000 | 1.0000 | 20001 吨 | 10.0000 | RMB 人民币 |
| □ | | 01 运费 | 0401 应收 | 10.0000 | 1.0000 | 20001 吨 | 10.0000 | RMB 人民币 |
| □ | | 02 仓储费 | | 0.0000 | 1.0000 | | 0.0000 | RMB 人民币 |
| □ | | 01 运费 | | 0.0000 | 1.0000 | | 0.0000 | RMB 人民币 |
| □ | | 02 仓储费 | | 0.0000 | 1.0000 | | 0.0000 | |
| □ | | 02 仓储费 | | 0.0000 | 1.0000 | | 0.0000 | RMB 人民币 |
| □ | | 01 运费 | 0401 应收 | 10.0000 | 1.0000 | 20001 吨 | 10.0000 | RMB 人民币 |
| □ | 0410002 黄涛 | 02 仓储费 | | 0.0000 | 1.0000 | 20002 公斤 | 1000.0000 | |
| □ | | 02 仓储费 | | 1.0000 | 1.0000 | | 1.0000 | RMB 人民币 |
| □ | | 02 仓储费 | | 23.0000 | 1.0000 | | 23.0000 | |
| □ | | 01 运费 | 0401 应收 | 10.0000 | 1.0000 | 20001 吨 | 10.0000 | RMB 人民币 |
| □ | | 01 运费 | | 1.0000 | 1.0000 | | 1.0000 | RMB 人民币 |

图 8.19 报销单列表

## 8.3.2 结算明细操作

如图 8.20 所示，可查询已经完成的结算操作明细。在此列表中，可以清晰地看到各个业务的详细信息，包括费用项目、性质、总价以及业务编号等信息。

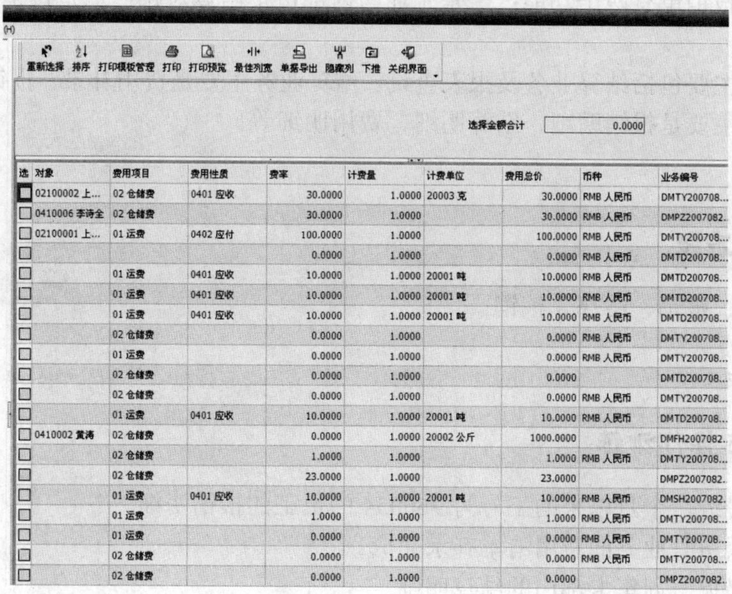


| 选 | 对象 | 费用项目 | 费用性质 | 费率 | 计费量 | 计费单位 | 费用总价 | 币种 | 业务编号 |
|---|---|---|---|---|---|---|---|---|---|
| □ | 02100002 上... | 02 仓储费 | 0401 应收 | 30.0000 | 1.0000 | 20003 克 | 30.0000 | RMB 人民币 | DMTY200708... |
| □ | 0410006 李诗全 | 02 仓储费 | | 30.0000 | 1.0000 | | 30.0000 | RMB 人民币 | DMPZ2007082... |
| □ | 02100001 上... | 01 运费 | 0402 应付 | 100.0000 | 1.0000 | | 100.0000 | RMB 人民币 | DMTY200708... |
| □ | | | | 0.0000 | 1.0000 | | 0.0000 | RMB 人民币 | DMTD200708... |
| □ | | 01 运费 | 0401 应收 | 10.0000 | 1.0000 | 20001 吨 | 10.0000 | RMB 人民币 | DMTD200708... |
| □ | | 01 运费 | 0401 应收 | 10.0000 | 1.0000 | 20001 吨 | 10.0000 | RMB 人民币 | DMTD200708... |
| □ | | 01 运费 | 0401 应收 | 10.0000 | 1.0000 | 20001 吨 | 10.0000 | RMB 人民币 | DMTD200708... |
| □ | | 02 仓储费 | | 0.0000 | 1.0000 | | 0.0000 | RMB 人民币 | DMTY200708... |
| □ | | 01 运费 | | 0.0000 | 1.0000 | | 0.0000 | RMB 人民币 | DMTY200708... |
| □ | | 02 仓储费 | | 0.0000 | 1.0000 | | 0.0000 | | DMTD200708... |
| □ | | 02 仓储费 | | 0.0000 | 1.0000 | | 0.0000 | RMB 人民币 | DMTY200708... |
| □ | | 01 运费 | 0401 应收 | 10.0000 | 1.0000 | 20001 吨 | 10.0000 | RMB 人民币 | DMTD200708... |
| □ | 0410002 黄涛 | 02 仓储费 | | 0.0000 | 1.0000 | 20002 公斤 | 1000.0000 | | DMFH2007082... |
| □ | | 02 仓储费 | | 1.0000 | 1.0000 | | 1.0000 | RMB 人民币 | DMTY200708... |
| □ | | 02 仓储费 | | 23.0000 | 1.0000 | | 23.0000 | | DMPZ2007082... |
| □ | | 01 运费 | 0401 应收 | 10.0000 | 1.0000 | 20001 吨 | 10.0000 | RMB 人民币 | DMSH2007082... |
| □ | | 01 运费 | | 1.0000 | 1.0000 | | 1.0000 | RMB 人民币 | DMTY200708... |
| □ | | 01 运费 | | 0.0000 | 1.0000 | | 0.0000 | RMB 人民币 | DMTY200708... |
| □ | | 02 仓储费 | | 0.0000 | 1.0000 | | 0.0000 | RMB 人民币 | DMTY200708... |
| □ | | 02 仓储费 | | 0.0000 | 1.0000 | | 0.0000 | | DMPZ2007082... |

图 8.20 结算单列表

### 8.3.3 费用明细操作

如图 8.21 所示，可查询已经完成的费用项目操作明细。在该界面可以看到产生的所有费用项目、费用性质、费率、总价等信息。用户可以在此明细表中查看其费用核算情况并进行跟踪。

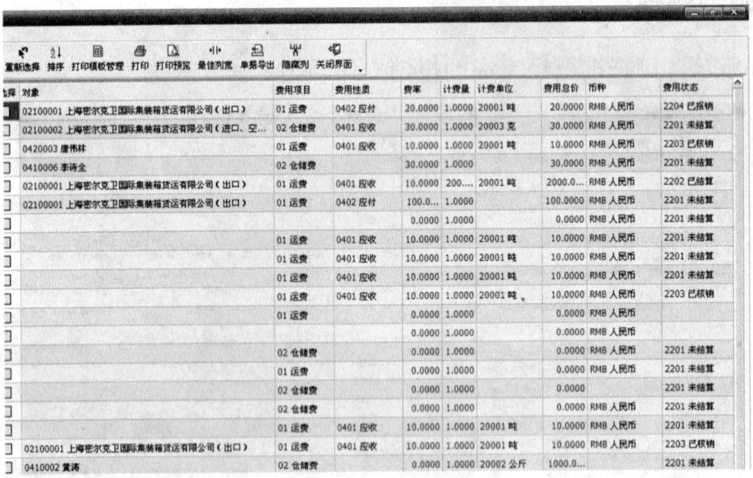


| 选择 | 对象 | 费用项目 | 费用性质 | 费率 | 计费量 | 计费单位 | 费用总价 | 币种 | 费用状态 |
|---|---|---|---|---|---|---|---|---|---|
| | 02100001 上海密尔克卫国际集装箱货运有限公司（出口） | 01 运费 | 0402 应付 | 20.0000 | 1.0000 | 20001 吨 | 20.0000 | RMB 人民币 | 2204 已报销 |
| | 02100002 上海密尔克卫国际集装箱货运有限公司（进口、空… | 02 仓储费 | 0401 应收 | 30.0000 | 1.0000 | 20003 克 | 30.0000 | RMB 人民币 | 2201 未结算 |
| | 0420003 唐伟林 | 01 运费 | 0401 应收 | 10.0000 | 1.0000 | 20001 吨 | 10.0000 | RMB 人民币 | 2203 已核销 |
| | 0410006 李诗全 | 02 仓储费 | | 30.0000 | 1.0000 | | 30.0000 | RMB 人民币 | 2201 未结算 |
| | 02100001 上海密尔克卫国际集装箱货运有限公司（出口） | 01 运费 | 0401 应收 | 10.0000 | 200.… | 20001 吨 | 2000.0… | RMB 人民币 | 2202 已结算 |
| | 02100001 上海密尔克卫国际集装箱货运有限公司（出口） | 01 运费 | 0402 应付 | 100.0… | 1.0000 | | 100.0000 | RMB 人民币 | 2201 未结算 |
| | | | | 0.0000 | 1.0000 | | 0.0000 | RMB 人民币 | 2201 未结算 |
| | | 01 运费 | 0401 应收 | 10.0000 | 1.0000 | 20001 吨 | 10.0000 | RMB 人民币 | 2201 未结算 |
| | | 01 运费 | 0401 应收 | 10.0000 | 1.0000 | 20001 吨 | 10.0000 | RMB 人民币 | 2201 未结算 |
| | | 01 运费 | 0401 应收 | 10.0000 | 1.0000 | 20001 吨 | 10.0000 | RMB 人民币 | 2201 未结算 |
| | | 01 运费 | 0401 应收 | 10.0000 | 1.0000 | 20001 吨 | 10.0000 | RMB 人民币 | 2203 已核销 |
| | | 01 运费 | | 0.0000 | 1.0000 | | 0.0000 | RMB 人民币 | |
| | | | | 0.0000 | 1.0000 | | 0.0000 | RMB 人民币 | |
| | | 02 仓储费 | | 0.0000 | 1.0000 | | 0.0000 | RMB 人民币 | 2201 未结算 |
| | | 01 运费 | | 0.0000 | 1.0000 | | 0.0000 | RMB 人民币 | 2201 未结算 |
| | | 02 仓储费 | | 0.0000 | 1.0000 | | 0.0000 | | 2201 未结算 |
| | | 02 仓储费 | | 0.0000 | 1.0000 | | 0.0000 | RMB 人民币 | 2201 未结算 |
| | | 01 运费 | 0401 应收 | 10.0000 | 1.0000 | 20001 吨 | 10.0000 | RMB 人民币 | 2201 未结算 |
| | 02100001 上海密尔克卫国际集装箱货运有限公司（出口） | 01 运费 | 0401 应收 | 10.0000 | 1.0000 | 20001 吨 | 10.0000 | RMB 人民币 | 2203 已核销 |
| | 0410002 黄涛 | 02 仓储费 | | 0.0000 | 1.0000 | 20002 公斤 | 1000.0… | | 2201 未结算 |

图 8.21　费用明细列表

# 本 章 小 结

本章针对完成某个业务流程中，在整个业务流程中所产生的费用结算，进行管理。业务过程中生产的相关费用项目，将会进入结算业务数据模块，等待结算，完成报销、核销、结算等功能。报销单有两个功能：一是企业与内部员工结算对账；二是核销功能，费用有据可查。

结算管理主要包括结算业务及报表查询。结算业务主要是费用补录、报销单、结算单；报表查询业务主要是报销明细、结算明细、费用明细等。

## 关键术语

费用结算、报销、结算、核销

## 实际操作训练

1．查询最近一个月以来的工号为 960054 的员工的报销明细。
2．把昨天所有业务的费用清单补录完成。
3．查询最近一周集卡部门的结算明细。
4．查询最近两周仓储部门的费用明细。

# 参 考 文 献

[1] 薛华成．管理信息系统[M]．北京：清华大学出版社，1999.
[2] 彭澎．管理信息系统[M]．北京：机械工业出版社，2003.
[3] 张国锋．管理信息系统[M]．北京：机械工业出版社，2002.
[4] 牛东来．现代物流信息系统[M]．北京：清华大学出版社，2004.
[5] 李家齐，缪立新．现代物流信息技术[M]．北京：中国物资出版社，2008.
[6] 翁心刚．物流管理基础[M]．2 版．北京：中国物资出版社，2006.
[7] 周全申．现代物流技术与装备[M]．2 版．北京：中国物资出版社，2007.
[8] 裴少峰．物流技术与装备学[M]．广州：中山大学出版社，2006.
[9] 沈志云．交通运输工程学[M]．北京：人民交通出版社，1999.
[10] http://col.njtu.edu.cn/jingpinke/yszzx/jzx/j5200.htm．国际多式联运的运输组织形式(北京交通大学).
[11] http://www.sac.gov.cn/．国家标准化管理委员会．
[12] http://www.iso.org/．国际标准化组织．

# 21 世纪全国高等院校物流专业创新型应用人才培养规划教材

| 序　号 | 书　名 | 书　号 | 编著者 | 定　价 | 出版日期 |
|---|---|---|---|---|---|
| 1 | 物流工程 | 7-301-15045-0 | 林丽华　刘占峰 | 30.00 | 2009.4 |
| 2 | 现代物流决策技术 | 7-301-15868-5 | 王道平　王　煦 | 30.00 | 2009.10 |
| 3 | 物流管理信息系统 | 7-301-16564-5 | 杜彦华　吴秀丽 | 33.00 | 2010.1 |
| 4 | 物流信息管理 | 7-301-16699-4 | 王汉新 | 38.00 | 2010.1 |
| 5 | 现代物流学 | 7-301-16662-8 | 吴　健 | 42.00 | 2010.2 |
| 6 | 物流英语 | 7-301-16807-3 | 阚功俭 | 28.00 | 2010.2 |
| 7 | 第三方物流 | 7-301-16663-5 | 张旭辉　杨勇攀 | 35.00 | 2010.2 |
| 8 | 物流运作管理 | 7-301-16913-1 | 董千里 | 28.00 | 2010.2 |
| 9 | 采购管理与库存控制 | 7-301-16921-6 | 张　浩 | 30.00 | 2010.2 |
| 10 | 物流管理基础 | 7-301-16906-3 | 李蔚田 | 36.00 | 2010.2 |
| 11 | 供应链管理 | 7-301-16714-4 | 曹翠珍 | 40.00 | 2010.3 |
| 12 | 物流技术装备 | 7-301-16808-0 | 于　英 | 38.00 | 2010.4 |
| 13 | 现代物流信息技术 | 7-301-16049-7 | 王道平　周　叶 | 30.00 | 2010.4 |
| 14 | 现代物流仿真技术 | 7-301-17571-2 | 王道平　张学龙 | 34.00 | 2010.8 |
| 15 | 物流信息系统应用实例教程 | 7-301-17581-1 | 徐　琪 | 32.00 | 2010.8 |
| 16 | 物流项目招投标管理 | 7-301-17615-3 | 孟祥茹 | 30.00 | 2010.8 |
| 17 | 物流运筹学实用教程 | 7-301-17610-8 | 赵丽君　马建华 | 33.00 | 2010.8 |
| 18 | 现代物流基础 | 7-301-17611-5 | 王　侃 | 37.00 | 2010.8 |
| 19 | 现代企业物流管理实用教程 | 7-301-17612-2 | 乔志强　程宪春 | 40.00 | 2010.8 |